普通高等教育“十三五”规划教材

科技论文写作

主　编　李灿华　尹振兴
副主编　王海川　黄贞益　李明晖
　　　　查雨虹　于巧娣　张永柱

北　京
冶金工业出版社
2022

内容提要

本书从科技论文的基本概念入手，详细论述了科学研究的方法，科技论文的基本结构，全面介绍了科技论文的文献查询与综述、引言、摘要、实验与分析、结果与讨论、署名与致谢、参考文献等各部分的写作技巧，还专门介绍了 SCI/EI 论文的写作要求，阐述了论文的投稿方法，重点强调了论文的规范化、标准化。

本书可作为高等院校本科生及研究生教材，也可以作为广大科研和专业技术人员的参考书。

图书在版编目(CIP)数据

科技论文写作/李灿华，尹振兴主编.—北京：冶金工业出版社，2020.8（2022.7 重印）

普通高等教育"十三五"规划教材

ISBN 978-7-5024-8368-5

Ⅰ.①科… Ⅱ.①李… ②尹… Ⅲ.①科学技术—论文—写作—高等学校—教材 Ⅳ.①H152.3

中国版本图书馆 CIP 数据核字(2019)第 301560 号

科技论文写作

出版发行 冶金工业出版社　**电　话** (010)64027926
地　址 北京市东城区嵩祝院北巷 39 号　**邮　编** 100009
网　址 www.mip1953.com　**电子信箱** service@mip1953.com

责任编辑　徐银河　美术编辑　吕欣童　版式设计　禹　蕊
责任校对　郭惠兰　责任印制　李玉山

三河市双峰印刷装订有限公司印刷
2020 年 8 月第 1 版，2022 年 7 月第 2 次印刷
787mm×1092mm 1/16；11.25 印张；266 千字；165 页
定价 36.00 元

投稿电话 (010)64027932 投稿信箱 tougao@cnmip.com.cn
营销中心电话 (010)64044283
冶金工业出版社天猫旗舰店 yjgycbs.tmall.com
（本书如有印装质量问题，本社营销中心负责退换）

前　言

科技论文是科研成果的总结，是学术交流的重要工具。高等院校的学生及专业技术人员进行生产实践、科学研究和学术交流，都离不开科技论文这个载体。但是，许多经过多年专业学习的本科生或研究生却缺乏基本的科技论文写作方法和技巧，撰写不出符合发表要求的科技论文，甚至在做毕业设计或论文时无从下手，这直接影响到科研成果的总结与交流。因此，为了规范科技论文写作，引导和帮助广大高等院校的学生提高科技论文写作能力，我们编写了《科技论文写作》一书。

本书从科技论文的基本概念、写作的重要性谈起，详细论述了论文常用的研究方法，讲解了科技论文的基本结构，全面介绍了科技论文的文献查询与综述、引言、摘要、实验与分析、结果与讨论、署名与致谢、参考文献等各部分的写作技巧；特别介绍了 SCI/EI 论文的写作要求，以及论文投稿与发表的要求；重点强调了论文的规范化、标准化。相信本书的出版，能够为初学者系统掌握科技论文写作提供清晰的基本理论和可操作的写作规范。本书可作为高等院校本科生和研究生的教材，也可以作为广大专业技术人员的参考资料。

参与本书编写的有李灿华、尹振兴、王海川、黄贞益、张明亚、李明晖、查雨虹、于巧娣、张永柱等。本书参考了大量文献资料，在此，对这些专家、学者表示衷心的感谢！王昭然等研究生对本书的编写作出了贡献，在此表示感谢！

由于水平有限，书中错漏在所难免，敬请读者不吝指正。

编　者

2019 年 8 月

目　录

1 绪　论

学术论文是表现科学研究成果的重要形式，学术论文的写作方法与规范是科学工作者、研究生、大学生应具备的基本知识和技能。早在20世纪40年代，学术论文写作就已经被列为高等院校应用写作教学内容，如美国的《麦克米兰英语教本》一书中设有学术性调查报告写作一章。到了20世纪50年代初，在美国有些大学的写作课教学中，将学术论文的写作作为大学写作教学中的重要内容，如《大学用作文法教本》一书中只讲了两种文体：一是书信，二是学术论文的写作。日本在1963年出版的《文章构成法》中将学术性论文的写作作为唯一的应用文体来讲授。目前，在欧美大学中，即使是理工科系，在专门课程之外，关于学术论文的写作也要讲20~30学时，这是很普遍的。改革开放以来，随着我国高等教育的普及和研究生教育的发展，学术论文写作日益受到人们的重视，许多高校把这项工作列入培养研究生的教学计划中，以此来衡量研究生的学术研究与创新能力。

为什么世界各国高等院校都如此重视学术论文写作呢？这是因为高等院校的任务之一就是要培养高层次的、具有创造力的人才，而研究生教育的根本任务就是培养高素质的、具有创新能力的人才。研究生教育的性质和任务决定了研究生教育必须是创新教育，这是指研究生在接受教育的过程中并不是要最大限度地增长知识，而是要掌握知识创新和技术创新的本领。创新性是研究生教育的基本特征之一。《中华人民共和国学位条例》第八条规定，硕士学位论文对所研究的课题应当有新的见解，表明作者具有从事科学研究工作或独立担负专门技术工作的能力；第十三条规定，博士学位论文应当表明作者具有独立从事科学研究工作的能力，并在科学或专门技术工作上做出创造性的成绩。上述规定中所指的“新见解和创造性成绩”需要通过完成学位论文和发表学术论文来体现。培养这种能力的有效方法之一就是讲授进行科学研究和撰写学术论文的方法，所以开设学术论文写作方法与规范这门课程是十分必要的。

本书首先介绍学术论文的基本知识，针对科技论文然后讲述论文写作方法与规范。研究生涉及的学术论文不仅有平时见诸于报刊的各种学术文体类型，而且必然涉及硕士学位论文。本书主要依据科技期刊的论文规范讲述最新的国家标准及各种文体类型；另外，本书将着重讲述学位论文的写作方法与规范。从方法论的层面传授如何写好科学研究的学术论文，结合实例深入浅出地分析一些科技论文写作实例，以增强实际写作能力。

俗话说，师傅领进门，修行靠个人。任何一本教科书传授的知识都是有限的，本书也只能起到为写作论文铺路架桥的作用，要想写好科技论文，还要靠自身的努力学习和实践。

1.1 学术论文的基本概念与特点

1.1.1 学术论文的概念和作用

学术论文是对某科学领域中的问题进行研究、表述科学成果的文章。理解这个概念要把握两点：学术论文是探讨问题、进行科学研究的一种手段；学术论文还是描述科学研究成果、进行学术交流的一种工具。思考一个比较复杂的问题往往要通过写作来进行。写作可以用文字符号把思考的问题和思考过程一一记录下来，而在纸面上视觉化了的东西便于进行反复的推敲，能使思考更加确切、缜密。所以，写作是一种思维手段。由于人们的思维活动是在头脑中进行的，外界难于了解，写作能用文字符号把人们的思维描述出来，为他人所了解，所以写作又是一种思维描述的工具。科学研究是一种相当复杂的思维活动，并且需要描述出来为他人所了解，所以就更离不开写作。人们进行科学研究、思考问题，只凭脑子想是想不清楚的，需要在思考的过程中不断地记录、整理、推敲、修改，这样才能使创造性的思考逐层展开，逐步深入，并趋于完善，最终达到解决问题的目的。从学术论文这一概念的描述中可知，探讨学术论文的写作不仅涉及文章的写作方法，而且必须从整个科学研究的过程来研究它的写作特点。

1.1.2 学术论文的特点

1.1.2.1 科学性

从方法论上讲，科学研究的目的就是要揭示事物发展的客观规律，探求客观真理，使人们能够客观地认识世界。因此，无论是自然科学还是社会科学的研究论文，都必须根据科学研究的这一总任务对本学科中的研究对象进行深入的探讨，揭示其内在的规律。学术论文的科学性在立论上要求作者不得带有个人的好恶和偏见，不得主观臆造，必须切实地从客观实际出发，从中引出符合实际的结论。这与一般议论文可以表达作者各种各样的观点是不同的。学术论文的科学性在论据上要求作者花大力气，经过周密的观察、思考、实验和调查，尽可能多地占有资料，以最充分和确凿有力的论据作为立论的依据。而一般议论文在占有部分资料的基础上，从中选择可证明自己观点的材料作为论据就可以了。从这一点上看，两者也是不相同的。学术论文要具有科学性，并满足上述这些要求，作者就必须具有良好的科学素质，能以正确的理论观点与方法来研究问题，同时需要有一定的专业理论知识，还需要有对科学工作的热爱和责任感，这些需要经过不断的努力才能够达到。

1.1.2.2 创新性

学术论文要有自己的见解，有创新性。科学研究是对新知识的探求，如果科学工作者只能继承，不能创新，那么人类的文明和历史就不会前进了。英国《自然科学史》的作者斯蒂芬·梅森（Stephen Mason）说："科学总是要发展的，并有新的发现……科学方法是发现新现象、制定新理论的一种手段……旧的科学理论必然会不断地为新理论推翻。"已故著名学者严济慈曾经说过："怎样才能称得上第一流的科学研究工作呢？首先，题目必须是在茫茫未知的科学领域中独树一帜的；其次，解决这个问题没有现成的方法，必须是独出心裁设想出来的；最后，体现这个方法，用来解决问题的工具即仪器设备必须是自己创造，而不是用钱可以从什么地方买来的。”因此，第一流的研究应做到选题新、方法新、资料新，并在此基础上提出新的见解，反映在研究论文中，就表现为具有新的论题、新的观点、新的材料和新的证明方法。这样的成果才具有创新性，并能引起反响。科学工作者总要有所创造，一是要对研究对象经过周密的观察、调查、分析研究，从中发现别人没有发现过或没有涉及过的问题；二是在综合别人认识的基础上进行创新。

创新性是科学研究的生命。它能提出新的问题，解决新的问题，推动科学文化的发展。但是创新不是轻易可以做到的。能在学术领域里说出一句前人没有说过而又十分正确的话，那是不容易的。一篇学术论文若能表述出一项重要的研究成果，特别是突出的重大的研究成果，那是更不容易做到的；即使做到了，有时也可能不被人们接受，甚至遭到反对。但是，只要观点正确，讲得有道理，即使暂时遭到反对也没有关系，经过实践检验终究会得到证实与承认。所以，发挥创造力，进行新的探索、新的创造，既需要认真、细致，又需要勇于坚持真理的精神。

1.1.2.3　逻辑性

科学研究论文的一个显著特征应当是具备逻辑性。撰写论文的目的是对自然科学规律进行研究探讨，所以每一篇论文都应当相对地自成一个逻辑体系。学术论文的理论性首先表现在其内容和深度上，论文反映的内容不是一般的现象和过程，也不是浅显的经验和法则，而是作者对事物本质和规律的深刻认识，是抽象和生动的科学理论，只有被上升到理论高度的东西才有资格作为科学论文的核心。此外，科学研究成果还应表现在文章的整体构成上。学术论文是一种逻辑构成，观点、材料以及将二者统一起来的逻辑框架缺一不可。论文的构成同逻辑的构成完全是一致的。学术论文一般应具备两种价值：一种是理论上的价值，另一种是实用上的价值。一般而言，论文不论是偏重理论研究还是偏重实际应用，都讲究逻辑性，就是要求能够自圆其说，思路通达。

1.2　为什么要写论文

科技论文是作者对一项科学研究的全过程和结果进行分析、归纳和整理，然后去粗取精、由表及里，有所发展、有所创造地进行总结，最后用文字和符号表达出来的一种文章。随着人类生产和科学技术的不断发展，知识量也在迅速增长。据统计，目前全世界每年发表的论文就有 500 多万篇，这些论文多数刊登在学术期刊上，有一些也在会议论文集或内部刊物上发表。科技论文的撰写与发表具有以下几方面的作用。

1.2.1　科学研究的手段

科学技术研究是一种创造性的、十分复杂的思维活动，它不但要求研究者具有丰富的知识，还要借助设备、仪器和工具等物质条件，更不能离开语言、文字的运用。复杂的思维活动光靠脑子和嘴巴说，既看不到又摸不着，难以连贯起来思索、斟酌和推敲。写到纸上之后，研究者通过反复思考和仔细斟酌，把思路引向深远、宽广的境地，就能够使朦胧的意识明确化，使疏漏的思想严密化，使肤浅的见解深刻化，使难解的问题明朗化。

论文的发表一般是在科研项目结题或某一阶段结束，而论文的写作作为科研的手段，需要在科研过程中构思和撰写，把各个阶段的思维活动和研究成果用文字等书面材料记录下来。对某个阶段观测和收集到的数据、资料、情况、信息进行整理和加工（即写作），往往能对所研究的课题做出更加深入的探讨，发现和弥补原先的不足之处，或者引起新的联想和新的思索，产生新的认识，从而使研究工作达到新的阶段或提高到新的高度。有时还会在写作中产生新的灵感，甚至找到具有重大价值的新的研究课题。

1.2.2 科研成果的标志

科技工作者发表的科技论文的质量和数量，是衡量其创造性劳动的效率和成果的重要指标。因此，及时准确地发表科技论文具有特别重要的意义。论文的发表就是把科研成果公布于世。只有如此，科研成果才能为社会所知、为社会所公用，成为社会知识的组成部分，进而转化为社会生产力。已发表的科技论文是确认科技工作者对某项发现或发明享有优先权的基本依据，在知识产权保护日益完善的今天尤为重要。所以，科研成果和科技论文一旦成熟，要尽早地发布或发表。

1.2.3 学术信息交流的工具

科技论文是学术交流的基础，是学术信息传递、存储的良好载体。科技论文的交流可以不受时间、地点的限制，能在更长的时间内交流，在更加广泛的范围内发挥作用。科技论文不仅有应用的必要性，而且有应用的广泛性。科学技术领域中的很多发现、发明，都是从交流开始的。科技论文一经发表，就作为人类科技知识的一部分而存在，成为人类共同的知识宝库中新的财富。当人们从科技论文中得到启发，解决了自己在科研或生产中存在的问题时，科技论文就发挥了它对科学技术和生产发展的巨大作用。科技发展史告诉我们，许多重大的发明、发现都是从继承和交流开始的。因此，科技论文写作是学术信息交流的基础。

1.2.4 能力培养的需要

现代社会要求人们终身学习，为了能够适应越来越高的工作要求，掌握新知识、新技能，在系统地掌握本专业的基础知识、基本理论以及必要的操作技能的基础上，科技论文写作能力的培养，与科研能力培养相似，为了发挥创造力，培养独立工作的能力和解决实际问题的能力，应选择比较合适的课题进行研究并撰写论文，这样才能综合运用所学的全部知识，去研究课题要求解决的问题，在论文写作的过程中，逐步提高认识能力、思考能力和表达能力，发挥创造力。

科技论文写作水平的高低，往往直接影响科研工作的进展。质量差的论文，会妨碍科研成果得到公认，妨碍新理论、新方法被人们所接受，妨碍先进技术得到迅速推广。尽管研究成果具有以论文形式发表的价值，但由于文稿写作质量差，不易被期刊编辑部门接受，其传播速度和广度将大受影响。

因此，作为初涉科技领域的大学生，或者专业技术人员和科研工作者，应当掌握科技论文写作的一般方法，熟悉有关国家标准和规定，了解编辑出版部门对文稿质量和规范的要求，并通过写作实践，不断提高自己的写作能力，从而使自己能够得心应手地写出符合要求的科技论文，即学术价值或实用价值高、科技性强、文字细节和技术细节表达规范的科技论文，在促进学术交流、推动科学技术进步及生产发展中发挥应有的作用。

1.3 学术论文的分类

严格意义上讲，学术论文是议论文中的一类。议论文从大的方面看有两类：一类是一般议论文，另一类是学术论文。一般议论文是对科学领域以外的某些现象或问题提出自己的见解或主张并加以论述的文章；学术论文则是专门对科学领域中的某些现象、问题进行研究探讨的文章。因此，学术论文也称为科学论文、研究论文。这两类论文虽然在逻辑构成上相同，都是由论点、论据和论证构成的，但是若将两者比较一下便可看出，学术论文有其自身的特点。

严格地给学术论文分类不是一件容易的事。从不同的角度出发，会有不同的分类结果。从文体类型上看，它主要包括高等学校的学年论文、毕业论文、学位论文以及发表在专门性杂志或一般报刊上探讨各学科领域中的专门性问题的文章，而发表在专门性杂志上的学术论文一般又可分为研究报告、议论文和综述等几种类型，下面分别加以论述。

1.3.1 学年论文

学年论文是高等学校学生的一种独立作业。指导学生写学年论文是高等学校教学过程中的一个教学环节，目的在于使学生初步学会运用专业知识进行科学研究的方法。撰写学年论文一般要在教师指导下进行。目前我国高等学校资源与环境学科专业普遍的做法是，以作业、开卷考试以及开展多种多样的科学研究活动等方式，从低年级起就开始培养学生的科学研究能力，这实际上是在完成学年论文教学的写作任务。

1.3.2 毕业论文

毕业论文是高等学校应届毕业生总结性的独立作业。指导学生写毕业论文是高等学校教学过程中的一个重要环节，目的在于总结学生在学校中的学习成果，培养其综合运用所学知识解决实际问题的能力，使他们受到规范的科学研究基本训练。毕业论文要根据学生所学专业的培养要求，在导师指导下选定题目，进行研究和撰写。毕业论文在完成后要进行答辩，要评定成绩。目前我国高等学校各专业已普遍在毕业年级安排了毕业论文的写作，在组织指导工作中积累了不少经验，毕业生的科研能力较过去有所提高。但是，从毕业论文的写作要求来看还是重视不够，有些学校只给几周时间，从选题到成文仓促完稿，指导力量的配备显得薄弱，还有些学校缺少答辩环节，往往是交上论文就毕业离校了。这些做法都还有待改进。

1.3.3 学位论文

学位论文是学位申请者为申请学位而提出的学术论文，它是考核申请者能否授予学位的重要方面。学位申请者如果通过规定的课程考试，又能够通过论文审查或答辩，将被授予相应的学位。学位论文分为学士、硕士、博士三种。

1.3.3.1 学士学位论文

学士学位论文是符合要求的大学毕业论文，它要求作者对相关的研究课题有一定的心得，论文的写作应能反映出作者从事科学研究的能力。国家学位条例第四条规定，大学生只要达到下列两条就可以取得学士学位：

（1）较好地掌握本学科的基础理论、专门知识和基本技能；

（2）具有从事科学研究工作或担负专门技术工作的初步能力。

从以上两条要求来看，大学生的毕业论文只要写得合乎要求就可以取得学士学位。所谓合乎要求，就是通过毕业论文能够看出作者具有运用大学期间所学基础知识分析和解决本学科内某一基本问题的能力。一般来说，毕业论文和学士论文在1万字左右。

1.3.3.2 硕士学位论文

硕士学位论文是攻读硕士学位研究生写的学位论文，它要求对所研究的课题有新的见解，能从论文的写作中反映出作者具有独立从事科学研究的能力。国家学位条例第五条规定，高等学校和科学研究机构的研究生或具有研究生毕业同等学力的人员通过硕士学位的课程考试，成绩和论文答辩成绩合格，达到以下水平者授予硕士学位：

（1）在本学科领域内掌握坚实的基础理论和系统的专门知识；

（2）具有从事科学研究工作或独立担负专门技术工作的能力。

硕士论文应能反映出研究生所掌握知识的深度和广度，对所学专业的基本问题和重点疑难问题有新见解。一般来说，硕士学位论文在3万~5万字之间。

1.3.3.3 博士学位论文

博士学位论文是攻读博士学位研究生写的论文，它要求在科学或专门技术上做出创造性的成果，能从论文的写作中反映出作者具有渊博的理论知识和相当熟练的科学研究能力，能够开辟新的领域和对所研究的学科发展起推动作用。因此，博士学位论文是高水平的学术论文，其理论性、实用性、学术性比学士、硕士都高，它能成为重要的科学文献，其中一些内容没有公开发表过。一般地说，博士论文在5万~15万字之间，甚至更长。

申请相应学位的同等学力人员提交的论文其要求与上述相同。

1.3.4 发表于专门性杂志上的学术论文

1.3.4.1 研究报告

研究报告是报道有创新性的、学术水平和理论水平较高的、社会效益较好的、完整的、重要的研究成果，可细分为以下几种类型。

（1）档案与文案型。通过资料检索查找文献，进行理论或实践研究。依靠已有的文献材料支撑论文的学术观点或解释实践中的现象和问题，发现前人所未发现的史料、观点，具有一定的创新性。

（2）调查报告型。通过一定的客观程序进行数据或资料的收集、记录、统计、分析和处理，以探索和揭示其现状、过程、构成要素或运动规律，获得关于某一事物或想象的科学知识，用以支撑论文的学术观点，进行理论或实践研究。

（3）观察描述型。对选定的研究客体运用详细观察的方法，发现其中的规律，进行记录和分析，应用已有的理论进行描述和解释，得出符合逻辑的结论，对于理论或实践有一定指导意义。

（4）实验研究型。通过设计实验方案对研究客体实施有控制、有目的的研究。强调实验方案的完整性和可操作性，对控制程序和结果的分析要求能够再现，从中得出对实际研究客体有指导意义的成果。

（5）研究简报型。报道有一定特色的研究成果，或反映研究工作的部分或阶段性成果，具有一定学术或理论应用价值。

（6）研究快报型。扼要报道具有创新性和首报意义的研究工作的最新成果和阶段性成果，或拟向国外知名刊物所投稿件的详细摘要。

1.3.4.2 综述

（1）专题综述。对某一学科领域的研究状况或进展进行无遗漏式的回顾，尽可能详尽地概述学科领域的所有研究成果和学术观点。一般只述不评，相关信息要尽可能地详细。

（2）会议综述。就某一学术会议上提交的会议论文及各种学术观点从学术价值等方面进行客观介绍。

（3）专题述评。就某一学科领域的研究成果边述边评，具有对学科建设和科学研究的指导性和权威性。

1.4 学术论文的规范化与标准化

一般来说，国家标准做出的规定符合比较先进的技术要求，代表了科学技术发展的新水平，也反映了国际标准化的方向。因此，国家标准的规定与传统做法或与某些个人的使用习惯不一致都是极其正常的。只有以国家标准为标准，努力改变原有的不那么科学合理和不符合国家标准要求的习惯，才能不断提高学术论文的标准化、规范化水平。

1.4.1 标准和规范的定义

标准：标准是对重复性事物和概念所做的统一规定。它以科学技术和实践经验的综合成果为基础，经有关主管部门批准，以特定的形式发布，是人们在社会交往中共同遵守的准则。

规范：规范是对设计、施工、制造、检验等技术事项和科学工作所做的一系列统一规定，它是标准的一种形式。

1.4.2 有关学术论文的规范化、标准化项目

学术论文的规范化、标准化项目包括：论文的写作格式、标题、中英文摘要、中英文关键词、图书分类号、文献标识码、图表、结论、致谢、参考文献、注释和附录等。

1.4.3 文字的规范化使用

《出版物汉字使用管理规定》明确要求，出版物必须使用规范的汉字，禁止使用不规范汉字，可以用简化字的一律用简化字。在学术论文中使用规范汉字不难做到，技术问题好解决，只要计算机录排系统字库中的字是规范的，直接用就可以了，但有些需要造字的学术论文造字时一定要慎重，只能以《简化字总表》和《现代汉语通用字表》为准来造字，否则就会出错。

1.4.4 标点符号的规范化使用

我国政府历来十分重视标点符号的使用问题。1951 年 9 月公布了《标点符号用法》。

1990 年 3 月发布了修订后的《标点符号用法》。1995 年 12 月 13 日，发布了国家标准 GB/T 15834—1995《标点符号用法》，其作为国家标准颁布本身就足以说明正确使用标点符号的重要性。

1.4.5 书刊名、人名、地名的汉语拼音规范化使用

学术论文写作过程中经常会遇到汉语拼音，如书刊名称、人名、地名、产品名称；某些词语的缩写或简写等，如 GB/T 7408—1994 里的 GB 和 T 就分别代表国标和推荐。汉语拼音看似简单，但在书写和拼读时还会遇到不少问题。因此，在学术论文的写作中遇到用汉语拼音书写书刊名、人名、地名时，要按照国家标准 GB 3259—1992《中文书刊名称汉语拼音拼法》的规定，并适当考虑语音、词义等因素，做到正确拼写。

1.4.6 执行国家标准遇到问题时的处理原则

由于各种原因，使得由国家质量技术监督局颁布的现行有效的各种标准之间存在着某些不同的规定，有的存在着明显的缺陷甚至错误。那么在学术论文写作中怎样妥善处理这些一定时期内难以避免的问题呢？下面提出一些原则：

（1）国家标准与国际标准不一致时以国家标准为准。

（2）推荐性标准与强制性标准不一致时以强制性标准为准。

（3）综合性标准与专项标准不协调时以专项标准为准。

（4）同一种标准有几个版本时以发布时间最晚的为准。

（5）要注意区分标准“附录”的分类，“附录”分为“补充件”和“参考件”两大类。“补充件”附录是标准技术内容不可分割的一部分，也是要求执行的；而“参考件”不是标准的组成部分，是仅供参考的。

（6）国家标准中有明显差错的不能盲目采用。

（7）行业标准与国家标准不一致时以国家标准为准。

（8）强制性标准中量的名称与各学科名称不一致时，原则上以强制性标准为准。

1.4.7 学术论文常用的国家标准

改革开放以来，我国的标准化工作取得了很大成绩，迄今为止，与学术论文有关的标准如下：

（1）GB 3100—3102. 1-13-93 量和单位；

（2）GB 3259—1992 中文书刊名称汉语拼音拼写法；

（3）GB/T 3860—1995 文献序词标引规则；

（4）GB/T 5795—2006 中国标准书号；

（5）GB 6447—1986 文摘编写规则；

（6）GB/T 7408—2005 数据元和交换格式 信息交换 日期和时间表示法；

（7）GB/T 7713. 1—2006 科学技术报告、学位论文和学术论文的编写格式；

（8）GB/T 7714—2005 文后参考文献著录规则；

（9）GB/T 9999—2001 中国标准刊号；

（10）GB/T 10112—1999 确立术语的一般原则与方法；

（11）GB/T 14706—1993 校对符号及其用法；
（12）GB/T 15834—2011 标点符号用法；
（13）GB/T 15835—2011 出版物上数字用法的规定；
（14）GB/T 16159—2012 汉语拼音正词法基本规则。

1.5 学术论文常见问题概述

近年来，随着我国科学教育事业的繁荣和发展，在各类期刊发表的学术论文已达数百万篇，研究生的学位论文也有数十万篇，由此产生的社会效益和经济效益是不言而喻的，这对于推动科学技术的进步、促进国际交流起到了很大的作用。但是，由于种种原因，从整体上看，有些学术论文特别是一些学位论文写作方面还存在着不少问题，与有关国家标准和规范要求还有一些差距。现将论文审读中发现的主要问题归纳如下。

1.5.1 学术论文与宣传论文混淆

学术论文的研究内容一般包括三个方面，即基础理论研究、应用理论研究和实践分析研究，每一种研究都应有一定的学术理论性。基础理论研究不考虑现实的、直接的、具体的应用目标，它的有用性就体现在对人类社会、自然和人自身的认识和把握上，目的是揭示事物的基本原理或规律，获取有关新知识。应用理论研究是针对某一特定的宏观或微观领域问题，探讨某些基础理论在具体事物中的应用。实践分析研究利用从研究或实践经验获得的知识，通过将具体研究对象的考察论证或概括性描述上升到理论，使其对一类事物具有理论指导。

1.5.2 将学术论文与经验总结混淆

现在有些论文就事论事，把经验性的总结报道当成了学术论文，一种原因可能是基础理论不扎实，不知怎样把实际工作与学术理论结合起来研究；另一种原因是缺乏科学研究的方法论指导，不能把许多感性的东西上升到理性层面来认识，受一些报刊经验性文章的引导，误以为经验总结就是学术论文。

1.5.3 学术视野狭窄、理论知识不足

有些学术论文囿于现有的工作环境或学科领域，写作思路打不开，绕来绕去，总是逃不出一些老生常谈的理论，文章没有新意。有些硕士学位论文的作者缺乏本学科的基本理论知识，仍然使用大众常识来分析问题，试图用教科书或工具书中对某一名词概念的解释作为理论论据去论述问题，把学术论文的理论水平降低了水平。这种随意的、缺少科学内涵的论证方法的使用说明作者平时不重视基础理论和其他专业理论知识的学习和应用，写论文时临时抱佛脚，却又不知该抱哪只佛脚，故把一些常识当作理论，写出的学术论文水平偏低。

1.5.4 将学术论文与教案或普及读物混淆

目前许多学术论文是由教师或学生写的，有些明显带有讲课教案或教科书的痕迹，将

某一对象从定义、意义开始，方方面面都讲到，讲完了文章也就结束了。文章的文体风格也像老师在讲课，以第一人称、口语化的形式，与学术论文的风格相去甚远。还有的学术论文很像普及读物，对某一研究成果或某些新知识，甚至某些法规条文方方面面作介绍或解释。等介绍解释完了，文章也就结束了。

1.5.5 不按学术论文的规范化、标准化要求写作

随着信息技术的飞速发展，信息传播的规范化、标准化要求也逐步深入。这种规范化和标准化一方面有利于信息的传播，即自然语言、人工语言向机器语言的转化，有利于一次文献向二次文献的转化与利用；另一方面，对于著作权与知识产权的保护也有着重要意义。目前一些学术论文、学位论文，有许多在规范化与标准化方面还存在一些问题，概括起来有以下几点：

（1）中英文摘要写作不规范；
（2）关键词标引不规范；
（3）引言或序言不规范；
（4）参考文献著录不规范；
（5）注释与参考文献混淆；
（6）图表数据不规范；
（7）题名写作不规范；
（8）作者姓名、单位名称书写不规范；
（9）文章格式不规范。

这些不规范问题有些直接违反了国家颁布的有关标准，有些与学术界一些约定俗成的规则不一致。在本书的有关章节中，将具体分析这些问题，并介绍有关规范化、标准化的知识与写作方法。

参 考 文 献

[1] 刘彦超．学术不端行为对期刊的影响及对策［J］．武警学院学报，2009，25（7）：86-88.

[2] 何丰伦，韦日成．学术腐败：科研论文重复试验成功率不足 5%［EB/OL］．［2010-01-20］．http：//news. xinhuanet. com/newsscenter/2005-01/24/content-2499889. htm.

[3] 汤曾．浅议学术诚信［J］．广西社会科学，2004（3）：33-35.

[4] 胡志强，李鹏程．研究生对学术诚信的认知和态度状况分析［J］．中国青年研究，2010（1）：87-95.

[5] 罗发龙．加拿大维多利亚大学学术诚信教育研究及启示［J］．世界教育信息，2009（6）：67-70.

[6] 引进海外人才要营造鼓励成功宽容失败的氛围［EB/OL］．［2010-07-30］．http：//politics. people. com. cn/GB/1024/12292567. htm.

[7] 刘延东．在科研诚信与学风建设座谈会上的讲话［N］．光明日报，2010-04-09.

[8] 赵婀娜．教育部长强调：对学术不端行为零容忍［N］．人民日报，2009-03-16.

[9] 中华人民共和国教育部．教育部关于切实加强和改进高等学校学风建设的实施意见［EB/OL］．http：//news. xinhuanet. com/edu/2012-03/15/c_ 1228325609. htm.

复习思考题

1. 何为学术论文？学术论文有哪些特点？
2. 学术论文有哪些作用？
3. 学术论文分为哪几类？学士学位论文和硕士学位论文有哪些要求？

2 科技论文常用研究方法

科技论文的内容就是研究成果。因此，要想写出一篇好的科技论文，必须有好的研究成果。要想获得好的研究成果，就应该掌握研究工作的方法。只有方法对头，才能有合乎逻辑的结论，才能使论文具有创造性，有原始创新的见解。因此，对于科技论文写作的初学者来说，有必要对研究方法有一些了解。本章对自然科学中常用的研究方法进行分析，以提高初学者的研究能力。

2.1 实验研究法应用分析

实验是根据一定目的，运用必要的物质手段，在人为控制的条件下，观察研究事物本质和规律的一种实践活动。它既是科学认识的基础，也是判断认识是否具有真理性的标准。

实验的特征：(1) 可以简化科学研究对象。马克思曾说："物理学家是在自然过程表现得最确实、最少受干扰的地方考察自然过程的，或者，如有可能，是在保证过程以其纯粹形态进行的条件下从事实验的。"(2) 可以强化和再现科学研究对象。在实验中，对自然现象可凭借一定的物质手段加以强化，或使其再现，使研究对象处于极端的或连续出现的状态，使人们认识许多通常难以发现的一些现象，得到许多平时难以测量的数据，有助于认识事物的本质和规律。(3) 可以延缓和加速自然过程。通过一定的物质手段创造条件，对研究对象发生的变化和发展过程人为地加以控制，使其延缓或加速，以便于捕捉倏忽而逝的现象，探讨其发展规律。

2.1.1 实验的优点

实验的优点包括：

(1) 更大地发挥人的主观能动性。这是因为实验能突破条件的限制，人为地干预研究对象，自觉地变革研究对象，充分发挥人的主观能动性。

(2) 较易达到科学研究的目的。通过人工方法变革研究对象，易使人们从研究对象中提取希望的东西，以实现其研究目的。

(3) 能证明客观必然性。单凭观察是很难充分证明必然性的。但通过实验，找出某种现象，证实某种假说，发现事物的规律，认识事物的本质，则可证明必然性。

随着科学技术的发展和社会的进步，实验的范围和深度都在不断扩大和深化。科学中的许多重大发现都是通过复杂的科学实验实现的，实验的作用将会越来越大。

2.1.2 实验类型

不同的领域和不同的实验目的，需要进行的实验也是不同的。归纳起来，一般有以下几种类型。

2.1.2.1　判决性实验

判决性实验在不同情况下分别称为决断性实验或定性实验。其目的都是判定某些因素是否存在，某些因素间有无联系，判定某个假说或设想是否成立，决定不同假说或方案的弃取等。

例如，伦琴射线的波动本性最初是被一些著名的科学家否认的，而晶体的空间点阵假说，除少数对晶体学感兴趣的物理学家外，其他人也采取了相反的观点。1912 年弗里德里克和克尼平根据劳厄所作的预言，从实验上证明了伦琴射线通过晶体的空间点阵时引起的干涉现象，为伦琴射线的波动本性和晶体中原子的周期性排列这两者都提供了决定性的证据。

又如，在历史上曾认为热是一种物质。而在今天，即使认为热是一种没有质量的物质也是错误的。但是，要想决定这种假说的弃取，必须用实验来证明。1798 年伦福德注意到，在给炮筒钻孔时，炮筒温度升高，钻削下的金属屑温度更高。他通过在尽量绝热的条件下进行的一系列钻孔实验发现钻孔前后金属的比热容并未改变。根据这一实验结果，伦福德彻底否定了热的物质论。

从上述的例子可以看出，在科学研究中，一些判决性实验通常可以判决一个假说或理论的生死。但是，评价一个实验所具有的判定意义，只能从提出问题的方式上得到启示。而且，只是讨论现象的理论才可以用这种实验来判决。

在科学研究中，为了对已经想到的不同技术路线进行选择，或者验证提出的不同假说，就必须决定其中哪一个思路或假说更加正确。这时需要首先做判决性实验，而对详细的实验，可以留到以后去做。为了尽快地做出抉择，可以采取以下方式进行判决性实验：首先从两个不同的假设中引申出两个不同的论断，然后，通过实验来检查这两个彼此不同的论断中哪一个是正确的，哪一个是错误的。由此肯定或否定其中的一个假说。譬如，当人们对光的本性的认识存在着牛顿的微粒说和惠更斯的波动说这两种对立的假说时，为了在它们两者当中决定弃取，先分别做出推论：光的微粒流只能具有直线传播性，而不能具有干涉和衍射现象发生；但是，如果是一种波动，则除了直线传播以外，还应该具有干涉和衍射现象这些波动的基本特性。之后，T·杨和菲涅尔通过干涉实验结果观察到了光的干涉条纹。这就否定了牛顿微粒说的假说，从而肯定了惠更斯的光的波动说假说。当然，这种肯定只具有相对的意义，后来的实验证明，光的本性并不是惠更斯所认为的那种弹性波，而是一种电磁波。这表明，判决实验不可能一劳永逸地完全证实或推翻整个假说的理论内容。虽然有时对于假说的局部验证而言，某一个别的实验能够起决定性的作用，但是，个别的和孤立的实验活动还不足以验证整个假说的真理性。如上所述，T·杨和菲涅尔的干涉实验，虽然否定了光的微粒说而肯定了波动说，但是，它并没有打破“光是弹性波”的机械观的观点。因此，它仍然未能揭示光的电磁本性和光的量子性。除此以外，还应该注意到，对于同一个实验结果，人们往往还可以有不同的理论解释。所以，在判决实验完成后，还应该进行深入细致的实验研究工作。例如，虽然菲索和迈克尔逊分别测量了光的传播速度，但是，在开始时这对于正确理解光的本性及光速的意义并没有带来多大的启发，而是导致人们对于“传递光波的以太物质”做出了各种各样的解释。只有当迈克尔逊和莫雷进一步测量了沿地球运动方向及与此垂直方向的光速时，才最后完成了否定以太存在的判决性实验，并且证明了真空中光速的不变性，从而为狭义相对论的提出奠定了基础。

此外，如果理论改变了，那么，原来一个旧理论的判决性实验，往往可以很容易地变成另一个完全对立的新理论的强有力的证据。例如，1851 年菲索为了更精确地了解以太与普通物质相互作用时的特点及性质，他在流动的水中做了相对传播的两束光线的干涉实验。实验结果中干涉条纹的移动表明运动的物质部分地带动以太运动，并且菲索还求出了随物质的折射率而变化的牵引系数。因此菲索实验可以作为以太存在并且部分地被运动物质牵引运动的“可靠证据”。但是，当狭义相对论提出后，根据洛伦茨变换式，菲索实验又是否定以太存在，而成为物体在运动状态时的尺度会有收缩的强有力的证据。

2.1.2.2 系统消去实验

在称量一个物体的质量时，很少有可能一下子把砝码选得恰到好处，但是又不可能一点一点地从小到大增加砝码，这样会浪费很多时间。一般的做法是，首先估一下质量，再试一下小或大的砝码，然后逐渐缩小范围，最后得到正确的结果。

和上述方法相类似的方法在很多科学实验中都被采用。例如，一种新型材料的探索、一种新的工艺条件的试验，往往要根据调查研究和科学原理的分析首先对这种材料的成分或工艺条件提出某种估计或推测，然后再进行验证。这就需要做系统消去实验。也就是说，在较大的范围内，逐步消去各种可能性；再将研究工作集中于一个较小的范围内，进行详细的实验。利用这种方法进行科学实验，可以用较小的代价和较短的时间取得较好的实验结果。

2.1.2.3 模拟实验

在科学研究中，有时由于受到主客观条件的限制不能对某些自然现象进行直接的观察和实验，于是人们就常常借助于间接的手段来进行实验。这种间接的实验手段就是模拟实验。

模拟实验是根据研究对象的本质特征人为地建立或选择一种与之相似的模型，再在模型上进行实验研究，然后将实验结果类推到原型中去，以揭示研究对象的本质和规律的实验。

模拟实验具有其他类型实验所没有的一些特点：（1）模拟实验可以对一些无法直接进行实验的自然现象进行考察和探索；（2）参与模拟实验过程的不是研究对象本身，而是与研究对象相似的模型。所以，模型具有双重功能，既是替代原型的实验对象，又是研究对象的实验手段；（3）模拟实验是以自然界客观事物之间的相似性规律为基础，以模型与原型之间某些方面的相似为前提，运用类比推理的方法，将对模型实验研究的结果类推到原型中去，因而类比推理是模拟实验的逻辑基础。

模拟实验过程一般分三步进行：第一步，选择或建立关于研究对象的物质模型；第二步，将模型置于与原型相似的条件下进行实验；第三步，将模拟实验的结果外推到原型中去。在这三步中，建立物质模型是中心环节，它直接影响研究工作的成败。在模拟实验中，这种物质模型可以是人工制造的，也可以是从自然物中选择出来的。

模型必须满足以下三个基本条件：第一，模型与原型必须具有相似关系；第二，模型能够替代原型进行实验；第三，从模型实验研究中可以求得原型的信息。这三个条件是建立模型的必要和充分条件，三者相互联系，缺一不可。

2.1.2.4 初步实验

一般在做大规模或深入细致的实验研究之前，为了预先判断这类实验工作有没有价值，往往要做一些小规模的初步探索性的试点实验，以使研究者用最小的代价得到最准确的结果。

这种实验方法通过对大量物质进行简单的试验，可以从中发现哪些实验值得进一步深入研究。

2.1.2.5 析因实验

析因实验是为探索影响某一事件的发生和变化过程的主要原因而进行的实验。任何一个事物及其变化过程往往都是很复杂的，是由多种因素决定的。但是，其中必有一个因素是起主导作用的决定因素。对于这种主要的影响因素的探索，除了进行理论上的分析以外，还要进行实验研究。而且，理论分析正确与否，也需要由实验进行检验。在进行析因实验时，通常都是固定其他可能的影响因素，而改变其中的一个因素，依次进行实验，然后进行分析对比。例如，在使用液相外延法研制半导体器件时，外延层和 P-N 结的生长质量会受到衬底的晶向、性质和质量、母液的成分、外延生长的起始温度及降温过程、生长气氛等各种因素的影响，要想决定其中最重要的因素，或者各个因素影响的程度，就必须分别进行析因实验。

以上介绍的几种实验只是科学研究中常用的实验类型，还有很多其他实验类型没有介绍。然而，无论进行哪种类型的实验，共同的基本原则是：第一，必须能够使实验再现。凡是不能重复的实验不能算是成功的实验，偶然的结果往往不能说明任何问题。当然，在已知因素尚未改变的情况下，如果实验结果不同，则往往说明还有某种或某些未被认识的因素影响着实验的结果。对于这种情况，不能轻易地做出任何结论，应该再进一步做更加仔细的实验，因为寻找未知因素可能会导致有趣的发现。第二，先进行整体实验，而后进行分部实验，并按步骤排除各种可能性。这样，就可以在初始阶段明确所考虑的假说是否正确，实验思路是否可取等，从而使实验研究少走弯路。第三，做实验时，必须采取审慎的态度，对于一些细节必须加以重视，精益求精。美国细菌学家史密斯说："决定结果的正是我们去处理表面上微不足道、枯燥乏味，而且不胜麻烦的细枝末节时所采取的谨慎小心的态度。"当然，对于"细枝末节"也必须有辨别能力，否则，就会在无关紧要的问题上大做文章，以致浪费宝贵的时间和精力。

2.1.3 实验的基本要素和结构

2.1.3.1 实验的基本要素

实验的基本要素有三个，即实验者、实验对象和实验装置。

(1) 实验者。实验者是指从事实验设计、操作和数据处理工作的人，这是实验的主体。在实验中，实验者的主观能动性表现在以下三个方面：1) 实验者的科学知识和理论思维；2) 实验者的感觉器官接受来自实验对象各种信息的敏锐程度；3) 实验者的实验操作技能。实验者是实验的设计者和操作者。因此，实验目的的确定、实验方案的设计、实验仪器的操作、实验结果的处理等，都要由实验者来完成。实验者的实验水平对实验的成功与否起着重要的作用。

(2) 实验对象。实验对象是实验者所要认识的对象，即实验过程中被变革的对象。实验对象是可观察的自然客体的一个部分，具有客观性，其性质和运动变化的一切具体过程都是客观存在的。科学研究的目的总是首先体现在实验对象的选择上，实验对象的典型性、简明性和经济性都是在选择实验对象时应当考虑的。作为实验对象，可以是自然状态的，也可以是人为加工的。实验者的实验目的就是要通过实验装置来认识实验对象的固有特性。

（3）实验装置。实验装置是指把实验者的意图传递到实验对象中去并从中获得有关信息的各种实验仪器、设备和工具的总和。它是联系实验者和实验对象的中介，是实验方法的集中体现。没有合适的实验装置，就没有实验者与实验对象之间的联系和相互作用，实验对象的客观属性就不能通过实验的变革和控制而显示出来，实验者就不能获得对这些属性的认识。因此，实验装置的水平决定着实验所能达到的水平，实验装置的选择、设计和完善程度是决定实验成败的关键环节。一般来说，实验装置应能使实验对象发生预定的变化过程有效地显示出来；应能准确无误地记录实验过程中的各种参数和现象，并具有安全防护的功能等。

2.1.3.2 实验的基本结构

实验的基本结构是实验三要素相互联系、相互作用的基本方式。具体地说，实验者、实验对象和实验装置这三者彼此通过一定的结构结合成为相互联系、相互作用的实验活动的有机整体。在任何科学实验中，如何形成合理的实验结构，对提高实验水平、进行富有成效的科学探索有着决定性的意义。

在实验中，实验过程就是按照一定结构方式连接起诸多要素形成的实验活动系统。在实验活动系统中，诸要素相互联系、相互作用，这种相互作用包括两个方面：一方面，实验者通过实验装置控制和变革实验对象，促进实验对象显示其特性；另一方面，实验对象和特性又作用于实验装置，为实验者所了解。

2.1.4 实验结果的处理

马克思曾指出："科学是实验的科学，科学就在于用理性方法去整理感性材料。归纳、分析、比较观察和实验是理性方法的主要条件。"所以，评价和整理一个实验结果时，必须以实验给出的事实材料为客观基础，切忌受主观偏见的影响。

2.1.4.1 对结果的评价

为了做到比较客观地评价一个实验的结果，首先必须正确地认识自己使用的技术方法的局限性和各种方法所能达到的精确程度。任何一种方法都不可能是绝对可靠的。严格来讲，即使在实验中使用了正确的方法，也仅仅是对于实验进行时所处条件下的这个结果是有效的。因此，对于有条件限制的实验结果的适用范围必须有客观的估计，不应该过分信任，下结论时也必须十分小心谨慎，所谓只有搞实验研究的人才怀疑实验结果，而只有从事理论研究的人才不相信理论，其道理就在这里。客观地评价自己的实验结果，说起来容易，做起来却很困难。因为很难保证在做出判断时没有下意识地受到偏见的影响。因此，除了要求有老老实实的态度外，必须用已知的、肯定或否定的结果进行对照检验。

2.1.4.2 评价结果应采用的手段

可以有保障地、客观地评价实验结果的办法就是统计学方法，通过大量的、反复的实验可以区分本质的东西和现象的东西。这是因为实验活动是人们通过认识事物现象的实验来揭示事物的本质和规律性的过程。事物的现象比本质易于变化，易于消逝，而本质则比现象更为稳定。所以，现象可能随着时间、地点以及条件的不同而不断变化，而本质具有较稳定的性质，在大量的、变化不定的、各种不同的现象形态之中，本质的东西应该以必然的特征重复出现。这就是规律的重复性。因此，凡是能够揭示事物的本质和规律的实验，都应该是能够重复的。与此相反，凡是非本质的东西，因为具有偶然和易消逝的性质而不具重复性。因此，在实验活动中，反复多次就能够使现象的东西比在一般情况下变化得更为频繁。这样一来，事物的非本质的东西就容易在实验的反复过程中逐渐消失，不再重复，以新出现的形态代替消失了的形态。规律性的和本质的东西，由于具有必然的稳定的和重复的性质，就会在反复的实验中重复出现。就在这种实验的反复之中，可以将本质从现象中区分出来。事物的本质和规律性也就在反复多次的实验中暴露出来了。实验活动反复的次数越多，事物的本质和规律性重复出现的次数越多，暴露得就越充分、越显著。非本质的东西在数量上是无法计量的。所以，为了暴露事物的本质而进行的反复实验的次数，并没有一个固定的界限。但是，另一方面，无论是从理论上还是实践上，都不可能为了把握事物的本质和规律，而进行无限多次的实验。因此，在实验过程中要充分地发挥思维的能动作用，而在实验之后评价实验结果时，则要运用统计学的方法。只要在实验活动中认真分析，总结经验教训，并对实验结果进行统计学的处理，就有可能对事物本质和规律性的认识产生飞跃。如果不进行思考，并且孤立地看待每次实验的结果，即使有无数多次的反复实验作为基础，也不会产生认识过程的飞跃，因而不能客观地认识和掌握事物的本质和规律。

2.1.4.3　对实验结果的处理

对于实验结果的分析整理是一个去粗取精、去伪存真的加工过程。因此，对于数据的处理，应取审慎的态度。对于实验结果，只提供平均数是没有什么意义的，还应该说明实验结果的分布情况，因为各个具体数值的分布往往能够使人们更全面地了解实验的真实情况。为了更好地处理实验结果，有时要把实验数据画成曲线，以便于从中看出某种趋势，使人一目了然；有时要制成表格，以利于分析比较；有时还需要经过一系列的运算才能发挥作用。虽然曲线图看起来比较直观，但有时也会得出错误的结果。例如，如果图中的实验数据点不是很密集的话，那么，任何两点之间的变化趋势用图上那样一条简单的直线或曲线就可能代表不了，很可能有意想不到的上升或下降。因此，画曲线时，必须仔细地检查所依据的数据。当把一组曲线画好后，还应该换一个参数，或者取它的斜率，再画另一组曲线。经过这样的变换之后，有时可看到更多更有意义的内容。

有时理论计算和实验曲线会发生矛盾，如果经过检查和分析并证明两者均无漏洞，就应该大胆地寻求新的设想，以解决这两者之间的矛盾。物理学中的量子理论就是这样产生出来的。

有时理论计算和实验结果很好地符合，但也不要掉以轻心，还应该再三审查。例如把结果再推进一步，或者再改变条件重复实验，看看是否仍然符合，这是因为有时这种符合可能是在某一方面出现了错误，或者有两个方面都出现了错误，也有可能是某种巧合造成的。

2.1.4.4　对实验结果的解释

在做完实验并对实验结果进行整理和评价之后，应该将实验结果与已知的经验或理论知识联系起来加以解释。然而，正确地解释实验结果往往并不是一件很容易的事，有时会出现很多谬误。因此，在解释实验结果时，必须审慎。

在实验研究过程中，正确地观察不容易，而把观察到的现象和结果做出合理的解释更不容易。往往一个人发现一种现象，其意义和重要性到后来才被另一个人揭示出来，并做出明确的解释。例如，电气石中的热电现象被发现后被误解了很长时间，直到 1758 年才被爱皮努斯解释成由于温度的变化引起的表面电荷现象，而到了 1878 年才由威廉·汤姆逊给出了较完整的热电理论。又例如，1859 年普吕克尔从实验中发现了一种射线，但他不知道这是什么射线；1869 年希托夫发现这种射线能被磁场偏转；1871 年瓦尔莱发现它们带有电荷；1876 年哥耳德斯坦把这种射线称为“阴极射线”，但是对此实验现象仍未给出合理的解释；1883 年赫兹根据一系列实验，把阴极射线错误地认为是纵波辐射；直到 1898 年，人们才放弃了赫兹的解释，并根据阴极射线在磁场中的偏转和荷质比的测量，最后把它合理地解释为电子射线流。

有些现象除了不容易得出正确的解释以外，有时甚至还可能得出十分荒谬的解释。例如，自古以来，人们对于陨石就积累了大量的证据。但是，18 世纪的科学由于受到牛顿的观念和其威望的束缚，曾硬是把陨石放到神话的领域中去解释。他们认为，石头和铁块从“天穹”混乱地降落，这是和“大师”揭示的宇宙秩序不相容的。直到 1794 年，精通牛顿力学定律的克拉尼，批判地比较研究了大量证据，从许多完全独立的报告之中推断出观察结果的真实性。当 1803 年一场大陨石雨降落在法国的莱格斯附近时，通过毕奥的研究，使得巴黎科学院才不得不放弃自己对陨石的错误看法。

造成解释谬误的主要原因有：依据的理论不完善或证据不充分，依据的因果关系错误，运用推理发生错误，看问题有片面性等。

基于实验结果来写作论文必须对实验结果进行认真的整理，并做出客观的、不带主观偏见或有意凑合的评价和解释。如果在实验中发现了新的线索，应该指出它的意义，并考虑下一步追踪研究的问题。

2.2 灵感思维法应用分析

刚刚涉足自然科学研究的人往往找不到有新意的课题，总希望导师给一个现成的题目，即便是自己想出的题目，也由于会遇到种种困难，完成的把握和信心不足。那么，如何选择一个有创新的题目，在实验中遇到难题怎么办？本节介绍几种与灵感思维有关的方法。

2.2.1 灵感

人们在追踪某一既定目标且久攻不克的情况下，忽然受到外界启示，茅塞顿开，在头脑中出现一种突如其来的想法，从而达到既定的目标，这种方法称为灵感思维方法。

灵感是一种复杂的思维现象。由于它具有新鲜性、意外性、突然性、非逻辑性等特征，所以蒙上了一层神秘的面纱，因而有人认为，只有天才人物才有灵感。其实，这是因为他们不明白灵感产生的根源。

2.2.1.1 灵感产生的根源

灵感的产生是社会实践的产物。只有在实践中提出了需要解决的问题，而又为解决这些问题提供了必要的实践经验时，才能为灵感的产生提供必要的前提。此外，灵感是研究人员长期持续思考的结果。人的认识发展不是直线式的，而是一个曲折复杂的过程，其间既有长期的、缓慢的、不显著的渐变，又有短暂的、迅速的、显著的突变和顿悟。突变以长期的、不显著的渐变为前提，顿悟则以长久的沉思为条件。只有足够的知识储备和融会贯通地领会各种科学研究方法的要领，又经过长久的思索，才可能在短暂的瞬间让思维插上想象的翅膀，爆发出灵感的火花。还有一点，就是灵感是头脑下意识的显现。下意识又称潜意识，它像地下的潜流那样在人的思维中不知不觉地起作用。人们在自觉意识暂时停止下来以后，下意识仍在继续思考，一旦受到某种因素的触发，就可能显现出来而成为灵感。灵感的一个特点就是来如电闪去如风，稍纵即逝。所以，有经验的科学家总是随身带着纸和笔，一旦产生灵感，立即把它记下来。灵感需要及时捕捉。

2.2.1.2 创造灵感产生的条件

在科学研究过程中，首先要明确和集中问题。只有这样，才能使注意力高度集中，才能成为一种强大的动力，使大脑产生解决问题的强烈愿望。这种强烈的愿望对于启动下意识有着巨大的作用。然后，对问题进行全面的、长时间的自觉思考，有意识地使思维处于高度受激状态，使头脑中产生下意识活动，这时才有可能在自觉的、有意识的思考暂时停止后，仍然能进行下意识的思考。在思考过程中，一定要保持良好的精神状态。在付出了巨大的劳动代价仍然没有解决问题时，急躁和烦恼是无济于事的。只有坚定地抱有解决问题的信心和坚持持续思考而不退缩的决心，才可能对所研究的问题着迷，并时刻去琢磨，把什么事情都与这个问题联系起来，往往容易产生联想，使下意识活动活跃起来。不过，应当注意，在长时间的紧张思考之后要有意识地转换一下工作环境，或消遣一下，或找朋友聊聊天，设法减轻大脑的负担，创造产生灵感的有利条件。例如，阿基米德在久久思考不出鉴定皇冠成分的办法时，干脆去洗澡，结果产生了灵感，找到了表示物体在水中所受浮力大小与物体排开水的重量的关系——阿基米德原理。又例如，笛卡尔著作中关于方法论、数学和物理学等方面的一些基本概念，竟是1619年的一天夜晚从三个不连贯的梦境中构思出来的。

但是一些人不懂得运用灵感方法从事科学研究，他们总喜欢一天到晚关在房间里苦思冥想。这样做常常得不到预期的效果。既难于找出解决问题的办法，又会使大脑得不到应有的休息，引起智力枯竭。

2.2.1.3 正确地认识灵感

正因为看到了并且亲身体验了灵感与科学创造之间的密切联系，所以，许多物理学家都给予灵感高度的评价。波尔认为："实验物理的全部伟大发现都是来源于一些人的灵感。"爱因斯坦则明确地说："我相信直觉和灵感。"

从表面上看，灵感好像是偶然产生的，其实也是"水到渠成"的必然现象。如果你根本没有长时间的研究，也没有如痴如醉地想过，那么，即使有了适宜的外界条件，你也不可能产生灵感。

美国的两位化学家普拉特和贝克，就科学家运用灵感方法的问题，用填写调查表的方式调查了很多化学家。调查结果表明：有33%的化学家经常运用灵感，50%的化学家偶尔运用，17%的化学家从未得益于灵感。这种调查至少在某种数量上表明了灵感在科学创造中的重要地位。

灵感思维虽然具有很大的创造性，但也有其局限性。首先，它的可靠性很小。它虽然以一定的科学事实为依据，但根据很不充分，它主要靠大脑的想象力去把握事物的本质。其次，灵感不能直接提供理论研究的成果，它只能为科学研究提供新的启示、设想、思路等。从灵感的出现到科研成果的获得，还要经过一段长时间的艰苦劳动，并需要运用多种研究方法。

2.2.2 直觉

直觉就是人对事物发展变化的一种洞察力，是研究人员未经渐进的精细的逻辑推理，而以简化的逻辑程序做出的推断。直觉也可以理解为预感。

在科学研究过程中，直觉能力强的研究人员，能预感到所研究的事物在发展变化过程中会发生的某些现象，但他并不知其所以然。

2.2.2.1 直觉的特点

一般认为，直觉思维有以下几个特点：

（1）直觉思维不包含逻辑推理活动。直觉是非逻辑的或非理性的。但也有个别学者持相反意见，认为直觉是理性思维的“凝聚”，即在直觉的短暂瞬间里，研究者的思维把各种前提调集起来，逻辑地推出结论，只不过这种推理是无意识进行的。

（2）直觉是无意识地提供现成的解答。这就是说，直觉所提供的解答并未经过严密的逻辑推理。

（3）直觉同理性思维的区别。直觉没有进行有意识的逻辑推理。同灵感思维相比，直觉是研究者自觉进行的一个全过程，只是它包含了无意识的环节。

（4）直觉是针对具体目的的。直觉同解决新的研究任务相联系，这使它有别于习惯和熟练，作为能力在很大程度上依赖于后者。

2.2.2.2 直觉的作用

直觉在科学研究中所起的作用是很重要的。研究人员凭借卓越的直觉能预感到某一方面的工作有价值，某一类研究问题具有重大的意义，能敏锐地觉察到将来在这个方向上有一两个关键问题会得到解决，从而导致重大的科学发现和发明。例如，物理学家卢瑟福凭借直觉的判断，很早就倾注全力投入原子核的研究，结果做出了一系列重大的开创性贡献。对此，他曾感到大惑不解，为什么其他物理学家没有发现应当去研究原子核？因为沿着这条道路可以在最短的时间内做出最重要的发现。

因此，论文作者在选择有前途的研究方向和研究课题时，应充分发挥直觉的作用。

此外，在科学研究中，研究人员常常要依靠直觉进行选择，尤其是在各种可能性孰优孰劣、难于分辨时。当研究人员处于这种情形时，能否做出正确的选择，主要取决于他的直觉能力的高低。例如，在识别有希望的线索方面，在缺乏可供推理的事实时就要决定行动的方案方面，在舍弃或必须大加修改假说等方面需要依靠直觉的判断。例如，1900 年普朗克提出能量子假说后，物理学家们面临这样的选择，是通过修改旧理论来维护经典物理学，还是另行创立新的量子物理学。许多人选择了前一条道路，而爱因斯坦依赖他那非凡的直觉能力，选择了后一条道路，结果创立了“光量子假说”，发展了量子理论。

此外，在研究的论证阶段，当证据不足时，直觉是研究人员不可缺少的思维工具。贝弗里奇认为，有相当部分的科学思维并无足够的可靠知识作为有效推理的依据，而势必只能凭借直觉来做出判断。

在科学研究中，人们常常被迫面对直接证据十分欠缺的问题采取行动。这种时候，直觉思维就可以发挥重要的作用。

应当指出，直觉并不神秘，它是研究人员通过长期的刻苦学习和科学研究实践锻炼出来的。

2.2.2.3 直觉的局限性

在科学研究中，直觉有着重要的作用，但也有其局限性。这个局限性表现在研究者总是根据个人的经验和掌握的一定事实材料，运用直觉思维做出判断。因此，这个判断的可靠性在很大程度上取决于这种经验和材料的充分程度。

要克服这种局限性，除了努力提高直觉能力外，还应该对直觉提供的解答作逻辑论证。正如阿根廷学者邦奇所说："荒谬的是有人以为，对于发明者来说，直觉超越逻辑之上。如果事先不具备知识，事后不作逻辑加工，那么不可能做出任何科学发现或技术发明。"这就是说，来自直觉的思想是不能作为结论给出的，要对直觉进行实验的或逻辑的证明，只有实验结果或逻辑证明都成立才能在论文中作为结论出现。

2.2.3 机遇

在进行观察、实验、调查和发明创造的过程中，人们往往由于某个偶然的事件或机会，出乎意料地遇到未曾见过的自然现象，并由此导致科学新发现和新发明。这种意外或偶然的机会，在科学史上通常称为机遇。

2.2.3.1 机遇的种类

从观察、实验、调查或发明的目的性和计划性等方面来看，意外性或偶然性是机遇的重要特点。机遇的具体表现形式虽然千差万别，但毫无例外地都具有意外性。按照意外性程度不同，可以把机遇分为以下两种情况。

(1) 部分意外机遇。这种机遇是指寻找的目标是明确的，但发现的场合或方式却是意外的。例如，古德意尔为了改变橡胶冬天变硬、夏天变软发黏等缺点，坚持多年的研究，进行了无数次实验，但都失败了。在一次实验中，他不小心把橡胶和硫黄的混合物泼在发烫的炉子上。当他拿起工具从炉子上刮起这种混合物时，出乎意料地发现被加热的混合物尽管很烫，却不黏。接着，他又做了这种混合样的实验，发现在生橡胶中加入适量的硫黄，经过加热和冷却所得的样品始终是柔软而富有弹性的。橡胶加工的硫化技术就这样被发明出来了。

(2) 完全意外机遇。这种机遇是指本来所要寻找的是某种预期的现象，但结果却意外地发现了完全不同的另一种现象，甚至更为重要的现象。例如在几十年前，美国有个农业研究小组，本来想研究和寻找促进植物生长的细菌群，结果却意外地发现了一种具有选择性的强效除草剂，从而奠定了现代农业中具有极大价值的化学除草技术的基础。

2.2.3.2 机遇对科学研究产生的作用

机遇的意外性特点常常使人获得意料之外的成功，对科学研究的发展产生巨大的影响，因而具有重要的作用。机遇对于科学研究所产生的巨大作用，往往表现为以下两个方面。

（1）机遇可以成为科学理论发展的先导。机遇可以成为科学研究中突破旧的理论体系以后的新起点。有些偶然发现正因为它不在预料之中，也不属于旧的理论体系，所以往往可以成为科学研究的新起点，成为科学理论发展的先导。例如，现代射电天文学的进展，是以美国工程师卡尔·詹斯基的偶然发现为先导的。20 世纪 40 年代，詹斯基在检查电话通信的静电干扰时，发现有一种特殊的、稳定的弱噪声，这引起他的注意，并研究其起源，结果探知此电噪声来自太阳和距离地球 26 万光年的银河系中心。他经过研究还发现，不仅太阳能够发射宽频电磁波，而且星云间也能发射这种电磁波。这一系列的研究和发现，奠定了现代射电天文学的基础。在科学史上，类似这种事例的科学发现是不胜枚举的。无数例子说明，科学研究中的机遇可以成为科学理论发展的先导，从而推动科学研究深入进行。

（2）机遇可以为发明提供线索。这是因为机遇能够暴露自然界的信息，给人们提供探索大自然的重要线索，研究人员抓住这些线索，深入研究，就可以导致科学研究上的重大发明。例如，伽伐尼在解剖青蛙的实验中，偶然从青蛙腿和金属环接触时的痉挛现象发现了电流，伏特对此进行了进一步的研究，从而发明了电池。

2.2.3.3 辩证地看待机遇

机遇是偶然的、意外的，然而并不是神秘的、虚幻的，其产生有着深刻的客观原因和认识论根源。

事物发展过程中常常出现两种现象：一种是必然性，另一种是偶然性。必然性是事物发展过程中一定要出现的趋势，即合乎本质的、规律性的联系，它决定事物发展的前途和方向。而偶然性则是事物发展过程中非本质的联系，它可以出现，也可以不出现；可以这样出现，也可以那样出现，对整个事物的发展起着加速或延缓的作用。因此，必然性和偶然性是有区别的，但两者并非截然分开。一方面，必然性要通过大量的偶然性表现出来，而偶然性又以必然性为基础；必然性通过偶然性为自己开辟道路，偶然性则是必然性的表现形式。另一方面，必然性和偶然性不仅相互依存，而且在一定条件下可以互相转化。本来是偶然性的东西，在新的条件下可以转化为必然性的东西；相反，必然性的东西失去了存在条件，也可以转化为偶然性的东西。据此，就可以分析找到机遇产生的根源了。

从必然性和偶然性的关系看，机遇是一种具有偶然性的东西，它的出现与各种偶然因素密切相关。它可以在自然状态下出现，也可以在人为的干预下出现；它可以在有意识的干预下出现，也可以在无意识的干预下出现。在科学研究中，任何一次机遇发现或任何一次观察、实验、调查中的科学发现，都包含着偶然性，同时也包含着必然性。X 射线在伦琴的那次实验中显示出来而又被伦琴所发现，这无疑是偶然的；但 X 射线在一定条件下一定会发生，这又是必然的。事实上，在伦琴发现 X 射线之前，已有不少人碰到过这种机遇。如 1879 年英国的克鲁克斯、1892 年德国的勒纳德等，都曾先后发现在克鲁克斯管附近的密封照相的底片感光了，只不过他们都没有抓住这个机遇。总之，任何科学发现都不同程度地包含着机遇的因素，科学研究的任务就在于通过这些偶然发现揭示其内部的必然性，从而做出科学发现。同样，在科学实践活动中，也可以通过偶然性的机遇进行发明创造。

不过，不能盲目崇拜偶然性，把成功的希望寄托在碰运气上，企图等待自然的恩赐。从主观和客观的关系来看，机遇是一种具有意外性的东西。由于人的认识过程是曲折而复杂的，不可避免地会出现种种不符合客观的情况。在科学研究中，观察、实验、调查、设计等都是在一定的假说、理论、观点、思想的指导下进行的，是有目的、有计划地认识未知自然现象的实践活动。可是，假说、理论、设计等都是带有主观性的东西，而在认识过程中，主客观之间的矛盾又始终存在。即使人们通过实践，能够认识事物的属性，掌握其发展的规律，但仍不能掌握事物的全部属性和规律。这样，在观察、实验、调查和发明中对事先没有考虑的未知现象，由于具备了某种条件而突然出现，就必然是意外的新现象。所以，机遇又具有意外性。因此，在观察、实验、调查和发明中，意外的事件总是大量存在的，这是正常现象。

2.2.3.4 要善于捕捉机遇

在科学研究中，机遇只起提供机会的作用，细心的人会认出机遇，抓住不放，从而取得意外收获；粗心的人会无动于衷，错失良机，一无所得。在科学史上，碰到机遇而没有把它抓住，从而丧失发现、发明权的事例要比成功的事例多得多。即使在那些成功地利用机遇做出科学发现和发明的事例中，机遇也只是发现和发明的一种因素，只提供了发现和发明的一个线索，并没有也不可能产生解决科学发现和发明的全部问题的现成答案。能否抓住机遇提供的重要线索，从中做出新发现或新发明，关键是要善于捕捉机遇。那么，怎样才能捕捉机遇呢？归纳起来，至少要具备捕捉机遇的客观条件和主观条件。

所谓客观条件是指社会给人们提供捕捉机遇所必需的各种外部因素或条件，其中包括社会生产、科学发展、技术进步和物质文化生活的需要等。例如，电磁效应的偶然发现是在人类发现了电和磁之后，特别是电池发明之后才发现的，倘若没有前两项发明的客观条件，后来的机遇是不可能发现和捕捉的。

从某种意义上来说，捕捉机遇的主观条件更为重要。法国微生物学家巴斯德在讲述奥斯特偶然发现电磁感应现象的生动故事时，曾深有感触地说："在观察的领域里，机遇只偏爱那种有准备的头脑。"这句话一语道破了善于捕捉机遇的真谛。所谓"有准备的头脑"指的是研究人员在捕捉机遇时的主观条件，具体地说包括三种能力：

（1）要有敏锐的观察力。在捕捉机遇时，有了敏锐的观察力，就可以在别人不注意的地方发现新的现象，在别人认为平常的现象中做出不平常的发现，就能从偶然中发现必然。因此，在科学研究中，要求在注意观察预期事物的同时，特别要保持对意外事物的警觉性和敏感性。每个人都有发现机遇的可能，但并非每个人都能捕捉到机遇。因为观察、实验和调查中的现象很多，而只有具备敏锐观察力和洞察力的人，才能从大量现象中抓住决定事物本质的东西，从意外现象中做出重大发现和发明。

（2）要有高度的判断力。错过机会，让机遇提供的线索从眼前白白溜掉就是判断不准确，使有可能被发现或发明的东西变成不可能。科学史上这样的事例是很多的。在科学研究和技术开发中，要想取得成功，不但要有敏锐的观察力，而且要有高度的判断力。对于一些有价值的意外现象，不但能进行准确观察，而且能做出准确分析、判断和选择。

（3）要有丰富的知识和经验。事实证明，一个人的知识和经验越丰富，捕捉住机遇的可能性也越大。具有丰富知识和经验的人，比只有某一种知识和有限经验的人更容易捕捉到机遇，做出科学研究的成就。

因此，只有具有敏锐的观察力、高度的判断力和丰富知识与经验的人，才能真正抓住有价值的机遇不放，做出新的科学发现和发明来。

2.3 假说研究法应用分析

2.3.1 假设的提出

在科学研究过程中，根据不多的事实材料，运用已有的科学原理，充分发挥思维的想象力和创造力，对所研究事物的本质和规律提出一种初步设想，这就是假设。

2.3.1.1 假设提出的条件

在科学研究中，提出具有一定科学依据的假设应符合以下几个条件。

（1）与正确的理论无矛盾。这是指在某个领域中提出的阐明经验事实的假设，不应与该领域已证实其正确性的理论相违背。

（2）与事实无矛盾。必须使假设同已知的和验证过的事实不产生矛盾。在已知的事实中，如果假设同其中一个事实不符，那么这个假设就应该被抛弃或修改，而新的假设要能够解释全部事实。

（3）具有可检验性。假设在研究过程中或实践中应当是可以检验的，即可借助于所掌握的方法得到验证。

（4）在逻辑上非矛盾。假设的逻辑分析应确定假设的非矛盾性，能够回答假设的某些设想不是臆造的问题。

2.3.1.2 假设提出的时机

假设不但是一种带方向性的、有待验证的学术思想，而且是一种组织研究过程、确定研究逻辑、制定研究途径的方法。因此，在科学研究过程中的准备阶段，应该在一些关键性的、资料或事实不足或间断的地方，根据自己的经验和知识，预先提出几种可能的假设作为行动的指导；然后，再通过各种手段收集与该课题有关的新资料或新事实来证实或否定它们。所以说，假设不是无目的地胡思乱想，而是把大脑思索的范围限制在所研究的问题上，从而使研究人员在探索目标时更加明确、更加有的放矢。具体地说，假设为研究者指明道路，并使以后所有的工作具有明确的目的性。假设在科学研究过程中是必不可少的，要在着手研究工作之前提出假设，而不是在科学研究的结束阶段提出假设。

2.3.1.3 如何提出假设

A 要大胆合理

假设的提出既要大胆又要合理。所谓大胆，就是摆脱习惯性思维的束缚，敢于创新，敢于标新立异，敢于提出别人不敢提出的新见解、新方案、新设想。例如，魏格纳提出的大陆漂移假设就非常大胆。在人们心目中，一向是安如磐石的大陆居然就像大海上的冰山一样，可以漂浮起来，这简直是不可思议的事情。对于这样一个大胆的假设，人们无不感到震惊和激动，也夹杂着难以置信。然而，杰出科学家就是在这种难以置信的假设中获得了惊人的科研成果。当然，提出的假设光大胆是不行的，还要合理。尽管合理与否最后要靠事实来论证，但在提出假设时要尽可能做到合乎逻辑、合乎规律、合乎科学，也就是合情合理。这样提出来的假设，就有可能经得起科学研究的严格检验和论证。当海森堡提出由质子和中子组成的原子核的核结构理论时，年仅 24 岁的朗道就大胆地提出一个假设：宇宙中有可能存在主要由中子组成的物质，比如由中子组成的星体——中子星。对于一般人来说，这简直不可想象。因为中子星的物质密度高达 10^{14} g/cm^3，即 1cm^3 质量达 1 亿吨。然而，朗道提出这样大胆的假设却是有根据的。分析一下原子的结构，就可以看出这个假设的合理性。一个原子核的大小不过 10^{-12}cm，而一个原子的大小却有 10^{-8}cm，相差 4 个数量级，可见原子里的绝大部分是“空荡”的空间。如果原子核周围的电子压到核上去，使电子与质子结合，正负电中和就形成不带电的中子，原子空间就会压缩得很小。要实现这一点，需要有巨大的压力，这种压力在实验室条件下难以达到，只有在星球演化时产生的特殊条件下才有可能实现。30 多年后，中子星终于被天文学家发现了，朗道的假设得到了科学的证实而成为定论。

B　要提出多个假设

另外，需提出几个假设以供选择。在一般情况下是提出两个假设，即一个基本假设，而另一个是与其相对立的可供选择的假设。如果只提出一个假设，很容易使研究偏离正确的轨道，使假设成为一种偏见的思想，即先规定一个目标再不惜任何代价而为之奋斗，那是很危险的。这种危险会导致把唯一的一种假设而不是把几个可供选择的假设作为探索的基础。此外，当你只和唯一的一种假设打交道时，你就会像对待独生子一样依恋不舍，无论如何不会同意把它抛弃。因此，在研究的准备阶段，最好就问题的各个方面提出几种可行的方案，即提出几个假设。尽管这样做要占用较多时间，但对于顺利地开展研究活动却是大有益处的。

C　借助于其他学科

假设是研究工作的出发点，如果不能根据现有的资料形成自己的假设，就必须深入研究其相邻的学科，纵横交错地进行研究。不管困难多大，总要千方百计形成 1~2 个假设。门捷列夫说得好：“抱定这样一种哪怕随时间的推移可能是不的假设，也要比什么都没有好些。”

D　用文字确切表达

应把所形成的各种假设用文字确切地表达出来，这样既可以更加深思熟虑，又可以便于别人理解提出来的假设，以及对假设进行批判性的分析。

2.3.1.4　提出假设应注意的问题

假设在科学研究过程中是一种非常有用的方法。但在应用这个方法时，应当注意一个问题，那就是不能任意假设，假设虽然需要，但不能滥用。它最大限度只能解释、说明一个或一系列问题，但不能肯定任何问题。由于它本身尚未得到证明，因而也不能作为在此基础上进行推理的根据，更不能由此武断地得出结论。它只能作为已知的两个事件之间联系的桥梁、空白补充的工具，以便于推动进一步研究的发展。学术研究要大胆创新，但不能任意假设。这就是说，假设毕竟还是假设，问题并没有因提出假设而得到解决，还要小心地求证，即用丰富、确凿的资料和实验事实来验证假设，看它是否和客观实际相符合。

2.3.2　假说的提出和应用

所谓假说是作者依据已知的科学知识和收集到的材料，经过科学抽象和逻辑推理，对研究目标做出的初步的推测性的设想和理论解释，这种推测性的设想和理论解释尚未经过实践的检验。如果后来的实践证明它是正确的，那么，它就由假说上升为科学理论；否则，就需要进行修改，以提出新的假说，直至达到目标为止。这样一种研究方法称为假说方法，如何应用假说进行科学研究和撰写论文也是初学者应当了解掌握的。

2.3.2.1 假说在科学研究中的地位

假说是抽象思维的一种重要形式，是科学研究中的一种重要方法，除了一些偶然发现之外，许多重大的科学发明和发现都是运用假说方法取得的。例如，重核裂变就是运用基本粒子作为炮弹去轰击重原子核所发生的一种核化学反应，它的发现就是一个从错误的假说开始到科学的假说结束的过程。意大利实验物理学家费米由于推测的错误导致了一个错误的假说，并匆忙宣布发现了超铀元素，从而成为科学史上的一个笑柄；而德国化学家哈恩由于推测的正确导致了一个科学的假说，由此发现了重核裂变反应，从而荣获了1944年的诺贝尔化学奖。

科学发展的一般途径是从观察、实验入手，经过科学思维再提出假设，又经过实验、观察的检验与修正形成科学理论，如此循环往复，不断深入。假说是科学发展的必由之路。假说是观察、实验的延伸，又被实验所证明或修正而上升为理论。有的假说则因不能说明某些实验事实而被淘汰或被新的假说所代替。

假说是试图对观察和实验进行解释而得到的结果，是思维的产物，但又是进一步观察、实验的起点。通过假说，不但可以使感性经验系统化、条理化，而且可以使研究者依据这种推测确立自己的研究方向，做进一步观测和研究。

2.3.2.2 假说的作用

（1）有助于说明新事实。假说是揭示新事实的工具，在解释新事实时要敢于大胆地提出假说。如果新的事实与传统理论相矛盾，就要求提出新的假说；如果新的事实超出了原有理论的范围，自身要求对其实质进行说明，也会促使新假说的形成。开普勒认为，假说的目的就是“说明现象及其在日常生活中的用途”，不能把新的事实强硬地塞到旧理论的框架内。假说的价值在于，以假说为基点，将研究工作的新方向朝四面八方铺开，而且把这种假说尽可能地应用于各种具体情况。所以，假说是发现新事物、形成新理论的桥梁。

（2）推测已发生的事实。假说可用于对过去发生的事实进行推测。例如现代宇宙学中的大爆炸学说，生物学中拉马克的“用进废退”学说、达尔文的“自然选择”学说等，这些都是推测过去的假设。其中不少假说，逐渐为越来越多的事实资料所证实，成为科学的理论。

（3）是接近客观真理的方式。假说可以对自然现象进行有根据的推测，尽管这种推测是否把握了客观真理尚属疑问。从发展的眼光来看，假说的不断修正、补充和更新会更多、更正确地反映客观现实的某些方面。所以，它是人们的认识向客观真理接近的方式。

例如，哥白尼的太阳中心说就是作为纯粹的假说提出来的，它和某些天文观测结果相一致，就这一点来说，它是合理的。然而，它还不能因此而成为客观真理。这是因为哥白尼始终没有摆脱古希腊人的这种传统观念，认为真正的假说或定理首先必须能够说明所观测到的天体运动；其次必须不违背毕达哥拉斯关于天体运动轨迹是圆周的和均匀的论断。因此，他用34个圆周来解释天体的表观运动，却没有注意几个圆合并起来就可以产生一个椭圆。所以，开普勒说，哥白尼并没有觉察到他伸手就可以取得的财富。只有开普勒才在进一步观测的基础上提出了天体运动的椭圆轨道的理论。尽管如此，与传统的地球中心说相比，哥白尼的太阳中心说确实向客观真理接近了一步，虽然他的体系的基础还不够完备。但是，新生的科学在开始时是不可能有完备的基础的，创始者的伟大正在于他们以直觉的预感击中了正确的目标。

（4）提出新实验。在科学研究中，假说的主要作用在于提出新的实验或新的观察。这是因为假说一经提出就必然要用实验来验证，故绝大多数实验研究和观测活动的目的都是验证假说的正确与否。例如，伽利略在研究引力时提出了一个简单的假说，接近地球表面的物体具有一个垂直向下的恒定的加速度。他为了论证这个假设，不仅做了自由落体实验，而且还以单摆周期与单摆物体性质无关这一事实来确认这一假说。这样的例子在科学的研究中是很多的。

（5）有助于认识事物。假说可以帮助人们看清楚一个事物或事件的重要意义。倘若没有假说，则该事物或事件往往不能说明什么问题，或者不能引起人们的注意。对于一些很难引起强烈兴趣的实验现象，如果事先有了一些假说形式的理论观念，则可以帮助人们了解其意义，并促使人们对这些枯燥乏味的实验做出许多更为重要的探索。

（6）形成理论。人的认识过程是从直观到抽象的过程。科学研究的进程是从收集感性认识的事实材料开始，然后到达理论的思维，揭露现象之间的规律性联系。假说是理论思维的一种形式，是从认识个别的事实，到认识现象之间的规律性的途径。人们在实践中经过实际调查，积累了一定的事实材料进行研究，通过做出某种推理和建立假说而形成理论，以说明各种事实。在检验假说的实践过程中，又积累新的事实材料。新事实的发现，要么可以证实原有的假说，或者证实原有假说的一部分内容；要么推翻原有的假说。如果需要推翻的话就必须重新提出另一个假说；如果是证实了部分内容，就必须修正原有的假说。如此循环往复，最后导致科学定律或可靠理论的建立。

（7）验证假说可导致新发现。一个正确的假说可以引出合乎真理的结果或理论，给出正确的预言或新发现，这是毫无疑义的。除此之外，验证一个假说，有时可能会导致意外的发现。例如，为了证明地球是圆的这个假设，哥伦布认为向西航行能够到达东方。而他航行的结果，却发现了一个新大陆。尤其耐人寻味的是，一个错误的假说也往往会导致非常富有成效的发现。例如，法国陆军工程师萨迪·卡诺在研究热效应和热机效率的时候，曾以类比的方法提出了以一个热素说为根据的假说：“我们可以恰当地把热的动力和一个瀑布的动力相比。瀑布的动力依赖于它的高度和水量；热的动力依赖于所用的热素的量和我们可以称之为热素的下落高度，即交换热素的物体之间的温度差。”虽然这种类比，以及这种类比所依据的热素说都是错误的，而且使得卡诺得出一个不正确的结论，即在蒸汽机操作的过程中，热量并没有损失或没有变为机械能。他认为高温锅炉放出的热量和低温冷凝器所接收到的热量是相等的。可是，这种类比所得到的假说，也使他获得了有益的见解，即一部蒸汽机所产生的能量在原则上完全依赖于锅炉和冷凝器之间的温度差和由锅炉传到冷凝器的热量。由此，他得出了不可能制造永动机的结论。验证错误的假说而导致重大科学发现的又一著名例子，是迈克尔逊和莫雷的实验。19 世纪后半期以前，有一个被广泛接受的“理论”，即光是用以太作为传播载体的，以太是不随地球运动的绝对参照系。按照这种“理论”，光相对于地球的速度就可以用矢量法减去地球的运动速度而求得。为了验证上述的假说和由此得出的预言，从 1887 年起，迈克尔逊和莫雷测量了光在通过以太沿着地球运动的方向以及与此成直角方向的速度。结果发现，光在不同方向的传播速度是相同的。迈克尔逊因此认为，这个实验结果表明以太是随着地球运动的。1893年洛奇又从实验中发现，光通过两块快速转动的巨大钢盘时速度也不改变，这表明钢盘并不把以太带着转动。这样一来，那种认为空间弥漫着一种可以传递光波的以太物质的假说，就因迈克尔逊等人的实验结果而被抛弃了。但是，问题并没有就此终了，迈克尔逊等人的光速测量实验的重大意义并不仅限于否定了以太说，更重要的是它为狭义相对论的提出提供了难得的新线索。在此以前的牛顿力学认为，时间本身和物体的长度在参照系变换中是保持不变的、绝对的。因此，同一个质点的运动，在两个相对作恒定平移速度运动的惯性系之间变换时，应该具有不同的速度。但是，迈克尔逊的实验表明，光在任何一个惯性系中在所有方向的传播速度都一样。于是，在上述两个惯性系中变换时，必须对时间和位置坐标进行变换。这就是著名的洛伦兹变换，它为狭义相对论的提出奠定了坚实的基础。

2.3.2.3 假说的提出方法

在实际的科学研究和论文写作中如何提出假说呢？归纳起来，大体上有以下几种方法。

A 由特殊到一般

假说是人们对于自然规律的猜测性解释，而规律在自然界中具有普遍意义。所以，把在特殊情况下已经证明无误的规律，提高为在一般情况下的假说，是提出假说的一种比较重要的方法。例如，把利用光谱分析方法得到的地面物体的原子、分子的发射和吸收规律推广到天体环境的普遍场合，就可以通过对比天体光谱与地面物体的光谱推知天体的化学组成、温度、压力、磁场、运动方式和运动速度等。同样，根据对天体的观测，也可以提供研究地面范围内某些问题的线索。例如，在1874年发生日食时的太阳色球光谱中，发现钠的谱线旁边有一条陌生的线，当时在地面的物理实验室还从来没有看到过，不知道它是由什么元素发射的。30年后，这种谱线在地球上也找到了，这就是元素氦的谱线。对于自然事件的解释，人们只能用已知的自然规律把它和别的事件联系起来，也就是把相互联系的事件的综合当作一个整体来描述，这种认识今天已被普遍地接受了。

B 类推、相似和对称

自然界中有许多对象和过程都具有很好的对称性和相似性。例如，阴电、阳电，正面、反面，晶体的结构……如果已知在对称的一面某个结论是正确的，那么，在对称的另一面类似的结论也可能成立。

一般来说，人们对于所研究的对象愈陌生，就愈希望用熟悉的事物、过程和规律性和它做类比。许多在本质上不同的现象，但只要符合相似的规律，就往往可以运用类推的方法提出假说，并进行深入研究。例如在静电理论当中，库仑定律（两个点电荷的相互作用力与两个电荷电量的乘积成正比，与距离的平方成反比）就是通过与牛顿引力定律的类比提出来的。法拉第受到磁铁能使邻近铁块感应带磁和静电荷能在邻近物体中感应出另一种电荷的启发，通过类推，对电磁感应现象做出了预言。为了寻找这种效应，他写下了在自然现象之间的一系列可能联系，然后进行探索。在1831年，他发现了电磁感应现象：当一个金属线圈中的电流强弱发生变化时，能够在邻近的一个线圈中感应出一个瞬时电流。如果将通过恒定电流的线圈在第二个线圈附近移动，也会产生同样的效应。于是，法拉第发现了发电机的工作原理。

在自然科学的发展过程中，对表面上互不相关而实际上有相互一致点的现象加以类推，往往能够得到很重要的发现，甚至还可能成功地运用于其他的科学分支。这表明将已解决的和未解决的问题联系起来，找出深藏在内部的共同的特征，并且在此基础上提出新假说或新理论，是一种重要的创造性工作。例如，由德布罗意和薛定谔开创的波动力学的发展就是利用了这种类推方法，而且得出了著名的理论。虽然光和实物在外表上有千差万别的区别，但是在它们的背后，却都隐藏有波动性和粒子性这种相似性。正是由于德布罗意看到了这一点，所以，他才能够大胆地提出了物质波的假设。

此外，为了能够得出有价值的结果，在做出类推时，不仅要了解它们的相似性，而且要了解它们之间的差别。例如，量子物理学与经典分子动力论，从表面上看有许多相似之处，即它们二者都具有统计性质，都是描述具有许多同等体系的一个巨大集团的规律。但是，它们二者是有差别的：经典分子动力论中掌握集体行为的统计规律是根据个体的规律得出的，运用的是统计平均的方法；在量子物理学中，统计规律是直接得出的，完全排除了个体的规律。不了解这一点，盲目地把经典分子动力论的研究结果类推到现代量子物理学中去，不会得到任何重大的发现。

C　移植的方法

在科学研究和论文写作中有越来越多的题目是应用其他学科的方法来研究本学科的问题。这就是通过移植其他学科或领域内的新原理和技术，来制定、研究、发展本学科的基本思想，这种方法称为“移植法”。这也是科学研究中最有效、最简单的方法之一。尤其是在应用研究和应用性论文写作中，这种方法运用得更为普遍。

例如，物理和化学素有“亲缘”关系，而且极为密切。量子力学创立后，人们更是注重了这一关系。量子化学的创建就是运用了移植的方法将量子力学的规律移植到了化学领域，使化学从经验和半经验的境地中逐步解脱出来，向着理论科学的方向大步迈进。可以说，没有量子力学就不会产生量子化学。

D　经验公式的方法

有些实验数据运用数学方法进行处理后，可以找出经验公式。这种经验公式虽然是根据有限次数的实验取得的，带有很大的局限性；但是，可以在此基础上提出假说，以便为进一步的实验研究或实验检验提供新的线索或发展成为完整的理论。例如，开普勒从第谷的天文观测数据中找到了行星运行的经验公式 $T^2=D^3$，从而提出了行星公转周期 T(以年为单位）的平方等于它与太阳距离 D(以日地距离为单位）的立方的假说。后来经过严格的证实，上升为行星运动第三定律。又例如，在原子光谱的研究中，1885 年首先由瑞典物理学家巴耳末找到了氢原子光谱中可见光谱线波数 N 的经验公式：

$$N=R\left[\left(\frac{1}{k^2}\right)-\left(\frac{1}{n^2}\right)\right]\qquad (n=3,\ 4,\ 5,\ \cdots) \tag{2-1}$$

式中，R 为里德堡常数。

后来又在光谱的紫外线区、红外线区以及远红外线区也发现了氢原子的光谱线，这些谱线的波数也都可以用与式（2-1）类似的经验公式来表示。于是，把氢原子的全部谱线用一个统一的经验公式表示为：

$$N=R\left[\left(\frac{1}{k^2}\right)-\left(\frac{1}{n^2}\right)\right] \tag{2-2}$$

式中，k 和 n 都是整数。当 k 取值不同时，代表着不同的谱线系。

实验证明，上述氢光谱的经验公式给出的结果十分准确。所以，现在已经不再把它看成是经验公式，而是作为氢原子内在规律的表现。因为氢原子光谱具有上述规律，所以导致其他研究者也去寻找别的元素的谱线规律。里德堡提出碱金属元素的谱线也具有与氢光谱类似的规律，并且指出，各谱线的频率或波数可以用两个整数（k 和 n）的极数之差来表示，即 $N=T(k)-T(n)$，式中的两项都称为光谱项。

提出假说的方法大致有上述几种。但是，如何提出较为正确的假说并无统一程序。一般常采取逐步逼近的方法，即第一次提出的假说如果失败了，就应该通过实验找出原因，总结经验，并进行相应的修改或补充，如此下去，逐步逼近，一般可能找出较为接近正确的假说来。

2.3.2.4 运用假说时的注意事项

A 假说必须要受到检验

阿伐斯曾说："一个假说要具有科学价值或经验内容，它必须能被相应的观察或实验所检验。"这就是说，假说方法虽然对于科学的发展有着巨大的作用，但假说毕竟是假说，其真理性尚未得到实践的证明，假说有可能包含错误的成分，甚至全部都是错误的。在科学研究中，要想检验假说和发展假说，必须通过严格的科学实验，只有当实验结果证明假说适用于各种情况时，这样的假说才可以上升到理论范畴。甚至还可以上升为定律。应该注意的是，当第一次实验或第一组观测的结果符合假说的预期结果时，通常还需要进一步从实验上搜寻证据，方能确认自己的设想。即使假说已为若干实验所证实，也只能认为在你进行实验的特定条件下才是正确的，尤其是对于具有普遍意义的假说，一般是不能被绝对证实的。当第一次实验和观测的结果不能证实假说时，则要进行分析思考，有时需要用一种能起澄清作用的补充性假说来适应矛盾的事实，不要轻易抛弃原来的假说；之后，再进行实验，继续修改补充，直至与实验结果相符，或者达到不得不否定，另外创立新的假说时为止。这就是假说的检验和发展的一般过程。

在检验假说时，还可以采用间接验证的方法，即首先根据假说做出某些预言或推论，然后设计相应的实验或观测，来证明这些预言或推论是否正确。例如，广义相对论推出光线在引力场中会弯曲，但由于地球的引力场使光线弯曲的力太微弱了，因而不能用实验直接证明；不过，通过观察日食就可以间接地、确确实实地证明引力场对光线方向的影响。

应当注意的是，对于不同的假说，检验它的具体方式也应有所不同，这是由假说的性质不同所致。即使对于某个特定的假说，随着科学的发展，验证它的方式也应该相应地发展。

B 检验假说需要时间

假说的验证是需要时间的，甚至需要很长时间。例如，1911 年爱因斯坦提出了光线受引力场的作用将发生偏折的科学假说，并且还从量上精确地预言了光线在经过太阳附近时发生偏折的数值。他还以问话的方式指出了这个科学假说的验证方法，并对天文学家寄予了莫大的希望。这个假说时隔 8 年以后才得以证实。1919 年，英国伦敦皇家学会组织了两个考察团分赴巴西的索布腊尔和西非几内亚湾的普林西比岛，利用 5 月 29 日当地发生日全食时的有利观测条件进行观测，观测结果与经过精确计算得出的数据都定性、定量地证实了爱因斯坦的科学假说。

C 假说可能同时包含真理和错误

正确的或基本正确的假说要想成为科学理论，也需要根据新发现的材料不断修正、补充。例如，19 世纪的细胞学说是由施莱登和施旺建立的，但他们却错误地认为新的细胞是由老细胞的内部或外部有机物晶体化而形成的。后来的科学研究表明，新细胞是靠分裂形成的。玛丽·居里有一段话令人深受启发："人们不能希望先天地想象出一个复杂的理论与经验相符合。准确的假说无疑地在具有某些真理的同时也包含着错误。"

D 放弃不符合客观事实的假说

心理学家巴特利特认为，测定智力技能的唯一最佳标准可能是检验并抛弃谬误的速度。如果不能明智果断地放弃与客观事实不相符合的想法，常常会阻碍科学的发展。大多数假说在提出来或在科学家头脑中闪现之后不久便被抛弃了，因为他们常常是错误的，不足以说明新的事实。不要畏惧错误，害怕假说被推翻，而应该再根据实际情况修正或提出新的假说。在这个方面，物理学家波尔应成为人们学习的楷模。每当波尔有新的假说和理论提出时，他总是要召集一批人从各个角度对他的假说"挑刺"和评判，而最终的效果往往是使波尔吸取到了丰富的"科学营养"，完善了自己的假说。

E 多种假说同时并存

对待同一课题往往会有多种假说提出。例如，关于太阳系起源的探索由于感性材料的不断丰富和理论水平的不断提高，迄今为止就有多达几十种的不同学说。

2.3.3 假设与假说的区别和联系

在科学研究过程中，只要仔细分析科学理论的建立过程，就可以明白假设与假说之间的区别和联系。科学理论的建立是一个十分复杂的过程，一般来说，它要经过 4 个阶段：第一，发现问题，即在科学实践和科学本身的发展过程中，出现了一些用已知的科学原理无法解释的新事实，或者用现有科学方法无法解决的新问题，或者用现有事实无法判断的新关系。第二，提出假设，即依据已知科学原理和现有不多的事实材料，通过一系列科学思维过程，对这些新事实、新问题、新关系产生的原因和发展规律做出初步的假定。第三，形成科学假说，即利用有关的理论和通过观察、实验、调查获得的尽可能多的材料进行广泛的论证，使假设发展为结构比较完整的科学假说。第四，建立科学理论，即科学假说在实践检验过程中不断得到修正，并随着实践的发展而发展，逐步向确实可靠的科学理论转化。如果假说和理论遭到否定，则研究就要回到相应的前一阶段。

从上面的论述可知，假设是科学假说的出发点或萌芽，科学假说是假设的论证结果。假设是认识的初级阶段，而科学假说是认识的较高阶段，它已具备了理论的形式和内容。对于一个典型的科学研究来说，从问题到假设再到科学假说的发展过程，是合乎逻辑的必然过程。大陆漂移说的形成过程就说明了这一点。

很早以前，人们就发现非洲西部的海岸线和南美洲东部的海岸线彼此吻合，但用当时的地质科学理论不能解释这一事实。1910 年德国气象学家魏格纳感到这一现象事出有因，绝非偶然。他想，大西洋两岸轮廓线如此相吻合，或许是一个涉及大陆形成和地球演化的大问题，值得认真研究。于是，他果断地抓住这一重大研究课题，毫不犹豫地放弃了他的气象专业，改行到陌生的地球物理学领域，对大陆形成和地球演化问题进行探索。他根据当时已知的力学原理和海岸形状、地质和古气候方面有限的事实材料，提出了大陆不是固定不动的，而是可以漂移的初步假设。假设提出后，魏格纳并没有止步，而是进行深入的学习和钻研，并广泛地收集地球物理学、地质学、古生物学、生物学、古气象学、大地测量学等学科的事实材料，对大陆漂移的假设进行深入的科学论证。到1915年，他出版了划时代的著作《海陆起源》。这样，大陆漂移假设进一步形成了结构比较完整的科学假说——大陆漂移说。这个例子说明，人们对事物的认识往往是对事物提出大胆假说开始的。由于有了假说，以后的研究工作也就有了方向、范围和目标。

2.4 观察研究法应用分析

目前很多科学研究都是借助一些观察手段或仪器去开展的，由此产生的论文属于观察分析论文。本节主要介绍采用观察研究法开展科研工作的规律。

2.4.1 观察方法

观察是人们有目的、有计划地利用感官去认识自然中各种现象的感性活动，它是取得经验知识的基本途径和基本方法。

在科学不发达的古代，观察不但是人们最早采用的一种研究方法，而且也是最主要的一种研究方法。这是因为观察所要求的条件最低，只要有健全的大脑和正常的感觉器官，就可以对周围世界进行一般水平的定性观察。后来，随着科学的发展，人们认识到事物的性质和数量有着密切的关系。因此，如果只进行定性的观察就显得不够了。于是，观察就从定性发展到了定量。在现代，可以说任何一项科学观察都是定性观察和定量观察的结合，并以定量观察为主。

古时人们进行观察时主要是用肉眼进行直接观察。17世纪之后，观察方法从用肉眼进行直接观察发展到了以仪器进行间接观察为主，极大地提高了观察的广度、深度和精度。随着人类认识宇宙所取得的进展和遥感、激光等新技术的应用，科学家可以在大气层外设立观察站。于是，人类就由地面观察发展到了空间观察，这是观察方法的一次大飞跃。

在科学研究中，有目的、有计划地对某一事物进行全面、细致和深入的观察，是为了获得认识该事物的事实材料。从观察中获得的事物材料，有时尽管有一定的失真度，但还是要收集它们，要尽量减少失真度，避免片面性，以获得比较准确的经验事实，这是观察的基本任务。

在观察中获得的比较准确的经验事实一般称为原始资料。在科学研究中，这种原始资料具有极其重要的科学价值，它是一切科学知识的起点，从这个意义上看，科学可以说是始于观察。

观察在科学研究中具有重要的作用，它是认识发展的基础和源泉，也是检验科学理论的根据之一。正如爱因斯坦指出的："理论之所以能够成立，其根源在于它同大量的单个观察关联着，而理论的'真理性'也正在此。"所以，许多杰出科学家都非常注重观察。巴甫洛夫为了表达自己对观察的重视，在自己的实验室墙壁上写上了这么几个大字：观察、观察、再观察！他还告诫青年，不学会观察，就永远也当不了科学家。

2.4.2 观察中的困难

对于一个复杂的自然现象或实验过程，所提供的观察报告往往是靠不住的。例如，世界上不同地区的科学家使用近似的方法和对象观察有时却得到相反的结果，这种现象并不罕见。这是因为即使要对简单的现象进行观察和做出准确的描述，也是十分困难的。造成观察困难和产生谬误的原因有技术、心理、习惯、爱好、受教育程度、观察的训练、错觉等各种因素。

（1）技术因素。有时观察实验会给人以十分错误的印象，出现差错的常见原因是技术上的错误。由于不知道确切的和必要的条件，以至于从实验中看不出能够证明什么问题。例如，法拉第早期试图以磁铁获得电流的实验之所以一再失败，原因也在于他开始不知道确切的实验必要条件。

（2）习惯、爱好和观察训练程度因素。面对同一个现象或景物，如果观察者的性别、年龄、爱好、受教育程度、职业等不同，他们的所注意到的东西、观察的深刻程度、对现象细节和意义的理解是不同的。这种不一致的观察，是观察者头脑本身滋生的，这是由于人们的头脑很容易无意识地根据过去的经历、知识和自觉的意愿去填补某些空白。如果一个事物反复出现，或者场景有所变化，但没有认真仔细地引起注意或记忆，让人们说出这个反复出现的事物的细节或场景的详细变化，是十分困难的。但一旦被提醒，就会引起人们的注意。例如一个人初到飞机场或火车站附近，总是听到震耳欲聋的噪声，实在令人难以适应。然而，如果他长期在这种环境下定居下来，慢慢地就会习惯这种环境，也就“感觉不到”噪声的干扰了。在观察中，也往往有这样两种情况：一种是对新鲜的、偶尔出现的现象有敏锐的观察力，而对“习以为常”的事物却反应迟钝；另一种则与此相反，对新出现的东西毫无洞察能力，甚至视而不见。这无疑会阻碍他对新奇现象的观察。

（3）错觉因素。影响正确观察的另一个重要因素是错觉。人们有各种各样的错觉。如当你把两只手分别放入一盆热水和一盆冷水后，突然取出来同时放入一盆温水内，两只手会对这盆温水有不同的温度感觉，这就是一种错觉。另外，同样尺寸而不同形状的几何图形，也可以给人们以不同大小、长短的视觉感觉，这就是视觉错觉。魔术师就是利用人们的视觉错觉而博得观众的喝彩。除此之外，声音也可以造成人们的听觉错觉。

出现错觉时，感觉就可以在头脑中造成错误的印象。因此，在观察过程中，错觉不仅使观察者经常错过似乎显而易见的事物，而且常常使观察者臆造出虚假的现象或无中生有的“事实”来。许多著名的心理学实验证明了这一点，甚至有些颇具观察能力的科学家也难以幸免。

（4）心理学上的因素。妨碍正确观察的心理学因素，主要是指人们对新事物的抗拒心理，也就是说，认识和理解一个意想不到的新现象、新事物，即使它们已经十分明显了，也往往是异常困难的。例如，尽管普朗克“发明”了量子，而实践也证明这是正确的，但他本人在心理上却始终抗拒着量子的存在。又如，当一个资历较浅而又无名气的人在实验中偶然观察到与权威人士不同的现象时，他甚至会不相信自己的眼睛，或者以为自己在技术上出现了差错。

观察的过程是困难的，但是，如果有意识地进行正确的观察，并且养成良好的观察习惯，就可以使观察的错误降低到最小。

2.4.3 观察的特点

观察作为获得经验事实的重要方法，具有以下主要特点。

（1）观察是有目的、有意识的感性认识活动。感性认识活动不同于日常生活中简单反射式的感觉，它具有能动性。也就是说，观察是人们根据需要有目的、有意识进行的，它是自觉的和主动的行为。观察的这一特点决定了它始终和有意识的注意结合在一起，因而观察具有选择性。这就需要人们善于把自己的注意力有意地集中和保持在观察对象上，尽量排除外界无关刺激物的影响，以保证观察的顺利进行。

在科学研究中，观察是根据研究课题的需要为解决某一问题而进行的，其目的在于获得第一手经验事实材料。因此，在观察之前，要根据研究任务确定观察对象、观察条件、观察范围和观察方法，以保证观察有目的地进行。

（2）观察过程包括观察对象和观察主体这两个侧面。观察对象是指事件、过程、现象、实物、环境和人，它们往往是相互包含的。事件是在一个时空区域中发生或出现的变化，过程则是许多事件按一定先后次序组成的序列，其中每个事件都参与决定继起的事件。当然，事件与过程是相对的，经过相当深入的分析，大多数事件均可看作为过程。现象是认识主体能够感觉到的事件和过程的统称；实物是客观存在的实体。一切观察都离不开实物。事件、过程和现象都是发生在实物之中，而环境则包括上述所有方面和所要观察的人。

观察主体是人。不同的观察主体观察同一对象，结论应当一样，但事实并非如此。因为一切观察都含有感官知觉因素和思维因素，观察的过程既是知觉过程，又是思维过程。人们在观察事物的时候，不只是用眼睛看，更主要的还是用脑子想，并且在一定理论指导下进行。对于这一点，爱因斯坦曾经指出：你能不能观察到眼前的现象，取决于你运用什么样的理论，理论决定着你到底能够观察到什么。这就是说，观察不是镜子似的反射，作为有目的的观察，总是以某种科学理论为背景的。因此，观察中必然渗透着某种理论。英国科学哲学家汉森认为，由于各人具有不同的经验、认识和理论，具有不同的背景知识和科学训练，因而不同的人可能从同一对象中观察出不同的东西。

（3）观察需要语言。观察结果就是对观察对象下定义所作的陈述。在进行观察后的陈述时，必须运用某种语言，以报道被观察对象是否具有某种属性这个事实，从而做出具有某种理性结构的判断。这就说明，观察离不开语言表达。某种语言的运动需涉及这种语言的语义，而要确定某种语言的语义，就必须考虑赋予这种语义的背景理论知识。因此，理论的因素也就随着语言在观察陈述中的作用而渗透到观察中去了。如果没有语言因素，观察到的东西就不能与他头脑中原有的背景理论知识相接通，也就不能表达为有科学意义的观察陈述。当观察到的东西用语言陈述的形式表达出来以后，就获得了科学研究需要的经验事实材料。

（4）观察对象不应被控制且可重复出现。对观察对象在不加控制、不加干预的情况下进行观察，才能得到在自然条件下的真实情况。此外，被观察的现象或过程只有重复出现，观察才具有科学意义。对于那些稍纵即逝的现象或过程，则不适于单独用观察去研究。因为在这种情况下，观察者无法复核和确定观察结果是否正确。

（5）观察需要利用仪器。观察仪器是人的感觉器官的延伸，借助各种观察仪器，可以帮助人们克服感官的生理局限性和由感官造成的某些错觉，扩大感觉的范围、感觉的精确度和感官的反应速度。也就是说，人们凭借种种仪器的帮助，可以把感官无法感知的各种信息转化为可感知的形式，或将感觉放大到感官不感知的范围，使过去观察不到的现象显示出来，使过去分辨不清的物体变得清晰，在广度和深度上极大地增强人们认识客观世界的能力。

（6）观察不带任何感情色彩。观察不能带有任何先入为主的偏见，不能对观察结果加入主观臆断的成分，否则将使观察结果失去客观性，以至于偏离了真实。

2.4.4 如何观察

在进行具体观察之前，必须首先明确观察的目的。其次，要编制好观察提纲，以便有计划、有步骤、全面系统地进行观察。在观察过程中应注意遵循观察的原理、原则和方法。

（1）要遵循可观察性原理。可观察性原理是指自然科学的研究对象可以被人的感官直接感知到，或者借助观察仪器被感官间接感知到。在科学研究中，科学观察原则上只能在可观察到的领域内进行。构思、设计观察仪器以及选择观察场所与条件必须充分注意观察手段和观察对象的能见度，即能够把对象的信息显露出来，这对于微观和宏观客体尤其重要。要辩证地把握观察对象同观察手段和观察者本身之间的相互作用。

（2）要坚持观察的客观性和全面性原则。坚持观察的客观性原则就是要使观察所获得的经验事实能比较正确地反映客观事实。除了要以正确反映客观事物本质的科学理论来指导观察以外，还要注意防止主观性，做到不随意揣测、不主观武断、不固执己见、不自以为是。梁启超曾说："要取纯客观的态度，不许有丝毫主观的偏见掺在心头，若有一点，所观察的便会走了样子。"要做到这些，就应在观察中注意克服和防止导致主观性的因素。在观察中，导致主观性的因素有过分相信自己、无意过失、假象和错觉等。

除了做到客观地进行观察外，还要坚持观察的全面性，只有坚持观察的全面性才能克服观察的片面性。只有做到全面的观察，才能如实反映客观事物的全貌，透过事物现象看到事物的本质。因此，要尽可能地从多方面观察事物。只有把握客观对象的各种因素、关系和规定，才能为抓住事物的本质打下坚实的基础。另外，在观察中还要求系统、连续、完整，不能随意间断。只有保持观察的系统性、连续性、完整性，所获得的观察材料才有可能揭示研究对象的变化规律。

（3）要注意选择典型的观察对象和观察条件。由于客观事物复杂多样、变化无穷，其过程往往不那么纯粹和单一，其本质很容易为纷繁的现象所掩盖；要使观察材料反映出事物的客观本质，就必须暂时撇开与观察无关的内容，撇开次要的过程和干扰的因素，使事物的自然状态变成比较纯粹的形态，让其主要过程充分暴露出来。为此，就必须选择典型的观察对象。通过对典型对象的观察，基本上能代替对其他同类对象的观察，并能为研究提供足够的观察材料。

在观察中，除了选择好典型的观察对象外，还要选择好观察条件，因为观察总是在一定条件、一定环境内进行的。观察的条件、时间、地点不同，观察的结果也不一样。因此，应选择那些干扰比较小的环境去进行观察。在科学研究中，有经验的科学家总是在自然过程比较单纯的条件下观察研究对象。许多科学上的新发现，往往是这样得到的。在纷繁复杂的自然现象和社会现象中，各种因素交织在一起，如果在观察时不注意条件，仅仅作笼统的观察，那么观察的现象再多，也很难达到对研究对象的真实了解。

（4）确定观察类型和观察方法。观察有各种不同的类型。根据观察借助仪器与否，可以把观察分为直接观察和间接观察。根据观察结果是关于观察对象的质的特征还是量的特征，可以把观察分为质的观察和量的观察。量的观察又称为测量或观测。当在观察的基础上赋予观察对象某些特征数值时，便是进行了测量。根据观察是否与实验相结合，还可以把观察分为自然观察和实验观察。将观察分为这样几个类型主要是为了更好地分析观察的实质。对于研究人员来说，除了根据观察任务确定观察类型外，还要选择好观察方法。

观察方法主要有有意观察法、连续观察法、长期观察法、比较观察法、追踪观察法等。在科学研究中，客观事物都是相互影响、相互联系、相互制约的，要找出事物的发展规律，就要进行综合观察。综合观察有两层意思：（1）指对某一具体的观察对象进行观察时，要把眼光扩展到同对象有关的各个方面以及各种联系、各种因素上；（2）指观察某一研究对象时，不单运用某一种观察方法，还要根据具体情况，决定是否要采用其他观察方法。不过，要成功地对某一事物进行观察，必须将几种有关的观察方法有机地结合起来进行综合观察，只有进行综合观察，才能获得最有价值的观察材料。

（5）要做好观察记录。好的观察记录首先要做到准确无误，不能凭主观想当然，不能加上猜想，更不能凭空捏造；其次，要周密完整，根据需要将事物的整个情况都记录下来，不能随意丢掉一些现象。否则，就可能导致整个观察的失败。例如，开普勒就是根据第谷观测火星运行轨道与圆周运动的八分误差，改写了天文学史，创建了开普勒第二定律。如果开普勒不相信第谷的观察资料，任意忽略这数值甚小的八分误差，那么开普勒就不可能总结出第二定律。这也从一个侧面反映第谷在天文观测上的严谨态度。

另外记录要详细有序，对于每个现象都必须做详细记录，而且是按照固有的顺序记录，而不能杂乱无章地随意颠倒。这种有序性不仅可以为下一步研究工作打下基础，而且很可能揭示出对象内部的联系和规律。

在研究中，只要坚持遵循上述原则和要求，就有可能在观察中收集到十分丰富而又符合实际的观察材料。

2.4.5 观察的局限

观察在科学研究中具有重要的作用，但又有一定的局限性。这种局限性一方面是由人的生理局限造成的，另一方面则是由观察仪器、认识功能的局限造成的。此外，观察者本人的素质也会给观察带来误差，甚至得出完全不同的观察结果。为了减少和消除这些误差，除了提高观察者的素质和不断改进观察仪器外，还要大量采用统计方法，把多次观察的数据平均起来，再加以分析、研究。

2.5 类比研究法应用分析

类比研究方法也是近年来学术论文写作中常见的一种，类比推理法的研究特点和写作方法如下。

2.5.1　类比推理法

类比是这样一种方法：从两个或两类对象具有的共有的、相同或相似的属性这一现象出发，推定其中一个对象可能具有另一个或另一类对象已经具有的属性。例如，“多普勒效应”最初是研究声音传播的科学定律，但是多普勒本人指出，“多普勒效应”不仅适用于声波，也适用于光波。多普勒是怎样做出这个结论来的呢？他是根据声音与光在许多特质和关系上的相似，通过进行类比概括做出来的。之后，美国的哈勃等天文学家根据多普勒这个类比概括的结论解释了天文学上的“红移”现象。

类比推理的客观根据是对象之间的同一性，但根据并不充分，这是因为首先类比不是以对象属性之间的必然联系为前提，而是以一定的推测为出发点。第二，客观对象既有固定属性又有偶然属性，而共有的偶然属性与推出属性之间不一定有内在联系。尽管根据不充分，但类比在科学发展中却起着重要的作用，这是因为类比法是提出科学假设的一个重要的逻辑方法。例如，英国科学家狄拉克把相对论原理引进量子力学之中，建立了描述自由电子运动的方程。在解这个方程时，得到了正负对称的两个能量解，正的能量对应着电子，那么负的能量对应着什么呢？电荷有正电荷和负电荷的对称性，既然存在带负电的电子，那么是否存在带正电荷的电子呢？为了解释上述方程的解，狄拉克运用对称类比方法，认为对应负能量的粒子可能是带正电荷的电子，成功地预见了正电子的存在。同样，卢瑟福创立的原子模型、德布罗意提出的物质波理论等都是运用类比方法得到的。类比也是促进技术发展的一种科学方法。开普勒曾高度评价过类比方法，说类比法是自己最可靠的老师。他特别喜欢类比，因为这种方法可以揭开自然界的各种秘密。

2.5.2　类比推理的特点

2.5.2.1　从特殊到特殊的逻辑过程

类比是在两类（个）特殊事物之间进行的，它既不同于从特殊到一般的归纳方法，也不同于从一般到特殊的演绎方法。归纳和演绎一起构成了一个“从特殊到一般，再从一般到特殊”的完整的逻辑过程。但是这个逻辑过程的完成，必须建立在对大量特殊事物分析研究并发现它们的一般规律的基础之上。这是因为没有对大量的特殊事物的观察分析，就无法归纳，没有从大量特殊事物中抽出来的普通法则就无从演绎。

但是类比方法与归纳和演绎这两种方法都不同，它是在两类（个）特殊事物之间进行分析比较的方法，而且这些被类比的事物，或者因为个例太少，或者因为缺乏足够的研究，无法运用归纳方法或演绎方法。因此，无法遵从“特殊——一般”和“一般—特殊”这个完整的逻辑过程，而只能采取从特殊到特殊的逻辑过程。如此，也可以认为类比方法是对“特殊——一般，一般—特殊”这个完整逻辑过程的一种简化。类比方法可以在归纳方法和演绎方法无能为力的情况下发挥其独特作用。尤其是在人们刚刚进行探索的科学前沿阵地和各门学科相邻的边缘领域里，由于科学资料的积累水平较低，常常不具备进行归纳和演绎的条件，在这种情况下，擅长于寻求特殊事物之间联系的类比方法就具有独特的作用。

2.5.2.2　思维的形象性

类比法是将抽象思维和形象思维融为一体的一种独特的思维方法。因为类比是在特殊的事物之间进行的，这些特殊的事物在很多情况下又是鲜明的实物，所以当人们在应用类比方法的时候，常常能够将研究对象的直观形象或模型映入脑海里，使思维具有形象思维的特征。类比方法的形象思维特征在运用类比方法建立模型的过程中表现得十分明显。例如，卢瑟福将微小的原子和巨大的太阳系作了类比，提出了行星原子模型，恰如其分地描绘了原子结构的基本轮廓。

2.5.2.3　结论的或然性

类比方法推出的结论带有较大的或然性。客观事物之间既有相似的一面，又有差异的一面。相似的一面是类比的客观基础，而差异的一面则对类比起限制作用，并使类比结论带有或然性。与比较严密的归纳方法和演绎方法相比，类比方法结论的或然性更大，这是类比方法不足的方面。这就要求人们在使用类比方法时，必须十分注意和其他思维方法配合使用，并始终接受实践的检验。

2.5.2.4　因果类比

因果类比是根据类比的两个对象各自的属性可能具有同一种因果联系而进行的一种逻辑推理方法。其公式为：

$$\begin{array}{c}\text{A 对象中，属性 a、b、c 同属性 d 有因果联系}\\ \text{B 对象中，属性 a}'\text{、b}'\text{、c}'\text{与 a、b、c 相同或相似}\\ \hline \text{推论：B 对象可能有属性 d}'\text{(d}'\text{与 d 相同或相似)}\end{array} \tag{2-3}$$

下面的例子可以很好地说明因果类比在科学研究中的作用。1962 年，美国麻省理工学院机械系谢皮罗教授放洗澡水时，注意到水流出浴池总是形成逆时针方向的漩涡。他认为这种现象与地球自转有关。由于地球是自西向东不停地旋转，所以北半球的洗澡水总是逆时针方向流出浴池。他由此推理，认为北半球的台风同样是逆时针方向旋转的，其道理与洗澡水流出的漩涡呈逆时针方向的道理相同。如果写成推理式，则为：在由西向东旋转的北半球，水受地心吸引力影响，水的漩涡方向是逆时针的；在由西向东旋转的北半球，台风受地心吸引力影响，推理北半球的台风的旋转方向也是逆时针的。谢皮罗还断言，如果在南半球，情况恰好相反。他的论文发表后，引起了世界各国科学家的极大兴趣。他们纷纷进行观察或实验，其结果与谢皮罗的论断完全相符。

此外，因果类比还能适用于两类对象（或两个系统）各事物之间的比较，从一类对象（或一个系统）的已知事物推出另一类对象（或另一个系统）的未知的相似事物。

因果类比推理在科学研究中具有重要作用。在这种推理中，对象的各属性不再是简单的共存关系，而是有了某种因果联系，因而提高了结论的可靠性。

2.5.2.5　数学相似类比

数学相似类比又称为协变类比。这是根据两个对象可能都具有的属性之间某种定量的比例变化和函数变化关系，即确定的协变关系进行的类比推理。这种类比推理有两种形式，一种形式是根据两个对象有若干属性相似，且在二者的数学方程式相似的情况下，推论出它们在其他属性方面可能相似。这种推理形式的公式是：

$$\begin{array}{c}\text{A 对象具有属性 a、b、c，且对 A 有函数关系 } f(x)=0\\ \text{B 对象具有属性 a}'\text{、b}'\text{，且对 B 有函数关系 } f(x')=0\\ \hline \text{推论：由于函数关系 } f(x')=0 \text{ 与 } f(x)=0 \text{ 相似}\\ \text{所以，B 对象也可能具有属性 c}'\end{array} \tag{2-4}$$

式（2-4）中，属性 a、b、c 与 a′、b′、c′相似。

法国物理学家德布罗意曾运用这种推理方法，做出了物质粒子具有波动性的惊人预言。他的推理形式是：

光现象具有波动性和粒子性，光的运动服从光线最短路程原理（费尔马原理），其数学公式为：

$$T=\int_a^b \frac{1}{v}\mathrm{d}s \tag{2-5}$$

力学的质点具有粒子性，质点运动服从力学的最小作用原理（莫泊图原理），其数学公式为：

$$W=\int_a^b \frac{1}{v}\mathrm{d}s \tag{2-6}$$

推论：由于费尔马原理与莫泊图原理的数学公式相似，所以，物质粒子也具有波动性。

另一种形式是根据两个对象的各种属性在协变关系中的地位与作用的相似性，推论出他们的数学方程式也可能相似。这种推理形式的公式是：

$$\frac{\begin{array}{c}\text{A 对象具有属性 a、b、c，且对 A 有 } f(x)=0\\ \text{B 对象具有属性 a}'\text{、b}'\text{、c}'\end{array}}{\begin{array}{c}\text{推论：因为属性 a、b、c 与 a}'\text{、b}'\text{、c}'\text{相似}\\ \text{所以对 B 对象也可能有 } f(x')=0\end{array}} \tag{2-7}$$

德布罗意证明了光具有波粒二象性，并推论出实物粒子也具有波粒二象性之后，又用数学相似类比推理法预言了物质波的波长公式为 $\lambda=\frac{h}{mv}$。其推理过程如下：

$$\frac{\begin{array}{c}\text{光具有波动性和微粒性，其能量和动量公式为：}\\ \text{能量=普朗克常数×频率，即 } E=h\gamma\\ \text{动量}=\dfrac{\text{普朗克常数}}{\text{波长}}\text{，即 } P=\dfrac{h}{\lambda}\\ \text{实物粒子也具有波动性和微粒性}\end{array}}{\begin{array}{c}\text{推论：因为实物粒子与光有相同属性}\\ \text{所以其能量和动量公式应该相似}\end{array}} \tag{2-8}$$

$$\text{能量=普朗克常数×频率} \tag{2-9}$$

即
$$E=h\gamma \tag{2-10}$$

$$\text{动量}=\frac{\text{普朗克常数}}{\text{波长}} \tag{2-11}$$

即
$$mv=\frac{h}{\lambda} \tag{2-12}$$

则波长公式为：

$$\text{波长}=\frac{\text{普朗克常数}}{\text{动量}} \tag{2-13}$$

即
$$\lambda=\frac{h}{mv} \tag{2-14}$$

德布罗意关于物质波的大胆推论，很快就为电子衍射实验所证实，成为量子力学中的一个重要的理论支柱。

数学相似类比定量描述了对象的属性之间的关系，比因果类比只作定性描述前进了一步，使对象属性之间的关系更为确定，可靠性更高。

2.5.2.6 综合类比

事物各种属性之间往往并不是只具有单一关系，还具有多方面的复杂关系。按照对象属性多种关系的综合相似性进行的类比推理称为综合类比，其类比公式为：

已知 A（模型）属性 a、b、c、d 及它们之间的多种关系

同 B（原型）属性 a′、b′、c′、d′及它们之间的多种关系相似

推论：所以，由 a、b、c、d 的量值可以推出 a′、b′、c′、d′的相应的量值 （2-15）

2.5.3 类比的局限性

在科学研究中，类比推理是一个重要的探索方法。研究事物的本质规律就像瞎子走路，在已知的基础上，一步一步地试探、摸索着前进。每一步的试探和摸索都要以已有的研究成果为立足点。类比就是建立在已知的基础上，进一步发展研究成果的一种有效的试探和摸索方法。

在科学研究中，人们为了变未知为已知，往往借助于类比方法，把所要研究的对象同已知的对象相对比，把未知的东西同已知的东西相对比。因而，类比在科学研究中有着重要的作用。类比具有启发思路、提供线索、举一反三、触类旁通的作用。类比的这种启发作用能给科学家提示新的研究方向。例如，今天已经发展成为一门重要学科的微科学，当初就是靠类比启示发展壮大的。1959 年，美国物理学家费恩曼在一次学术会议上说，他很羡慕德国科学家昂尼斯等人开辟的低温领域，把温度降低再降低，以及美国物理学家布里奇曼开辟的高压领域，把压力提高再提高。因此，他提出要开辟微型化领域，把尺寸缩小再缩小。他认为，在这个领域中，几乎还没有做什么工作，但在原则上是能够做出大量工作的。自这以后，人们沿着这个方向探索，终于取得了以超大规模集成电路为标志的辉煌成就及纳米技术的飞速发展。

应用类比是提出科学假说的一条重要途径。在科学发展史上，许多重大假说的提出都得益于类比。按照类比提供的线索，有时还能获得重要的科学发现和发明。在量子力学的创建过程中，就有几次运用类比完成的重大突破。

类比在科学研究中有着十分难得的作用，但它又有一定的局限性。其一，由类比推理所得到的结论不一定都是可靠的。例如，在 1859 年，法国天文学家勒维列发现水星轨道近日点进动现象，在所有的摄动影响都考虑进去后，仍有无法解释的偏移。他根据自己过去从天王星摄动现象预言并发现海王星的成功经验，将水星轨道进动现象同天王星轨道摄动现象尽量类比，认为水星与太阳之间一定还有一颗未知名的行星。有人提前给它起了个名字——火神星。自此以后，世界上有很多人把天文望远镜对准“火神星”天区，为发现“火神星”日夜寻觅。可是一直寻找了很多年，没有一个人能发现“火神星”的影子。这是什么原因呢？爱因斯坦广义相对论说明了这个问题。从相对论看，引起水星轨道近日点的偏移的真正原因是广义相对论效应。

勒维列由成功到失败的教训说明，类比方法并不是万能的。由于事物有相同点，所以

事物可与其他事物相互比较；但是事物又有不同点，这就使类比方法带有或然性。所以，当使用类比方法时，一定要注意配以其他方法加以限制，以使认识更加符合自然界本身的客观规律。

为了使类比在科学研究中发挥有效作用，在运用类比方法时应注意：(1) 在对两个对象进行类比时，所根据的相似属性越多，以此推测其他属性相似也就有越大的可能；(2) 类比所根据的相似属性之间的联系越紧密，类比推理应用也就越有效，推理结论的可靠性程度也就越大；(3) 类比根据的相似数学模型越精确，类比法的应用也就越有效。

复习思考题

1. 论文采用实验研究方法时，怎么选择实验类型？怎样处理实验结果？
2. 灵感思维法中灵感与直觉有何区别？
3. 当采用假说研究方法时，怎样区别假说与假设？两者有何联系？
4. 观察在学术研究中具有重要的作用，怎么进行正确观察？
5. 类比研究有何优点和不足？

3 科技论文写作实用范例及点评

3.1 工程实践型科技论文写作实例及点评

工程实践型科技论文应有一定的技术难度、先进性和工作量，能表现出作者具备综合运用所学技术理论、方法和手段解决工程实际问题的能力。

3.1.1 工程实践型科技论文的特点

（1）选题必须直接来源于生产或工程实际，或者具有明确的生产或工程背景和应用价值。

（2）对所研究的工程实际问题的理论、方法和技术途径有较全面、较深入的了解，并有一定的独立见解。

（3）应突出以解决实际工程问题为宗旨。针对所研究的工程问题，能综合应用相关领域理论、方法和技术，提出或实现既新颖又有价值的解决途径或分析结论。

（4）应具有较明显的经济效益和社会效益，促进企业的科技进步。

3.1.2 工程实践型科技论文的结构

（1）引言或工程背景。概述题目背景、实现情况。如施工技术类的工程实践论文，一般在第一部分介绍工程概况，重点介绍与本文中施工技术相关的背景。

（2）工程实践（分析应用）的方法、步骤、注意事项和结果。

（3）总结（全文总结及展望）。如施工技术类的工程实践论文，总结实际应用效果，对新技术、新工艺进行推广使用情况说明，以及取得的具体经济效益和社会效益等。

3.1.3 工程实践型科技论文与经验性工作总结的区别

工程实践型科技论文应注意不要写成工作总结或施工技术报告。工程实践型科技论文与经验性工作总结，各有各的特征和写作要求、写作规律，但在具体的写作实践中，不少作者往往混淆二者的区别，使不少科技论文看起来更像是经验性工作总结或工作体会。

（1）创新与否，是科技论文与经验性工作总结在写作内涵上的根本区别。

科技论文的最终目标应是提出（发现）问题并从理论上解决问题，所以是否有所发现、有所创新就成了衡量和检验一篇科技论文价值的根本标准。这不仅是科技论文最基本的定义，也是科技论文这一文体最主要的特征。

所谓经验性工作总结，是对某一时期工作或某项任务完成情况进行回顾、分析和评价的文章，是对实践过程的概括与认识，对经验教训的分析与总结。虽然也要求注意总结新经验，但并不像科技论文那样把创新、创造当作根本的追求目标。所以，创新与否，是科技论文与经验性工作总结在写作内涵上的根本区别。如果作者不能认清这一点，就会把科技论文当作经验性工作总结来写，就会在科技论文的选题、收集材料、运用材料以及论证过程中目的不明确，将会从根本上削弱科技论文的质量，甚至会失去科技论文写作的意义。

（2）强调新颖性与强调针对性，是科技论文与经验性工作总结在写作选题上的区别。

经验性工作总结，是通过总结，从成绩和经验中寻找对实践的认识，选题往往强调针对性；而科技论文则是通过专门寻找问题进行研究，达到对事物的新认识，因此，论文的选题更强调新颖性。有些科技论文之所以不能引起人们的兴趣和共鸣，就是因为写作选题缺乏新颖性。

（3）相对的普遍性与局部性，是科技论文与经验性工作总结在材料的收集和运用上区别。

科技论文的选题是第一步，然后就是对材料的收集和运用。在这一点上，科技论文与经验性工作总结又有所不同。

科技论文材料的收集有相对的广泛性。科技论文所需要的材料既要有一定的代表性，又要有相对的广泛性，且越多越好。因为只有尽可能多地占有材料，才能防止材料的片面性才能使作者的视野最大化。论点是需要材料支撑的，材料越多，论点越易体现，文章越能使人信服。

经验性工作总结的对象是总结者的实践活动，可以是某部门的，也可以是个人的，但不论怎样，它不能脱离总结者自身的实践活动。总结的主要材料必须是从自己的实践活动中选取出来的，实践者在工作中的种种体会、种种问题、种种认识都包含在这些材料里，所用材料不能超越总结者的实践范围，这就是经验性工作总结内容和所选材料的个体性和局限性在材料的运用方面，科技论文也比经验性工作总结广泛得多、灵活得多。无论是自身的还是别人的，正面的还是反面的，近的还是远的，过去的还是现在的，直接的还是间接的，原始的还是经过整理的，只要有利于自己论点的论证，都可以拿来用，不受时间和范围的限制。科技论文的目的只有一个：更充分地证明论点。

（4）逻辑性与事理性，是科技论文与经验性工作总结在表述过程上的区别。

在表述过程中，经验性工作总结以叙事为主，可归纳总结，上升为理论，科技论文则以论为纲；经验性工作总结以概括为主，科技论文则以论证推理为主。一个偏重事理性，一个偏重逻辑性，这是科技论文与经验性工作总结在表述过程上的区别。

有的作者写科技论文，选题不错，也提出了观点，找到了材料，但观点是观点，材料是材料，不能水乳交融；或总论点鲜明，分论点模糊，给人以虎头蛇尾之感。这都是缺乏科学的论证和逻辑性造成的。出现这两种情况有两种可能：一种是图省力气，不去进行科学的论证。因为科学论证讲究的是科学，而科学来不得半点马虎，必须下工夫，动脑筋，它比叙述下过程、概括（而不是论证推理）出几条体会困难得多。另一种是作者没有意识到或没有掌握科学论证的方法，不知如何进行科学论证。所谓论证就是运用论据证明论点，说明论题真实性、科学性的一种逻辑推理过程。将论点融合在论据之中，经过推理，使结论顺理成章。论证方法有多种多样，有演绎、归纳、类比、论述、说明、哲理、反驳、例证等科技论文的这种逻辑推理性，要求作者注意两点：一是以逻辑推理的思维来指导研究工作的进行；二是用逻辑推理的方法进行研究工作，以保证研究结果的真实性、可靠性和科学性。

3.1.4 实例及点评

大跨度预应力混凝土斜拉桥施工技术

郭 毅

（中铁十三局集团第一工程有限公司 辽宁大连）

摘 要：结合金华江大桥的工程实践，详细介绍了大跨度预应力混凝土斜拉桥的主塔施工、梁施工技术。实践证明，该施工技术经济性能优良，可为同类施工提供参考。

关键词：斜拉桥；主塔；主梁；施工技术

1 工程概况

金华江大桥为三跨双塔预应力混凝土斜拉桥，采用塔墩固结，主梁半漂浮体系；其主跨为 2m，边跨为 95.5m，桥梁总长 413m。金华江斜拉桥主梁采用预应力钢筋混凝土边双实心主梁断面，即每侧主梁均由两根实心主梁组合而成，主梁梁高约 2.52m，宽 1.5m，双边主梁净间距 3.30m，用 1.0m 厚的横梁相连成为整体；主梁在每个拉索锚固点间均设置一横梁，横梁采用预应力结构，桥面总宽度为 45.0m，外悬臂长为 5.85m，顶板厚为 0.28m，整个桥面为纵横梁组成的梁格体系；边跨端部采用箱形截面，箱梁顶底板厚均为 28m，横隔梁厚度 0.5m，如图 3-1 所示。

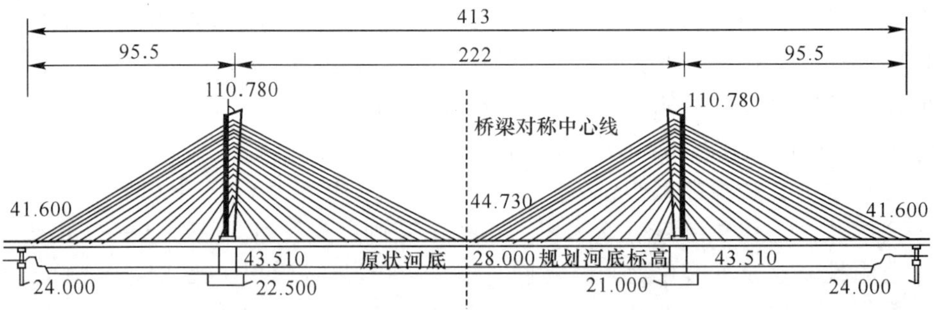

图 3-1 桥梁立面布置图（单位：m）

主塔采用混凝土桥塔，H 型结构，自基础地面至塔顶高为 89.78m，主梁下设一塔间下横梁，桥面以上 42.5m 处设一上横梁以增强主塔的刚度。主塔墩柱采用矩形箱形截面，外包尺寸为 5m×8m，顺桥向壁厚为 2.0m，横桥向壁厚为 1.5m。桥面以上、拉索锚固区以下为空心截面直立柱，外包尺寸为 3m×6m，空心尺寸为 1.5m×1.8m；拉索锚固区塔柱为空心直立柱，外包尺寸为 3m×6m，空心尺寸为 1.5m×3.4m，斜拉索锚固区侧壁厚为 1.3m，另两侧壁厚 75cm。塔顶设三角形装饰。塔柱在拉索锚固区范围内设有环向预应力束，预应力束均采用 ϕ15.24mm 的钢绞线，预应力孔道采用波纹管制孔，真空压浆，锚具采用 YM 系列锚具。

2　斜拉桥主塔施工技术

斜拉桥主塔施工技术如下：

（1）塔柱施工节段的划分与施工方法（具体内容略）。

（2）爬模系统操作流程及控制（具体内容略）。

（3）主塔柱施工流程控制（具体内容略）。

（4）主塔塔柱钢骨架制作与安装（具体内容略）。

（5）主塔塔柱环向预应力束施工（具体内容略）。

3　斜拉桥主梁施工技术

斜拉桥主梁施工技术如下：

（1）施工流程（具体内容略）。

（2）主梁中跨标准节段（M2-M180）施工模架（具体内容略）。

4　结语（具体内容略）

参考文献和英文部分（略）。

摘自《石家庄铁道学院学报》（自然科学版），2009年第1期。

文章点评：本文是一篇典型的工程实践型科技论文。全文分为工程概况、工程施工关键技术和施工方法、工程施工的评价和总结几部分，结构完整。此文的优点：

（1）选题很有实际应用价值。作者结合自身的工程实践，以一座三跨预应力混凝土斜拉桥为工程背景，对斜拉桥主塔和主梁的主要施工技术进行了详细介绍，尤其是对各重要环节的施工流程的介绍完整、细致，可借鉴性强。

（2）文中的关键施工技术（如斜拉桥主塔施工技术、斜拉桥主梁施工技术等）的操作流程介绍得很详细，对以后同类工程有重要参考价值。

（3）表达规范，用词准确，选择的插图具有代表性和自明性，让读者一目了然，针对性强。

此文不足之处：

（1）结语有些仓促，“通过具体工程实践，保证了设计要求的精度，节约了施工成本，说得不具体”，若用具体的数据将更有说服力。

（2）如果能补充主梁施工时拱度控制的措施和测量结果，论文会更丰满，可读性会更强。

3.2　实验型科技论文写作实例及点评

实验型科技论文，可以表述作者依据特定的研究目的，自行设计出一套全新的实验方案，利用外加的因素去干扰实验对象，观察将会产生的结果；也可以表述运用新的原理、设备和方法，验证前人、他人已有的实验及其成果（理论或假说）是否正确；还可以表述运用他人的实验原理、设备和方法，做出更高数量级的精度测定，进一步加深对研究对象某些性质和规律的认识。实验型科技论文，是反映实验研究成果的论文。它的核心是设计实验以及通过对实验结果的观察和分析，探讨客观事物和现象发生的原因和规律形成结论或提出作者的看法。

在理工科的科研领域里，介绍科技成果的实验型科技论文较多。这类论文在自然科学和技术科学中运用极为广泛。

3.2.1　实验型科技论文的特点

3.2.1.1　确证性

确证性是科学实验，也是实验型科技论文本质的特点。实验是通过实验设备人为地控制或干预研究对象，但在实验过程中，必须排除一切非科学的主观因素，尤其不可带入实验者的任何个人偏见，更不能主观臆断，而要以客观、冷静的态度参加整个实验工作，实事求是，尊重客观事实，不能有半点虚假。论文中的数据要经过反复地核实、验证；实验的结果不但要经得起自己的验证，而且要经得起任何人的复验。它是必然的，而不是偶然的，即在相同的实验条件下，任何人在任何时间、任何地点进行实验，都可取得完全相同的结果。也就是说，决不因实验者而异，实验结果完全是可以重复的，即具有再现性。实验型科技论文中所写的实验现象、数据和结果，只有真正具有确证性，即经得起他人的重复验证，才能得到社会的公认，否则就会被证明有差错，甚至被怀疑为伪造。

3.2.1.2　纪实性

实验型科技论文对实验过程和结果，一定要如实记录，看到什么就记录什么，是什么结果就表述什么结果，不得有任何的加工和虚构。要绝对地忠实于客观事实，真实、准确地表述实验的目的、对象、仪器、方法、步骤、现象、数据、结果等实验的全过程及其重要细节，具体分析各种现象发生的原因。这是做科学实验和撰写实验型科技论文必须具有的精神和态度。对实验结果不管是成功还是失败的结果都要认真记录和分析，这些记录写作的内容，包括作者对结果的理论分析，都是撰写论文的素材。

3.2.2　实验型科技论文和科技实验报告的区别

实验型科技论文和科技实验报告虽然都是科学实验成果的文字体现，但二者在内容和表达上有明显的区别，其中最根本的区别是实验型科技论文必须具有创新性。科技实验报告是科技实验过程和结果的如实记录，包括整个实验工作的进行过程、设备、方法、观测结果等细节，相当详细具体。科技实验报告可以重复前人实验工作的记述，可以不限于阐述创新的内容，可以不要求明确的结论。不论实验是否达到预期的目的，不论取得的是正结果还是负结果，都可以写成科技实验报告，对科学研究有重要的参考价值。在表述方式上，科技实验报告以叙述和说明为主，分条列项，如实地将实验过程和结果表述清楚就可以了。有的简单的科技实验还设计了固定的表格，只需按表格中所列项目一一填写，就算完成了任务。这类作品，可以看作撰写实验型科技论文的素材。而实验型科技论文则不然，它是科学实验创新性成果的书面形式，以阐述作者的科学见解为目的，一定要有个人独到的看法。它不必详细叙述实验的过程，也不必描述过多烦琐的具体观察所得。所有的实验专业技术人员科技论文写作工作都要写实验报告，但却没有必要全部写成论文，这最终取决于见解是否具有创新性。在表述方式上，实验型科技论文以阐述、分析为主，要求符合科技论文的篇章结构和编写规范。

3.2.3 实验型科技论文的结构

实验型科技论文主要是围绕实验方法、实验装置的介绍，讨论各种条件对实验的影响等。还有一种涉及新产品研制的论文，它是围绕新产品的工艺条件、产品的性能、生产的现实等问题的讨论。这两种实验型科技论文的基本格式均应规范化。

实验型科技论文的正文部分，一般由材料和方法、结果、讨论三部分组成。根据实验研究和写作的具体情况，这三部分或合并，或精简，可搭配成多种构成形式。例如，有的把方法和结果放在一起，有的把结果和讨论连在一块，有时则只需结果和讨论，或只需方法和结果，而不涉及其他部分。

3.2.3.1 材料和方法

材料和方法是实验研究取得成果的基础。这部分的写作是作者从事课题研究的思想方法、技术措施和创造力的重要体现。因为科学研究的成果，必须接受别人的检验，要求具有再现性。读者可以通过这一部分的介绍，了解获得该项科研成果的手段和途径，必要时可以进行重复实验，以验证这一实验所取得的结果。

介绍材料和方法，既要具体，又要简要，凡是通用的仪器、设备，只需要提供名称、型号即可；那些已经公开的、大家知道的一般方法，就无须赘述，只要指出方法的名称和有关文献就可以；那些无关的、不重要的或人所共知的内容，则不要占据论文的篇幅，否则会冲淡论文的主题和重点，影响论文效果。

许多创造性的研究成果，首先由于有创造性的实验和方法，因而对新设计或改进的仪器、设备和实验方法，应详细说明设计的理论根据、结构及特点。叙述实验过程要抓住主要环节，从错综复杂的事物中理出脉络，并注意连贯。同时，还要从成功与失败、正确与错误、可能性与局限性等方面加以分析，以达到严谨的科学性与逻辑性。

材料与方法部分的内容有：

(1) 说明实验用的材料，包括材料的代号和命名，材料的性质和特征，材料的来源和产地，材料的制备与加工方法等。

(2) 介绍实验的设备、装置和仪器，包括其名称、型号、精度、纯度、生产厂家、性能特点等。如果使用的仪器和装置不是标准的设备，必须注明，并对其测试精度做出检验和标定，以便判断实验结果的可靠性和准确性；如果是自己研制或改进的设备，应着重说明，讲清设计的理论根据，并画出原理图或构造示意图。

(3) 记述实验的原理、方法和过程，包括创造性的观察方法，观察结果的运算处理方法和公式，实验过程中出现问题的处理方法，操作应注意的问题，观察结果记录的方法和使用的符号等。

上述内容是撰写一篇实验型科技论文所应包括的项目。但具体到某一实验时，并非要逐一列出。在能提供给读者重复该实验时所必须的信息的前提下，力求简洁明了。一些常见的实验材料可不介绍或仅介绍规格、型号；一些人尽皆知的方法可略去；如果是采用别人的方法，注明一下即可。主要的实验过程一般按进行前后顺序来写；也可按作者的认识过程，从感性到理性认识的逻辑顺序来安排。一般论文中只写成功的方法。材料很多，装置复杂，方法抽象时，可用图表来简化说明。

3.2.3.2 结果与分析

结果是实验过程所观测到的现象和数据。它是实验型科技论文的核心内容。实验的成败由此判断，一切推理由此推导，一切议论也由此引出，所以应该充分阐述说明。一篇实验型科技论文只要提供的结果真实、无误，论文就有价值，论证就比较有力，使人信服，因为分析、讨论读者自己也可以做。结果与分析部分包括实验的产品、实验过程所观测到的现象实验仪器记录的图像和数据，以及对上述现象、数据进行统计分析等。

这部分的写作要求包括6个方面：

(1) 数据必须准确可靠。数据是分析结论的基石，有时检测结果的微小差错都可能导致整个分析结论的错误。实验中倘若产生反常的实验现象和结果，应在论文中加以特别说明。

(2) 数据充分，重复性好，实验结果或数据应足够充分，一般应重复3~5次或更多。这样论证才能充分有力。

(3) 科学处理和选择实验数据。论文中的结果不是实验结果的照抄，不要把所有的原始数据全部列出。应该用科学的实验数据处理方法对其进行统计分析及筛选。应围绕主题选择数据，舍弃与主题无关的数据。同时，也应防止出现符合主观想法的就择取，否则一律砍去的非科学做法。

(4) 实验结果按一定的逻辑顺序编排。这样做不仅能使论文条理清楚，增强可读性，而且体现了论文的科学性。在很多论文中，结果排列的顺序本身就明显地反映出一定的规律。

(5) 尽量通过图表表达。“结果与分析”部分要罗列大量的数字和资料，采用单纯叙述的方法往往使人感到枯燥、厌烦，复杂的资料也很难叙述清楚，而采用图表则可一目了然。使用图表时要注意，凡是图表已清楚表明的问题，不要再用语言文字重复详述，只需作扼要归纳。懂行的专家和读者阅读实验型科技论文时，注意点往往在图表。

(6) 分析合乎逻辑，有理有据。分析是感性到理性的逻辑推理过程，应采取客观、认真的态度，不应凭主观成见寻找对自己有利的实验数据来为自己的观点辩护。分析过程中说得清的要说透，说不清的最好不说。如确有必要说，应该老老实实地注明在这里未说清，或者是属于推测、预测的看法。应突出论文的重点，进行精辟的分析。

3.2.3.3 讨论

讨论是对实验方法和结果进行的综合分析研究。作者创造性地发现和见解主要是通过讨论部分表现出来的。内容包括：对试验结果进行综合分析；与别人有关的试验结果比较，说明本项试验的结果与他人的结果有何异同，有何新的发展；根据本项试验结果得出的结论，提出假说或学说；本项试验结果在理论研究或生产实践中的价值和意义；由试验结果提出哪些新的待进一步进行研究的问题等。

讨论部分十分重要，是作者理论水平的具体体现。因此，必须充分展开讨论，要阅读有关的文献，掌握大量资料，才能进行深入的分析讨论。但讨论范围应只限于与本文有关的内容。从论文内容需要出发，决定讨论什么，不讨论什么，什么要着重讨论。有时要详写，当进行严密的推理，或引经据典给予说明，或运用数学公式演算推导；而有时只要略写，或结果进行简洁的归纳。讨论虽然写法上有繁简不同，但都必须以实验结果为基础，以理论为依据，进行科学的分析。既不要囿于旧说和成见，又不要轻易否定别人的观点。

要防止武断和感情用事，防止凭个别的材料得出不合逻辑的一般结论。不要回避存在的问题，对预想的实验结果要作说明和交代。

论文有时将讨论与结果合并为“结果与讨论”一起写，这有两个原因：一是讨论内容单薄，无须另列一个部分；二是实验的几项结果独立性大，内容多，需要逐项讨论，这时，说明一项结果，紧接着进行分析讨论，然后再说明一项结果，再进行分析讨论，条理更清楚。

3.2.4 实例及点评

轴向流对斜拉索气动稳定性影响的试验研究

摘　要：在特定的风雨条件下，斜拉桥的斜拉索会发生激烈的风雨激振现象，这种振动会造成索——梁和索——塔锚固区结构的疲劳损伤等一系列问题。因此，研究并明确斜拉索风雨激振的机理，从而找到这种振动的控制方法，已经成为紧迫的研究课题。本研究通过风洞试验测量了倾斜索模型的轴向流强度和脉动升力的大小，分析了轴向流对卡门涡脱落的影响及对低频率成分涡的形成的影响，指出轴向流能抑制卡门涡的脱落，并促进低频率成分的涡的产生，索在这两方面因素的作用下容易发生发散振动。

关键词：斜拉索；风雨振；轴向流；卡门涡

中图分类号：U441　文献标识码：A

1 引言

斜拉桥斜拉索振动的机理比较复杂，振动形式也比较多，比如卡门涡致振动、尾流驰振、风雨激振等。其中风雨激振因为机理复杂、发生频繁、危害严重等，一直是桥梁科研工作者的研究热点之一。已知导致风雨激振的因素有降雨状态下索的上表面形成的水线，索后侧空间中形成的轴向流（ axial flow in the wake of inclined cable）和沿索的径向卡门涡的非定常脱落（ three-dimensional Karman vortex shedding along cable axis）等[1]。关于水线的作用，有学者指出针对不同的水线位置，卡门涡的脱落频率不同，而实际拉索表面的水线位置通常并不固定和唯一，这样索周围不同频率的卡门涡耦合的结果，有可能每三四个卡门涡周期形成一个加强的涡，这个低频率的加强的涡有可能引起高风速涡致振动（high-speed vortex induced vibration）[2]。另外，有的学者指出水线在索面轴向摆动是导致风雨激振的原因[3]。据此，法国的研究者对索面水线的形状、大小及运动规律进行了研究，指出了水线的运动规律[4]。国内的研究者利用基于准定常公式的解析法对水线摆动的作用进行了分析[5,6]。同时，另外的研究者通过风洞试验研究了水线轴向摆动对索振动的阻尼的贡献，指出水线摆动的振幅与索振动振幅的相对大小比，水线摆动与索振动之间的位相差是决定水线摆动促进索振动还是抑制索振动的关键因素[7]。最近，加拿大的研究者指出，当雷诺数处于从亚临界到临界过渡范围时，索的一侧开始产生剥离气泡而另一侧不产生，这个不对称的气泡可能是索气动不稳定的原因[8]。

关于轴向流，风洞试验结果表明在索模型的竖直倾角为零的情况下，水平倾角越大，轴向流越强，当水平倾角超过25°时，索后侧空间形成较强的轴向流，索也开始变得不稳定[9]最近研究[10]指出，在卡门涡的频率远高于索的固有频率的风速条件下，卡门涡的脱落对索的振动有抑制作用。当水线处于某些位置时，卡门涡的脱落受到抑制，卡门涡对振动的抑制作用减小，此时索容易发生发散振动。本文以此研究成果为基础，利用风洞试验方法，从分析轴向流对卡门涡及低频率涡的脱落的影响入手，来分析轴向流的强弱对索的振动的影响。

2　风洞试验

试验所用风洞的工作面宽1.0m，高1.8m，考虑到测力天平的量程和模型的阻塞率决定斜拉索模型采用缩尺模型（见图3-2）。模型用表面光滑的刚性圆筒制成，直径0.054m，单位长度质量0.5kg，水平设置（$\alpha=0°$），轴线与风向成45°（$\beta=45°$）、水线用长度与索模型一致宽厚为0.0036m×0.0016m的矩形截面塑料长条模拟，水线位置θ定义为从前驻点到水线中心的转过的角度。模型的两端安装测力天平（日章电器LMC3501-20M型）测试动态气动力，采样频率500Hz。风场为均匀风场和紊流风场两种，其中紊流风场的紊流强度为$Iu=12.7\%$。

在索模型的后驻点后侧0.6倍模型直径的位置处设置热线风速仪，沿与索模型轴线平行的方向测量各点轴向流的强度。热线风速仪沿风洞横向的位置用X/D表示，其中D为索模型的直径，X为离开索模型上游端的风洞侧壁的距离，如图3-3所示。需要说明的是，由于I型热线测试风向的局限性，在布置热线之前，先用流动显示技术测试了平均风向，之后再将热线布置到与测得的风向垂直的位置，进行风速测试。

图3-2　风洞和索模型

3　轴向流的强度结果

均匀风场中索面没有水线、有水线（水线位置$\theta=72°$）和紊流风场中没有水线共三种工况下索后方的与索轴线平行方向各点的轴向流强度如图3-4所示。总体来说，对于每一个工况，索模型的上游端的轴向流强度比下游端的要强。随着X/D值的增大（离开索模型上游端风洞壁的距离增大），轴向流强度逐渐减小，到索模型的下游端达到最小值。

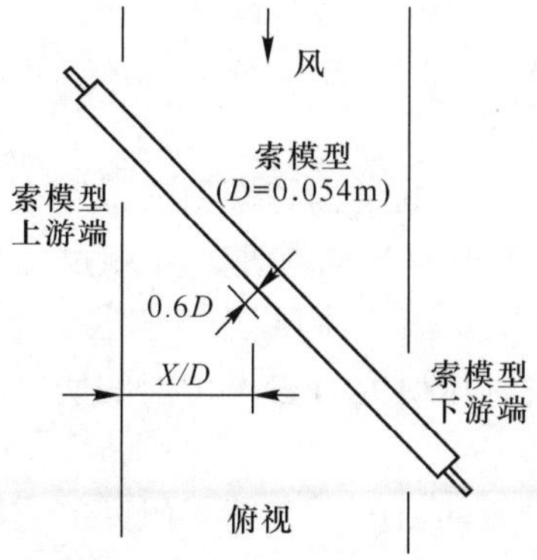

图 3-3 热线风速仪的位置

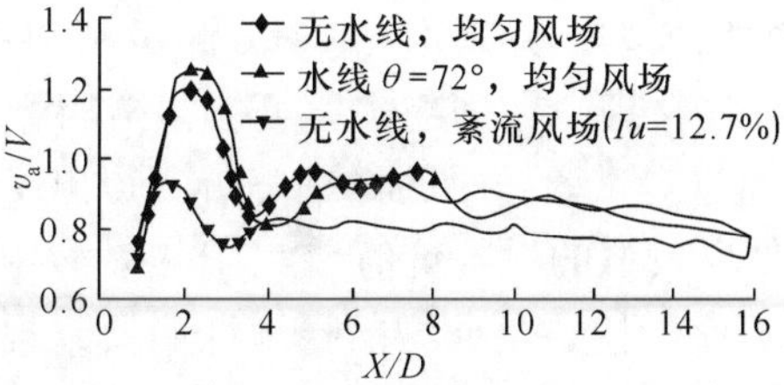

图 3-4 轴方向的强度（$v=8.0\text{m/s}$）

v_a—轴方向流风速；v—风场风速

4 卡门涡强度分析（具体内容略）

5 轴向流对索振动的影响机理分析（具体内容略）

6 结论

通过风洞试验，测得了倾斜索模型的尾流区域的轴向流的相对大小和模型两端的脉动升力值，对脉动升力进行滤波分析，得到了卡门涡的强度和频率小于5Hz的涡的强度。通过分析轴向流强度、卡门涡强度和低频率成分涡的强度得出结论：在卡门涡的频率远高于索的固有频率的风速条件下，当索后方存在一定强度的轴向流时，卡门涡的脱落受到一定程度的抑制，使得卡门涡的脱落对索的振动的抑制作用减小，同时低频率成分涡（与索的固有频率接近，并且有可能一致）被加强，从而引发索发生发散振动的因素被加强，在这两方面因素的作用足够强时，索会发生发散振动。

参考文献和英文部分（略）。

摘自《石家庄铁道学院学报》（自然科学版），2008（4）。

文章点评：本文是典型的试验研究型科技论文。全文按照提出论文要研究的主要问题（分析轴向流的强弱对索的振动的影响）及为什么要进行研究（斜拉桥斜拉索振动的机理比较复杂，振动形式也比较多，比如卡门涡致振动、尾流驰振、风雨激振等。其中风雨激振因为机理复杂、发生频繁、危害严重等，一直是桥梁科研工作者的研究热点之一），研究的基本方法（风洞模拟试验）、研究的结果（轴向流的强度结果）、研究结果的分析（卡门涡强度分析、轴向流对索振动的影响机理分析），最后得出研究结论。结构完整、清晰，逻辑性强。

本文的优点：

（1）本文选题有较强的理论和实际意义。风雨激振机理研究是一个世界性难题，自1988年日本的名港西大桥发现风雨激振现象以来，国内外很多斜拉桥都发现过强烈的风雨激振现象，如日本的多多罗大桥，我国的杨浦大桥、洞庭湖大桥等。很多学者对此进行了研究，现在主要的机理解释包括以下几种：其一认为水线的存在引起的类似驰振的起振机理，国内的主要代表为同济大学顾明教授团队；其二认为轴线流的机理解释，主要代表为日本的 Matsumoto 教授；其三认为雨水引起的 *Re* 数变化导致产生了风雨激振，主要代表为法国的 Flamand 教授。本文致力于第二种机理的解释。

（2）采用风洞模拟试验的研究方法，考虑到测力天平的量程和模型的阻塞率，斜拉桥模型采用缩尺模型。并采用 Hotwire 测量了斜拉桥尾流中的脉动风速，并测量了拉索的升力系数。设计合理，数据翔实、可信，结构严谨，可重复操作性强。

（3）通过对试验结果的详细分析，得出了对相关领域研究有参考价值的研究结论。且研究结论具有较强的学术价值。

（4）本文的摘要是典型的报道性摘要，提出了研究的目的，介绍了研究的方法，给出了结果和结论。具有较强的独立性和自明性，读者不阅读全文，单从摘要中就能了解全文的主要内容，便于检索和引用。

3.3 理论应用型科技论文写作实例及点评

理论应用型科技论文的正文通常包含两大部分：第一，提出理论依据，进行理论分析，计算推导，从理论和实践结合上进行论述。第二，阐明根据理论分析创造的应用技术和方法的原理、特点、功用和优越性等。

理论应用型科技论文的基本要素包括：问题的提出、问题解决的意义、理论依据、方法或设想、效果或结论。

3.3.1 理论应用型科技论文的结构

1 引言

介绍某研究领域的背景、意义、发展状况等。重点描述要解决的问题的来源、难度，解决问题的主要方法等。

2 主体

解决问题涉及的基本定义、定理及自己提出的概念等。

推理结论。给出问题解决方案，包括定理证明、算法设计、复杂性分析等。

3 结论

要具有严密的科学性和客观性，反映本文研究的价值。如果主体已经对研究结果进行了全面的分析总结，那么结论则可以简短些。

3.3.2 写作要求

理论应用型科技论文是一种运用所学的理论基础和专业技能知识，独立地探讨或解决本学科某一问题的论文。其基本标准应该是通过论文，可以大致反映作者能否运用所学得的基础知识来分析和解决本学科内某一基本问题的学术水平和能力。当然，它的选题一般也不宜过大，内容不太复杂，要求有一定的创见性，能够较好地分析和解决学科领域中不太复杂的问题。这一类论文要求以明确的理论思想为指导，在研究过程和社会需求中发现并提出研究方向。

对理论应用型科技论文的具体要求是：

（1）发现、提出实践过程中出现的问题，并能运用某一具体的理论思想提出解决这一具体问题的初步看法和意见。

（2）具有一定的理论准备，能够熟练运用已经学过的理论知识，正确分析、解决论文撰写过程中出现的各种具体的问题。

（3）应能用正确、规范的语体准确地表述思想，完成论文的撰写。

3.3.3 实例及点评

空间曲线主缆悬索桥施工控制计算

摘　要：通过引入斜平面假定，建立了空间曲线主缆悬索桥的分析模型，介绍了空间曲线主缆悬索桥的施工控制计算方法，并编制了计算程序，通过算例验证了程序的正确性。

关键词：悬索桥；施工控制；主缆

1 引言

大多数悬索桥都设计有两根主缆，而且同吊索一起位于两个平行的竖平面内，但是也有些悬索桥主缆是变间距的，吊索位于斜平面内，这使得主缆在水平面的投影呈曲线，习惯上称其为空间曲线主缆。如韩国永宗大悬索桥主缆的横向间距，塔处小，跨中大；我国的丰都长江大桥恰好相反，而是塔处大，跨中小。研究表明[1]，空间主缆悬索桥能够获得更大的横向刚度，从而大大提高桥梁的横向抗风能力，尤其适用于一些跨度较大，而桥面较窄的悬索桥。有时为满足桥梁布置的需要，也需要采用空间主缆，比如对于桥头引道宽度较窄时，锚碇必须布置在引道两侧，这样使得两主缆在锚碇处的横向距离就大于其他各处。主缆是悬索桥的主要承重构件之一；由于在施工过程中，悬索桥主缆从空缆到成桥状态要产生很大变位，所以主缆线形控制就成为悬索桥施工控制的重点。空间主缆悬索桥要求控制像翘曲、扭转这样的局部变形，避免产生较大的安装应力，所以施工前的控制计算就显得尤为重要。主缆控制计算的主要内容[1,2]包括无应力长度的计算，空缆状态时索鞍预偏量和索夹安装位置的计算。本文建立了空间主缆悬索桥主缆系的计算模型，编制了计算程序，并与国内某座悬索桥的结果进行了对比分析。

2 计算模型

空间主缆悬索桥，主跨的特点是每根吊索的下端与加劲梁连接，由于加劲梁宽度沿桥不变，吊索下吊点之间的横向距离就不会变，在吊索的上吊点，是相交三力保持平衡，这三力是指：吊索拉力 P_i，两侧大缆轴拉力 T_1 和 T_2，相交三力的平衡条件之一，是三力必须位于同一平面，假定所有的吊索和大缆都位于一个假定的斜平面，这个平衡条件就可满足[1]。

吊索的纵向水平间距 X_i 一般是相等的，吊索拉力 P_i 是由加劲梁在距离 X_i 内的重量决定的，这些重量等值，且位于铅业方向。让吊索位于同一斜平面，其斜率便相同，由等值梁重决定的各吊索拉力值也就相等。如果各水平间距值相对全跨来说比较小，则可以把大缆看成是承受满跨的水平均布恒载，这时大缆的线形为斜平面内的抛物线口。另外，主缆在边跨应该是主跨主缆在塔顶索鞍的切线方向，位于该切线和主塔塔柱轴线所决定的平面内。

3　计算方法

（1）主缆无应力长度计算（具体内容略）。

（2）索鞍预偏量的计算（具体内容略）。

（3）空缆时索夹安装位置的计算（具体内容略）。

4　算例

（1）工程概况

某悬索桥[1,5]缆跨为 134.5m+450m+99.94m，主缆为空间曲线，竖平面矢跨比 1/11，水平面矢跨比 1/138.5，吊杆外张角为 4°09′27″。主缆在跨中横向间距 14.0m，在桥塔中心间距 20.5m。主缆在桥塔处以切线方向延伸至锚碇，切线的斜率为主缆靠近索塔处的斜率。每股主缆由 61×91ϕ95.2mm 高强镀锌钢丝组成，采用预制平行丝股。吊索由 91 根 ϕ5.2mm 高强镀锌钢丝组成，成桥后间距 6.0m，全桥总共设置 74 对。

（2）计算结果

主要计算参数为：全桥单侧恒载 $q=73600\text{N/m}$；主缆自重 $g=925.4\text{kg/m}$；主缆弹性模量 $E=1.95\times10^5\text{MPa}$；主缆截面面积 $A=0.1179\text{m}^2$。

1）主缆无应力长度。应用本文程序计算的大缆无应力长度如下：北边跨为 145.1054m，南边跨为 110.6489m，中跨为 458.859m，其中文献［5］中跨的结果为 458.8763m，绝对误差为 17.3mm，相对误差仅为 0.0038%，因而证明本文结果是可靠的。

2）索鞍预偏量和空缆时主缆拉力的水平分力。空缆状态时，为保证主缆在塔顶两侧水平分力相等，需要将索鞍向岸一侧预偏，本文计算的预偏值为：北岸 50.7cm，南岸 32.3cm，对应此时桥跨的主缆水平分力为 $H_q=6146.673\text{kN}$。

3）空缆时索夹安装位置。空缆时的坐标原点设在索鞍预偏后所对应的北岸塔顶理论交点处，则空缆时最低吊点 y 坐标为 37.395m，与文献［5］给出的实测结果，空缆垂度 37.337m 相比，比较接近。

5　结语

空间主缆悬索桥引入斜平面假定后，可以按照斜平面主缆进行施工控制计算，本文结果表明这样假定是合理的。应用本文编制的程序，可以解决悬索桥主缆无应力长度、索鞍预偏量和索夹空缆安装位置的计算，通过与算例比较，验证了本文程序的正确性。对中等跨度的悬索桥可以采用本文方法进行施工控制计算。

参考文献和英文摘要部分（略）。

摘自《石家庄铁道学院学报》（自然科学版），2003（4）。

文章点评：本文是典型的理论应用型科技论文。全文以引言、计算模型、计算方法、算例、结语为框架，向读者介绍了一种新的分析模型和新的计算方法。

具体分析：

(1) 选题点具有新意。本文以一种新型缆索桥，即空间缆索悬索桥为研究对象。点评如下：施工控制是索类桥的关键技术，也是近年来国内外桥梁工程研究的热点之一，本文以此作为切入点，符合科学性和需要性原则，是专业读者，如研究人员、设计和施工人员所关心和感兴趣的。例文的可行性则体现在选题具体明确，篇幅不大不小，能够满足国内一般专业期刊论文篇幅方面的要求。

(2) 合作者之间知识互补。寻找合作者则可以更好发挥团队作用，做到有交流，有讨论，提高学术论文的学术和应用价值。因此，合作者应在该论文方向有一定的研究基础，最好是该领域的权威。当然，有时来自不同背景的人员合作更能突出论文的特点。例文的第一作者和第二作者是高校的学术专家，第三作者是工程单位的专业技术人员，在知识结构和特长上实现了优势互补。

(3) 摘要简练。论文摘要是全文的精华，是对一项科学研究工作或技术实践的总结，对研究目的、方法和研究结果的概括。例文摘要仅有5句话，共73个字（含标点），第一句话是假设，第二、三句话是研究内容，第四、五句话涵盖了研究方法和研究结果。这里省去了研究目的。如果补充研究目的，可在摘要前增加一句，如“空间曲线主缆悬索桥的施工控制计算是确保实现成桥设计线形和内力的关键”。

(3) 结论客观可信。从某种意义上说，结论与引言遥相呼应，因为引言部分介绍了本课题的研究目的，那么结论要告诉读者这些目的是否达到。本文通过正文的论证，得出结论：“1) 本文结果表明这样假定是合理的。2) 通过与算例比较，验证了本文程序的正确性。3) 对中等跨度的悬索桥可以采用本文方法进行施工控制计算。”随着时间的推移，及分析手段和计算方法的改进，原来提出的模型会被新的精确模型代替，原来得出的结论可能是有条件正确的等。所以，在撰写论文时需要注意，前提条件和分析模型一定要交代清楚，数据必须真实可靠，语言表达必须准确无误，这才是科研工作者的科学态度。

3.4 综述型科技论文写作实例及点评

综述型科技论文是作者在博览群书的基础上，综合地介绍和评述某学科领域国内外研究成果和发展趋势，并表明作者自己的观点，对今后的发展进行预测，对有关问题提出中肯意见或建议的论文。一篇好的综述型科技论文，对于该领域的学术研究和探讨，对于有关技术的建立和改进，对于相关产品的设计和制造，对于青年科技人员和学生学术水平的提高等，都能发挥很好的指导作用。在国内外科技迅猛发展的今天，以各种载体形式出现的科技信息极其纷繁。作者能通过自己的辛勤劳动，见地独特地写出一篇能启迪他人的综合性论述，虽然算不上“原创性”论文，却也属于“组合式”成果。这种“组合式”成果，在人类科技发展中是必不可少的。

3.4.1 综述型科技论文的特点

(1) 综合性。综述型科技论文要“纵横交错”，既要以某一专题的发展为纵线，反映当前课题的进展；又要从本单位、省内、国内到国外，进行横的比较。只有如此，文章才会占有大量素材，经过综合分析、归纳整理、消化鉴别，使材料更精练、更明确、更有层次和更有逻辑，进而把握本专题的发展规律和预测发展趋势。

（2）评述性。指比较专门地、全面地、深入地、系统地论述某一方面的问题，对所综述的内容进行综合、分析、评价，反映作者的观点和见解，并与综述的内容构成整体。一般来说，综述应有作者的观点，否则就不成为综述型科技论文，而是手册或讲座了。

（3）先进性。综述型科技论文不是写学科发展的历史，而是要收集最新资料，获取最新内容，将最新的信息和科研动向及时传递给读者。

综述型科技论文不应是材料的罗列，而是对亲自阅读和收集的材料，加以归纳、总结，做出评论和估价。并由提供的文献资料引出重要结论。一篇好的综述型科技论文，应当是既有观点，又有事实，有骨又有肉的好文章。由于综述型科技论文是二次文献，不同于原始论文（一次文献），所以在引用材料方面，也可包括作者自己的实验结果、未发表或待发表的新成果。

综述型科技论文的内容和形式灵活多样，无严格的规定，篇幅大小不一，大的可以是几十万字甚至上百万字的专著，参考文献可数百篇乃至数千篇；小的可仅有千余字，参考文献数篇。

3.4.2 综述型科技论文的内容要求

3.4.2.1 选题要新

综述型科技论文的选题必须是近期刊物未曾刊载过的。在撰写综述型科技论文之前，要查一下别人是否已发表过类似综述型科技论文。综述型科技论文的选题不但不能重复，还要独具特色。例如：介绍鲜为人知的重要信息，展示独树一帜的看问题角度，提出与众不同的观点等，这样才能吸引读者，也有利于学术争鸣。

3.4.2.2 说理要明

说理必须占有充分的资料，处处以事实为依据，决不能异想天开地臆造数据和诊断，将自己的推测作为结论写。对他人的成果或论述进行分析，对不同的数据或观点进行比较，尽量给予客观的评价，这样才能对读者起到应有的解惑作用。

3.4.2.3 层次要清

要求作者在写作时思路要清，先写什么，后写什么，写到什么程度，前后如何呼应，都要有一个统一的构思。

3.4.2.4 语言要美

科技文章以科学性为生命，如果语不达义、晦涩拗口，结果必然阻碍科技知识的交流。所以，在实际写作中，应不断地加强汉语修辞、表达方面的训练。

3.4.2.5 文献要新

由于现在的综述型科技论文多为“现状综述型科技论文”，所以在引用文献中，70%应为3年内的文献。参考文献依引用先后次序排列在综述型科技论文文末，并将序号置入该论据（引文内容）的右上角。引用文献必须确实，以便读者查阅参考。

3.4.2.6 校者把关

综述型科技论文写成之后，要请有关专家审阅，从专业和文字方面进一步修改提高。

这一步是必须的，因为有的作者往往有顾此失彼之误，常注意了此一方而忽视了彼一方。有些结论往往是荒谬的，没有恰到好处地反映某一课题研究的“真面目”。这些问题经过校阅往往可以得到解决。

3.4.3 综述型科技论文的结构

综述型科技论文一般都包括题名、著者、摘要、关键词、正文、参考文献几部分。其中正文部分又由前言、主体和总结组成。

3.4.3.1 前言

约300字的篇幅，用来提出问题，包括写作目的、意义和作用，综述问题的历史、资料来源、现状和发展动态，有关概念和定义，选择这一专题的目的和动机、应用价值和实践意义，如果属于争论性课题，要指明争论的焦点所在。

3.4.3.2 主体

主要包括论据和论证。通过提出问题、分析问题和解决问题，比较各种观点的异同点及其理论根据，从而反映作者的见解。为把问题说得明白透彻，可分为若干个小标题分述。这部分应包括历史发展、现状分析和趋向预测几个方面的内容。(1) 历史发展。按时间顺序，简要说明这一课题的提出及各历史阶段的发展状况，体现各阶段的研究水平。(2) 现状分析。介绍国内外对本课题的研究现状及各派观点，包括作者本人的观点。将归纳、整理的科学事实和资料进行排列和必要的分析。对有创造性和发展前途的理论或假说要详细介绍，并引出论据；对有争论的问题要介绍各家观点或学说，进行比较，指出问题的焦点和可能的发展趋势，并提出自己的看法；对陈旧的、过时的或已被否定的观点可从简；对一般读者熟知的问题只要提及即可。(3) 趋向预测。在纵横对比中肯定所综述课题的研究水平、存在问题和不同观点，提出展望性意见。这部分内容要写得客观、准确，不但要指明方向，而且要提示捷径，为有志于攀登科学新高峰者指明方向，搭梯铺路。主体部分没有固定的格式，有的按问题历史发展依年代顺序介绍，也有的按问题的现状加以阐述。不论采用哪种方式，都应比较各家学说及论据，阐明有关问题的历史背景、现状和发展方向。

综述型科技论文主体部分的写法有纵式写法、横式写法、纵横结合式写法等。

3.4.3.3 总结

主要是对主体部分所阐述的主要内容进行概括，重点评议，提出结论或展望，最好是提出自己的见解，并提出赞成什么，反对什么。

3.4.3.4 参考文献

写综述型科技论文应有足够的参考文献，这是撰写综述型科技论文的基础。它除了表示尊重被引证者的劳动及表明文章引用资料的根据外，更重要的为读者在深入探讨某些问题时，提供查找有关文献的线索。综述型科技论文是通过对各种观点的比较说明问题的，读者如有兴趣深入研究，可按参考文献查阅原文。因此，必须认真对待。

3.4.4 综述型科技论文的写作步骤

3.4.4.1 选定题目

选定题目对综述型科技论文的写作起着举足轻重的作用。选题首先要求内容新颖，只有新颖的内容才能提炼出有磁石般吸引力的题目。选题还应选择近年来确有进展，适合我国国情，又为本专业科技人员所关注的课题，如对国外某一新技术的综合评价，以探讨在我国的实用性；又如综述某一方法的形成和应用，以供普及和推广。选题通常有以下几种：一种是与作者所从事的专业密切相关的选题，对此作者有实际工作经验，有比较充分的发言权；一种是选题与作者专业关系不大，而作者掌握了一定的素材，又乐于探索的课题；还有一种是科学情报工作者的研究成果。

题目不要过大，过大的题目一定要有诸多的内容来充实，过多的内容必然要查找大量的文献，这不但增加阅读、整理过程的困难，或无从下手，或顾此失彼；而且面面俱到的论文也难以深入，往往流于空泛及一般化。实践证明，题目较小的综述型科技论文穿透力强，易深入。特别对初学写综述型科技论文者来说更以写较小题目为宜，从小范围写起，积累经验后再逐渐写较大范围的专题。此外，题目还必须与内容相称、贴切，不能小题大做或大题小做，更不能文不对题。

3.4.4.2 查阅文献

题目确定后，需要查阅和积累有关文献资料。对初学者来说，查找文献往往不知从哪里下手，一般可首先收集有权威性的参考书，如专著、教科书、科技论文集等，教科书叙述比较全面，提出的观点为多数人所公认；专著集中讨论某一专题的发展现状、有关问题及展望；科技论文集能反映一定时期的进展和成就，帮助作者把握住当代该领域的研究动向。其次是查找期刊及文献资料，期刊文献浩如烟海，又分散，但里面常有重要的近期进展性资料，吸收过来，可使综述型科技论文更有先进性，更具有指导意义。

查找文献资料的方法有两种。一种是根据自己所选定的题目，查找内容较完善的近期（或由近到远）期刊，再按照文献后面的参考文献，去收集原始资料。通过这样“滚雪球”式的查找文献法就可收集到自己所需要的大量文献。这是比较简便易行的查阅文献法，许多初学综述型科技论文写作者都是这样开始的。另一种较为省时省力的科学方法，是通过检索工具书查阅文献。常用的检索工具书有文摘和索引类期刊，它是查阅国内外文献的金钥匙，掌握这把金钥匙，就能较快地找到需要的文献。

此外，在平时的工作学习中，随时积累，做好读书文摘或笔记，以备用时查找，可起到拾遗补阙作用。查找到的文献首先要浏览一下，然后再分类阅读。有时也可边收集、边阅读，根据阅读中发现的线索再跟踪收集、阅读。资料应通读、细读、精读，这是撰写综述型科技论文的重要步骤，也是咀嚼和消化、吸收的过程。阅读中要分析文章的主要依据，领会文章的主要论点，用卡片分类摘记每篇文章的主要内容，包括技术方法、重要数据、主要结果和讨论要点，以便为写作做好准备。

3.4.4.3 加工处理

对阅读过的资料必须进行加工处理，这是写综述型科技论文的必要准备过程。按照综述型科技论文的主题要求，把写下的文摘卡片或笔记进行整理，分类编排，使之系列化、条理化，力争做到论点鲜明而又有确切依据，阐述层次清晰而合乎逻辑。对按分类整理好的资料轮廓，再进行科学的分析。最后结合自己的实践经验，写出观点与体会，这样客观资料中就融进了主观资料。

3.4.4.4 撰写成文

撰写成文前应先拟提纲，决定先写什么，后写什么，哪些应重点阐明，哪些地方融进自己的观点，哪些地方可以省略或几笔带过。重点阐述处应适当分几个小标题。拟写提纲时开始可详细一点，然后边推敲边修改。多一遍思考，就会多一分收获。提纲拟好后，就可动笔成文。按初步形成的文章框架，逐个问题展开阐述。写作中要注意说理透彻，既有论点又有论据，下笔一定要掌握重点，并注意反映作者的观点和倾向性，但对相反观点也应简要列出。对于某些推理或假说，要考虑到专家所能接受的程度，可提出自己的看法，或作为问题提出来讨论，然后阐述存在的问题和展望。初稿形成后，按常规修稿方法，反复修改加工，必要时请相关专家修改把关。

3.4.5 实例及点评

齿轮系统非线性动力学研究进展及展望

摘　要：基于非线性齿轮系统的分析方法，综述了基于解析方法的齿轮系统，基于数值方法的齿轮系统，基于实验方法的齿轮系统，考虑齿面摩擦及齿面故障的齿轮系统的非线性动力学研究进展情况，最后给出了带故障的齿轮系统非线性动力学行为研究，齿轮系统的振动控制研究，齿轮系统非线性动力学中的反问题研究等若干研究热点和可行的研究方向。

关键词：齿轮；非线性动力学；解析方法；数值方法；实验方法

综述中图分类号：TH113

文献标识码：A

1 引言

齿轮是各种机械系统中的重要传动装置，在机械、化工、航天、船舶等行业的设备中起着非常关键的作用。同时，齿轮的工作状态正常与否对运动和动力的传输具有重要的影响。因此，研究齿轮系统的非线性动力学具有重要的理论价值和工程意义。齿轮系统具有以下几个特点：(1) 齿轮系统的转速较高，有时可达到数十万转，此时的动力学行为非常复杂且易产生各种故障；(2) 系统复杂，从原动机到齿轮箱（包括轴承、齿轮、轴等）再到负载，结构复杂多样；(3) 建模难，主要在于其中的非线性因素众多，如齿轮的间隙、时变刚度和齿面摩擦等，轴承的间隙和不同结构形式带来的不同刚度形式等，转子（轴）的不同支撑形式和间隙带来的松动等，这些因素使得齿轮系统的求解变得非常困难，如果再考虑到齿轮系统中可能存在的各种故障，则模型更为复杂[2]。所有这些特点使得齿轮系统的动力学成为近20年来的一个研究热点。

2 齿轮系统的非线性动力学

齿轮的应用最早始于公元前400~公元前20年[3]。而对齿轮系统进行全面的动力学研究则见于 Buckingham 的工作[4]。采用振动理论对齿轮系统进行研究始于20世纪50年代 Tuplin 的工作[5]，其中提出的等效轮齿啮合刚度的概念奠定了齿轮系统动力学的理论基础。随后，齿轮系统动力学的研究范围逐渐扩大到包含轴承和转子的复杂系统。

1986 年 Ozguven[6]对齿轮系统动力学的研究进展进行了综述，文末列举了 188 篇文献，在该文中作者对齿轮动力学模型的分类如下：(1) 简单的动力因子模型，研究方法包括经验方法、半经验方法和动力学因子算法；(2) 考虑轮齿柔度的模型，以轮齿的柔度作为储能元素，而忽略轴的弯曲和扭转柔度以及轴承的柔度，通常以单自由度带弹簧的模型来表示，这一点和第一类模型有些相似；(3) 齿轮动力学模型，该模型除了轮齿柔度以外还考虑了其他部件的柔韧性，包括轴的扭转，轴和轴承沿着啮合线的侧向柔度等；(4) 齿轮—转子动力学模型，截面内齿轮的运动被分解为各个方向上的运动，并考虑转子的涡动；(5) 齿轮扭转振动模型，在以上两组模型中考虑轮齿的刚度（常刚度或者时变刚度）即为第五种模型。在以上这些模型中，大多数是集中质量模型，也有的采用连续质量模型或有限元模型。总体来看，该文主要集中于齿轮系统的线性动力学行为研究，同时也涉及部分非线性因素（但是大多采用数值方法）。

最近又出现了两篇关于齿轮系统非线性动力学的综述文章[7,8]。王建军等人[7]更多地集中在齿轮系统的非线性动力学，包括相关的数学模型和求解方法。该文首先介绍了常见的齿轮非线性模型，然后按照考虑不同的非线性因素将求解方法和研究结果分为三部分，即只考虑时变啮合刚度、只考虑啮合间隙以及同时考虑时变刚度和间隙的非线性动力学。最后指出以后的研究重点可能包括多间隙的影响、多种非线性因素的影响以及齿轮系统的反问题（如载荷识别和故障诊断等）。Pare[8]则更注重于带有缺陷的齿轮系统动力学，其中的缺陷主要包括摩擦、磨损、点蚀和剥落等。该文介绍了带有故障的各种齿轮动力学模型以及典型现象等，但是由于这一类模型的复杂性，很难采用解析方法求解，所以求解过程主要是依靠基于有限元方法的各种软件。这样带来的问题是很难分析各种工况下齿轮系统的不同响应，因此抽象出带有典型故障的合理模型成为一个有意义的研究方向。

考虑到按照齿轮动力学模型进行分类的文献较多，为此我们采用不同的求解方法对齿轮系统动力学的研究进展进行总结，并在最后综述了包含齿面摩擦以及齿面故障的齿轮系统动力学问题。

(1) 基于解析方法的齿轮系统的非线性动力学。

1) 谐波平衡法（具体内容略）。

2) 基于分段技术的解析法（具体内容略）。

3) 增量谐波平衡法（具体内容略）。

(2) 基于数值方法的齿轮系统的非线性动力学（具体内容略）。

(3) 基于实验方法的齿轮系统的非线性动力学（具体内容略）。

(4) 考虑齿面摩擦及齿面故障的齿轮系统的非线性动力学。

1) 考虑齿面摩擦的齿轮系统的非线性动力学（具体内容略）。

2) 考虑齿面故障的齿轮系统的非线性动力学（具体内容略）。

3 展望

随着齿轮系统非线性动力学的深入研究，以下几个方面有可能或者正在成为今后的研究重点：

(1) 带故障的齿轮系统非线性动力学行为研究。研究带故障的齿轮系统非线性动力学行为，不仅可以了解各种故障种类、故障程度、故障部位等对系统动力响应的影响，而且可以通过测量系统的动力响应直接指导故障诊断，从而为齿轮系统的故障诊断开辟一条新的道路。

（2）齿轮系统的振动控制研究。研究齿轮系统的振动控制，不仅可以有效地抑制齿轮系统运行过程中的振动和噪声，而且避免了一些故障的产生，从而可以显著地提高齿轮系统的工作寿命，具有重要的工程意义。

（3）齿轮系统非线性动力学中的反问题，包括故障诊断、载荷识别、动态设计等，这些问题无论是理论上还是工程上均具有重要的价值。

参 考 文 献

[1] 李润方，王建军．齿轮系统动力学——振动、冲击与噪声［M］．北京：科学出版社，1997.

[2] 李明，孙涛，胡海岩．齿轮传动转子——轴承系统动力学的研究进展［J］．振动工程学报，2002，15（3）：249-256.

[3] 齿轮手册编委会．齿轮手册（上册）［M］．北京：机械工业出版社，1990.

⋮

[52] Badaoui E M, Antoni J, Guillet F, et al. Use of the moving cepstrum integrato detect and localize tooth spalls in gears [J]. Mechanical Systems and Signal Processing, 2001, 15 (5): 873-885.

[53] Choy F K, Polysckchuk V, Zakrajsek J J, et al. Analysis of the effects of surface pitting and wear on the vibration of a gear transmission system [J]. Tribology International, 1996, 29 (1): 77-83.

[54] 杨绍普，申永军．滞后非线性系统的分岔与奇异性［M］．北京：科学出版社，2003.

[55] 张伟，杨绍普，徐鉴，等．非线性系统的周期振动和分岔［M］．北京：科学出版社，2001.

文章点评：此文为典型的综述型科技论文。结构比较简单，由简短的引言部分引出了齿轮系统所具有的特点使得齿轮系统的动力学成为近 20 年来的一个研究热点然后用大部分篇幅，引用大量的国内外各类型文献，分析了齿轮系统非线性动力学的研究现状，介绍了目前研究齿轮系统非线性动力学响应的三大类常用方法：解析法、实验法和数值方法。接着介绍了考虑齿轮摩擦与齿面故障的非线性动力学研究动态。最后展望部分指出该领域今后若干研究的重点内容和方向，对从事齿轮系统非线性动力学的研究人员和工程技术人员具有一定的参考价值和工程应用意义。全篇思路清晰，行文规范。

综述型科技论文是一类比较特殊的、比较难写的论文。一篇好的综述型科技论文不仅仅是文献调研，也应当包含新思想、新资料，还要求作者在综合分析和评价已有资料的基础上，提出特定时期内有关学科或专业领域的演变规律和发展趋势。作者应当是从事专业或学科研究多年、有较高学术水平的专家，这样才能保证文章的深度和视角的独特性。从知识结构方面来说，本文作者对综述内容把握比较准，分析比较全面，站的角度高，是撰写综论文成功的关键。

参考文献是科技论文的重要组成部分，而综述型科技论文由于其重要部分是综合分析和评价已有的文献资料，因此，文献调研的质与量是决定其水平高低的重要因素。本文作者引用参考文献 5 篇，其中外文 40 篇，中文 15 篇，专著 8 部，学术论文 47 篇。此文具有全面性、导向性和资料性的文体特色。

综述型科技论文最重要的部分是预测和展望，对所述课题发展前景提出预测和展望，提出合乎逻辑的、具有启发性的评价与建议，指出进一步研究方向，提供进一步研究的子课题。本文提出了3条今后研究的重点，将为相关领域的科研人员提供新的研究思路和研究方向，这也是广大读者所期待的。

3.5　理论研究型科技论文写作实例及点评

理论研究型科技论文，是以理论阐述为主的论文，是科技论文中撰写难度较高、表达方式最为灵活的一种科技论文。理论研究型科技论文，指的是自然科学各学科专业的研究人员针对本学科专业范围内的某一课题，通过严密的理论推导和理论分析，将感性认识上升到理性认识，对研究成果进行理论概括和总结，提出自己正面的思想、主张、观点和见解的理论性科技论文。理论研究型科技论文是正面阐明理论、思想、观点和见解的论文，它重在理论分析和理论认识，强调逻辑效应和以理服人。

理论是相对于实践而言的，理论研究型科技论文是相对于实践型科技论文（如实验型科技论文、工程实践型科技论文等）而言的。所谓理论，指的是系统化的理性认识，表现为由系列概念、范畴和原理有机构成的体系。所谓实践，指的是人类有意识、有目的地改造自然、社会和人本身的一切实际活动，包括物质生产、阶级斗争、政治生活、教育、艺术、体育以及个人的日常生活等。理论是思维活动反复和深化的结果。正确的理论来自实践，又反过来为实践服务，并在实践中得到证明。理论与实践是辩证统一、紧密结合在一起的。理论若不与实践相结合，就会变成空洞的理论；实践若不以理论为指导，就会成为盲目的实践。既然理论研究型科技论文是以正面阐明理论、思想、观点和见解为宗旨的论文，毫无疑问，它就必然要运用理性认识、理论思维和理论推导、理论分析，否则就不能称为理论研究型科技论文。

研究型科技论文的研究对象，是比较广泛的自然现象以及这些现象之间的关系；研究方法主要是理论证明和理论分析。这种论文完全可以不涉及实验，如数学论文，全篇由定义、定理、引理及其说明与论证构成。论文除题名、摘要、署名和参考文献部分需单独标出外，只用一个简单的开头作为引言，结论与讨论也不单独分开写。除数学外的理论研究型科技论文，大多涉及实验，但是论文的核心却不以实验部分为主，实验只是用来作为理论讨论的依据或假说的出发点，或作为结论的证明材料，在写法上对实验部分只侧重介绍实验结果。

3.5.1　理论研究型科技论文的特点

3.5.1.1　内容上的概括性和说理性

这是理论研究型科技论文最本质的特点。所谓概括性，是指对所表述的内容要进行高度的理论概括，纳入到一定的理论体系范畴。所谓概括，是指把抽象出来的某一事物的本质属性推广到具有相同属性的一切事物，从而形成关于这类事物的普遍概念的逻辑方法。人类的思维只有通过理论概括，才能认识和发现客观事物的现象和本质，以及它存在和发展的规律。抽象与概括是紧密联系在一起的。所谓抽象，它与具体相对，指的是从许多事物中，舍弃个别的、偶然的、非本质的属性，抽出共同的、必然的、本质的属性。凡概括均要借助于抽象，没有抽象就不能进行概括。理论研究型科技论文中的概念、范畴和一般原理、定律，无不是通过理论概括而形成的。理论研究型科技论文重在说理，必须进行严密的理论推导或理论分析。

3.5.1.2 严密的逻辑性

理论研究型科技论文要以充足的理由来说服读者，就必须对客观事物进行周密细致的理论推导和理论分析，做到言之成理，持之有据，使论文具有严密的逻辑性。在分析事理时，理论研究型科技论文必须包含论点、论据和论证方法三个要素，缺一不可。理论研究型科技论文主要通过概念、判断的逻辑思维形式来展开论证，并把握客观事物的内部规律及其相互的联系，进行辩证的分析与综合，从中导出科学的结论。

3.5.1.3 直接表述作者的思想观点

理论研究型科技论文以阐明客观的科学真理为己任，这就要求作者旗帜鲜明地表述自己思想、理论、观点、主张和见解。直接而确定地反映出作者的立场和倾向，毫不含糊地表述作者赞成什么，反对什么，肯定什么，否定什么，支持什么，批判什么。作者这种思想观表露得越直接、越明显、越清楚越好，其理论意义和学术价值也就越高。

3.5.2 理论研究型科技论文的结构

理论研究型科技论文的内容和撰写方法，没有固定格式和统一规定，而取决于课题的内容、研究方法，特别是作者的思维习惯。它的结构形式千变万化，一般是从论文的内容出发，应有鲜明的论点、充足的论据和有力的论证。但是，理论研究型科技论文的结构布局也并非无章可循，它大致也有一个共同规律，其基本思路就是“提出问题，分析问题，解决问题”。因此，从思路的逻辑上说，论文的基本结构应包括绪论、本论、结论三大部分。具体撰写论文时，通常并不用这三个词作小标题，而是根据论文所说的具体内容进行构思布局理论研究型科技论文，重在分析、论证问题，阐明道理，一般通过逻辑推理和假说来完成。作者往往是从实验出发，利用大家公认的定理、定律，通过逻辑推理对研究对象层层剖析，提出作者本人的观点和主张，得出有实际价值或理论价值的科学结论。理论研究型科技论文结构的安排，可以按照产生论点的逻辑思路或分析综合的思维路线进行，也可以先陈述形成论点的基本概念的关系，进行合理的判断，再由一个或几个判断得出新的判断，最后论证论点的正确性；也可以先进行数学公式的推导运算，获得新的结论，再用实验去验证。

理论研究型科技论文由于研究对象的不同，可以采用以下不同的写作形式。

(1) 以抽象的理论为研究主题的理论研究型科技论文。

此种理论研究型科技论文的正文常见结构有下述3种形式。

1) 证明式。即给出定理、定义，然后逐一证明。其证明往往是逐层深入的关系，但有时要同时分别证明几个定理，这时几个部分之间又是并列的关系。

2) 剖析式。即将原理或理论分解为多个方面，逐项研究。

3) 验证式。即先给出公式、方程或原理，然后进行计算推导，最后运用于实例进行验证。如果同时运用几个定理和公式，则可采用并列式逐个计算和说明。

(2) 以观测资料和文献资料为研究对象探讨规律的理论研究型科技论文。

这种理论研究型科技论文的正文结构也有下述3种形式。

1) 时间式。即以时间先后和事物发展过程为顺序的结构。这种结构式有时不标明时间，而是按发生、发展、结果的顺序来写的，这也是一种时间结构。

2）空间式。即以事物的方位和构成部分为顺序的结构。

3）现象本质式。即先摆出观测的现象和有关资料，然后进行分析，找出本质和规律。

（3）以新理论、新技术为研究对象的理论研究型科技论文。

这类论文以探讨新理论体系为研究任务，或探讨属于建立新学科的课题，它们有时还带有综合学科、边缘学科的性质。其结构形式也是由绪论、本论、结论等构成，同时采用抽象与具体、归纳与演绎、分析与结合、历史与逻辑等思维方法去研究和写作。它要求作者掌握相关的学科知识和拥有丰富的直接材料和文献资料，具有敏锐的科学目光，去发现新领域，探求新见解，在理论上有新建树。

除上述结构形式外，还有以因果、特征、组分、性质、种类、功能、作用、意义为顺序的各种结构形式。这些结构形式有时还会同时复杂地交织在一篇论文中。理论研究型科技论文的正文结构，不管怎样复杂，都应该是事物本身的逻辑顺序和人们认识的条理性的反映。

3.5.3　理论研究型科技论文的写作要求

3.5.3.1　善于发现和提出问题

任何科学研究和论文撰写，在很大程度上都要善于发现、提出和解决问题，理论科学的研究和理论研究型科技论文的撰写尤其如此。所谓问题，指的是须加以探索、研究并最终解决的矛盾、疑难。

实践证明，科研成果具有独创性，在很大程度上正是取决于所选择的课题，即提出的问题是否具有新意和特色。因此可以说，问题是人类对客观世界的认识从不完全、不精确趋向于完全、精确运动过程中起联结作用的重要因素。

理论研究型科技论文的选题要善于发现和提出有重大现实意义和学术价值的问题（课题）。在处理和解决问题（课题）时，理论研究型科技论文应做到：把提出的问题表述清楚尽可能减少概念的模糊性和符号的歧义性，弄清问题本身的性质、历史概况、基本特征和它的逻辑结构。选择分析、论证和解决问题的途径和方法。删除多余的信息，尽量将问题简化。通过理论推导、分析和论证，实事求是地解决所提出的问题；按逻辑次序或难易程度将大的问题分解成若干小问题，准确表述对总的问题的解决过程和最终结论。认真审查所解决的问题，检验它是否正确和合理，估算它所达到的准确度。如有必要，还可探索解决这一问题的新的理论、思想、途径和方法。

3.5.3.2　大胆运用假说

在自然科学的理论、原理的研究中，将科学的经验知识发展到理论知识的主要方法就是假说。所谓假说，又称假设，指的是依据一定的科学认识和科学理论，对未知对象所作的推测性的理论解释。假说经过实践证明是正确的，就成了理论。假说可分为两类：一类是关于事物现象的假说，称为经验假说；一类是关于本质的假说，称为理论假说。在科学史上，有不少从假说上升到理论的例子。如物理学上的热的唯动说、光的电子波说、量子假说等，化学上的同位素假说、电化学的动力学假说等；天文学上哥白尼的日心说、康德和拉普拉斯关于太阳系起源的星云假说等。撰写理论研究型科技论文，一定要敢于大胆地运用假说，切实地用科学理论和科学事实去求证，以此来表达自己的思想、主张、见解和观点。在运用假说时，不能墨守已有的假设，还应根据科学认识的发展，不断修正旧的假说，推出新的假说，以推动本学科的进步和发展。

3.5.3.3 注意表述的形式化、数学化和公理化

理论研究型科技论文，为了表述的准确、规范和简洁，以较短的篇幅反映出尽可能丰富的思想内容，除运用自然语言的书面语言符号系统—文字之外，还大量使用非自然语言（人工语言）符号系统，这就要求注意表述的形式化、数学化和公理化。所谓形式化，就是采用各种符号语言来表述科学知识。所谓数学化，就是建立数学模型，运用数学形式使科学知识精确化和严密化。由于电子计算机的应用和普及，在理论研究型科技论文中数学化运用得越来越广泛，从而使科学理论具有可检验性。所谓公理化，就是经过人类长期实践的考验，而不需再加以证明的命题，它往往以公式、表格、图像、定理、定律的面貌出现。

理论研究型科技论文如果不善于在表述上运用形式化、数学化和公理化，不但行文冗长员，而且难以准确、精细、严密地表达科学概念和研究中所获得的成果。

3.5.4 实例及点评

关于轨道谱面积与TQI指标关系的研究

摘　要：根据沪昆和金温两条不同线路的轨道不平顺检测数据，利用Matlab编程分别进功率谱和TQI分析。然后利用梯形积分公式对各项轨道不平顺谱值进行积分，得出TQI求项指数与各轨道不平顺谱面积值具有很好的相关性，特别是在高低和轨向不平顺上，相关系数达到了0.91以上，从而验证了用轨道不平顺功率谱方法来控制和管理轨道平顺性的可性。最后建议将轨道不平顺功率谱作为控制提速线路轨道质量的主要指标之一。

关键词：铁路轨道；不平顺；功率谱分析；TQI分析

目前我国铁路普遍使用轨检车对轨道不平顺数据进行采集，主要用峰值扣分法和TQI（Track Quality Index）指标来评价轨道质量。但这些方法都只能从幅值角度评价轨道的局部不平顺和区段整体不平顺，无法反映轨道不平顺波长的分布，越来越无法满足提速铁路高速化、重载化的要求。而轨道不平顺功率谱是评价轨道整体平顺性的有效方法，它为我们提供轨道不平顺幅值和波长两方面的信息。轨道谱在欧、美、日等发达国家铁路轨道养护管理中得到了广泛的应用，在我国应用较晚，目前尚未将轨道功率谱作为轨道质量评价指标。本论文的目的是详细比较轨道不平顺功率谱面积和各TQI单项指数之间的关系，验证用轨道谱来评价轨道质量状态的可靠性，并对我国铁路的不平顺管理提出一些建议，以提高我国铁路的轨道不平顺管理水平。

1 轨道质量指数（TQI）评价方法

轨道质量指数（TQI）是反映轨道质量状态的统计特征值，是衡量轨道区段平均质量的综合指标。左右高低、左右轨向、轨距、水平以及三角坑等七项轨道几何不平顺幅值的标准差之和作为我国评价轨道区段质量状态的轨道质量指数（TQI），单元轨道区段长度设定为200m，各单项几何参数的标准差称为单项指数。

TQI 的计算公式[1]为：$TQI = \sum_{i=1}^{7} \sigma_i$；$\sigma_i = \sqrt{\frac{1}{n}\sum_{j=1}^{n} x_{ij} - \overline{X}_i}$；$\overline{X}_i = \frac{1}{n}\sum_{j=1}^{n} x_{ij}$。其中 $\sigma_i(i = 1, 2, \cdots, 7)$ 为几何参数的标准差；$\overline{X}_i$ 为各项参数在单元区段中的连续采样点幅值 x_{ij} 的平均值；n 为采样点的个数（200m 单元区段中 $n=656$）。

2 轨道不平顺功率谱分析方法

功率谱密度函数 PSD 是表述平稳随机过程的轨道不平顺最常用的统计函数。轨道不平顺可以看成是一个平稳随机过程的空间函数，对于一个平稳随机过程函数 $X(t)$，$[-T, T]$ 取一段函数 $X_T(t)$，则过程 $X(t)$ 的样本函数满足 $x_T(t)$ 满足有限能量条件，进行傅里叶变换，可得单边功率谱密度[1]

$$G_x(f) = \begin{cases} 2S_x(f), & 0 \leqslant f \leqslant \infty \\ 0, & \text{其他} \end{cases}$$

式中，$S_x(f)$ 称为双边谱，其计算式为：

$$S_x(f) = \lim_{T\to\infty} S_{X_T}(f) = \lim_{T\to\infty}\int_{-T}^{T} R_{X_T} e^{-2\pi f\tau} d\tau = \lim_{T\to\infty} \frac{1}{2T} | F_{X_T}(f) |^2$$

式中为 $F_{X_T}(f)$ 样本函数 $X_{T(t)}$ 的傅里叶变换；f 为空间频率，m^{-1}；$S_{X_T}(f)$ 为样本长度为 $2S$ 的估计功率谱；R_{X_T} 为样本长度为 $2S$ 的相关函数。在实际工作中常用功率谱图来表示功率谱密度与频率的关系。轨道不平顺功率谱图通常以空间频率为横坐标，谱密度值为纵坐标平面内的连续曲线，反映轨道不平顺功率谱在频率上的分布情况。功率谱图可清楚地揭示组成轨道不平顺随机波形的各波长成分。谱线位置越低（越靠近横坐标），表明该段轨道的平顺性越好。

3 数据采样（具体内容略）

4 分析功率谱面积与 TQI 指标的关系（具体内容略）

5 结论和建议

轨道不平顺功率谱能从整体上评价轨道质量，目前我国尚未将功率谱作为控制轨道平顺性的指标之一。对 TQI 单项指数与不平顺谱面积进行比较，得出结论和建议如下：

（1）通过对沪昆、金温两条线的 TQI 单项指数与不平顺谱面积相关性的定量比较，验证了用轨道不平顺功率谱来评价轨道质量具有很好的可靠性，为轨道不平顺谱分析方法在我国轨道管理中的应用打下基础。

（2）轨道不平顺谱不仅适用于无缝提速线路轨道，而且适用于有缝普通线路，具有普适性。

（3）改进我国轨检车检测技术，使其能更准确地测出轨道的短波不平顺和长波不平顺，以满足我国铁路高速化、重载化的要求。

（4）建议把轨道不平顺谱纳入轨道质量管理体系中，将其作为轨道质量的控制指标之一，与 TQI 和扣分法相结合，既从整体上把握轨道的平顺性状况，又从局部对轨道进行养护维修。

参考文献和英文部分略。

摘自《石家庄铁道学院学报：自然科学版》，2008（4）。

文章点评：本文是以抽象的理论为研究主题的理论研究型科技论文，结构形式属于验证式。

本文选题在这一领域有一定的突破性，为国家自然科学基金和铁道部科技研究开发计划资助项目的阶段成果。针对目前我国铁路普遍使用轨检车对轨道不平顺数据进行采集的峰值扣分法和TQI指标来评价轨道质量的缺陷，为我们提供了轨道不平顺幅值和波长两方面的信息。目前我国尚未将轨道功率谱作为轨道质量评价指标。

TQI所采用数据对测试仪器的精度和要求更高，而采用功率谱密度则只需对振动插值信号采集即可，通过数据对比，功率谱密度结果与TQI结果十分接近，表明了该方法的有效性。

全文理论推导正确，数值采样曲线翔实可信，文字表达清楚，所得结论是该研究领域的一个新成果。

本文通过对TQI单项指数与不平顺谱面积进行比较，得出结论和建议在该研究领域有一定的借鉴和指导意义。明确具体，简短精练，措辞严谨，虽然没有自我评价，但同行专家能够从中评价出本文具有较高学术水平。

3.6 调研型科技论文写作实例及点评

调研型科技论文，即通常所说的社会调查报告，是作者应用所学理论知识，根据一定的目的，通过各种社会调查方法，对现实生活中的某种现象或问题进行实地调查研究之后，做出客观评价，得出调查结论的一种应用文体。与其他文体的一个重要区别在于，它是社会调查研究活动中的一个环节，是调查研究活动的物化成果。它是以系统的调查研究为基础，以收集的经验材料为依据，通过科学分析之后写出的一种论文形式。

3.6.1 调研型科技论文的特点

3.6.1.1 真实性

调研型科技论文是在占有大量现实和历史资料的基础上，用叙述性的语言实事求是地反映某一客观事物。充分了解实情和全面掌握真实可靠的素材是写好调查报告的基础。实用价值和科学价值是调研型科技论文的生命。真实性是论文具有实用价值和科学价值的前提。调研型科技论文必须全面真实地反映客观事物，经得起实践和时间的检验。为此，一是要如实反映客观世界的本来面貌，作者应深入实际，亲自进行调查，不虚构、编造，不想象、夸张，更不以感情用事，而是力求了解客观事物发展的全过程，掌握详细真实的第一手材料；二是要对调查材料仔细地进行鉴别、梳理、分析和综合，反复核对各种事实、数据、引证等，做到真实可靠，准确无误；三是论文写作中要实事求是地叙述、说明和分析调查的情况和事实，做到客观、真实、科学、全面，合乎事物发展的逻辑规律，防止偏颇、片面、失实。

3.6.1.2 针对性

调研型科技论文一般有比较明确的意向，相关的调查取证都是针对和围绕某一综合性或是专题性问题展开的。所以，调研型科技论文反映的问题集中而有深度。无论是哪一类调查研究，针对性都是撰写相关调查报告或论文的核心问题。如果没有了针对性，泛泛而谈学科中或社会生活的方方面面问题，也就失去了调研型科技论文的意义。所以说，调研型科技论文的针对性越强，其学术价值也就越高。

3.6.1.3 寓理性

调研型科技论文的突出特点，是通过具体材料，确切数据，典型事例说明问题的历史和现状，事物的内涵和规律，事情的原委和结果，将道理寓于事实叙述和说明中，一般不必过多地说理论证。

3.6.1.4 完整性

调研型科技论文是用从调查的材料中发掘出事物发展规律，以提高人们的认识，指导人们的行动。因此，这个调查结论必须具备无可辩驳的说服力。只有完整、系统地反映事物发展的全过程，把调查对象的起因、发展和结果具体地阐述出来，使读者了解调查结论的来龙去脉，了解结论的依据，才能达到影响和说服读者接受调查结论的目的。

3.6.1.5 严肃性

调研型科技论文必须来源于客观事实，来源于对具体事实的周密考察和分析，并以实际来验明观点，绝不可掺杂自己想象的东西。

3.6.1.6 典型性

调研型科技论文的典型性表现在两个方面：一是调查对象典型；二是文章所运用的材料典型。好的调研型科技论文不仅对调查对象总结工作、提高认识具有指导意义，更重要的是对全局性工作具有现实意义和普遍的指导意义。

3.6.1.7 时效性

调研型科技论文回答的是当前工作中迫切需要解决的问题，它的时间性很强。因此，写调研型科技论文，从调查研究到定稿的各个环节都要抓紧时间，否则，“时过境迁”，就失去了指导意义。

3.6.2 调研型科技论文的类型

根据内容的不同，调研型科技论文分为基本情况调研型科技论文、新生事物调研型科技论文、典型经验调研型科技论文和揭露问题调研型科技论文等。

（1）基本情况调研型科技论文。基本情况调研型科技论文就是关于某一领域、某一地区、某一单位或社会的某一方面基本情况的调查报告。它这种调查报告是为了弄清情况，供决策者使用。

（2）新生事物调研型科技论文。新生事物调研型科技论文是及时向社会比较全面地介绍某一新生事物的调查报告。它通过揭示新生事物成长的规律及其产生的意义，向人们展示新生事物的强大生命力，并通过预见性的判断推测出新生事物的发展趋势，达到指导工作的目的。

（3）典型经验调研型科技论文。典型经验调研型科技论文就是通过分析典型事例，总结工作中出现的新经验，从而指导和推动某方面工作的一种调查报告。它不仅可以起到表彰先进、树立典型的作用，而且可以推广典型经验，用于指导工作。

（4）揭露问题调研型科技论文。揭露问题调研型科技论文是对工作中发生的重大事故，出现的严重失误所写的调查报告。这种调查报告通过全面、深入、细致地调查，用确凿的事实说明事故或问题发生的原因、情况和结果，分析其产生的背景及性质，以澄清是非，查明真相，达到解决问题、批评教育、告诫人们吸取教训的目的。

3.6.3 调研型科技论文的结构

调研型科技论文的写作有相对固定的格式，从内容上看，调研型科技论文总是先向读者介绍调查研究的基本情况，然后对有关资料进行分析研究，最后得出相关结论。从形式上看，它通常包括标题、前言、主干、结论四部分。这里主要介绍文章写作的主干部分。

（1）前言部分。前言是调研型科技论文的开头部分，有以下几种写法：第一种是写明调查的起因或目的、时间和地点、对象或范围、经过与方法，以及人员组成等调查本身的情况，从而引出中心问题或基本结论，使读者对本次调研活动有一个总体的认识，对文章进行全面的把握；第二种是写明调查对象的历史背景、大致发展经过、现实状况、主要成绩、突出问题等基本情况，进而提出中心问题或主要观点；第三种是开门见山，直接概括出调查的结果，如肯定做法、指出问题、提示影响、说明中心内容等。前言起到画龙点睛的作用，要精练概括，直切主题。

（2）主干部分。主体是调研型科技论文的主干部分，它是前言部分的展开，是结尾部分的依托。在这一部分要将调查研究的详细情况叙述清楚，而且要重点突出，详略得当，逻辑鲜明可根据调查的性质和材料，决定正文部分的不同写法。

1）基本情况调研型科技论文。正文主要对调查对象的情况进行较为全面而详尽的反映，介绍情况应抓住要害和特点，特别要注意反映那些变化了的、新鲜的、独特的新动向，介绍情况应分门别类，区别特点加以介绍，可以根据对象的不同特点、不同类型或区域特点介绍。

2）新生事物调研型科技论文。常根据事件的发展过程来写，主要内容包括事件的产生、发展经过、结果与影响、处理这一事件的方法与建议。

3）典型经验调研型科技论文。

正文主要内容有：

①用成绩说话，要在工作的项目、规模、效益等方面用统计材料说明工作所取得的成绩，达到令人信服的目的。

②介绍取得成功的经验、做法，选准工作取得成效的根本经验，从方法、过程、措施、步骤等方面进行陈述，并对工作的成绩加以具体的说明介绍。

③分析优越性，总结先进工作所带来的各种效益和成功经验的先进性所在，而经验调查往往省略过程描述，只根据调查所得的基本经验逐条叙述。另外，也可以根据调查所得的基本结论，从多方面举例加以说明。总之，这一部分要充分反映调查的收获。

4）揭露问题调研型科技论文。

正文内容主要有：

①存在的问题，要用数字和具体事实说明问题的严重程度、所造成后果，以及损失的程度，以准确把握问题的性质。这部分属于基本情况介绍。

②分析问题产生的原因，这是反映问题的关键环节。因此，原因分析要抓准，就问题

找原因，分清主客观原因，辨别人为因素与外在因素，便于采取相应的改进措施，使问题尽快得到纠正和解决。

（3）提出改进建议，针对问题和调查对象的实际情况，提出具体可行的改进建议或措施，建议应针对性强，切实可行，对调查对象有参考利用的价值。

根据调查研究内容的不同表现方法，可以分为四种结构安排层次。

1）纵式结构。根据工作过程和进展，由先到后，步步演进，由浅入深，逐步深入：还有由主到次和因果结构，它是根据事情发展的始末和材料内部的逻辑关系，先后有序地组织调查材料，各部分之间的前后顺序不得颠倒，前部分常为后部分的前提和条件，后部分往往是前部分的发展和结果。这种结构使用较为普遍。

2）横式（并列）结构。将调查对象或内容不分主次先后介绍。它是根据材料的性质，将正文概括为若干并列的部分，分别加以说明和阐述。并列的几个部分之间没有主次之分，都是从不同的角度或侧面来表现调查报告的主旨。

3）纵横结合式。按照事物的内在逻辑关系，第一层内容采取横式结构或者纵式结构，第二层内容根据需要决定是横式结构还是纵式结构。总之，纵中有横，横中有纵，相互渗透，形成纵横结合式结构。

4）对比结构。调查的往往是两个单位或两种情况，通过各方面情况的对比，比出优劣，找出差距。无论采取哪一种结构形式，都要把调查研究的内容、取得的成绩及存在的问题叙述清楚，并可以加入适当的议论。议论的多少要根据调研的目的和内容确定。通常，反映情况、揭露问题的调查报告，主要是以事显理，着重把事情说清楚，然后进行简要概括；介绍典型经验、新生事物的调查报告，主要是据事说理，着重发掘材料的意义，为此就要较多地运用逻辑推理，进行周密而深刻的分析；反映社会实践中某一方面情况的调查报告，主要在于探查事情的真相，实事求是地叙述问题，适当加入少量评论。

（4）结论部分。结尾是调研型科技论文的结论部分，是前言和主体部分的自然延伸，是对调查的事实进行科学分析后的结语。如果说前言是提出问题、主体部分是分析问题的话，那结尾部分就是对调查研究进行是非功过的评断。结尾部分既可以概括全文，深化主题，进一步指出调查研究所取得的成绩和存在的问题：又可以依据调查的情况展望未来，提出解决问题的良好办法和有益的建议；还可以从更高的角度、更广阔的背景阐明调查研究的影响和意义，使读者加深和提高认识，引起人们对该问题的高度重视。不论采用何种形式，结尾要确有必要，对全文是不可缺少的补充或完善，切不可无病呻吟，画蛇添足，如正文完结，内容已阐述清楚，全文应当自然结束。

3.6.4 调研型科技论文写作应注意的几个问题

3.6.4.1 要尊重事实，不能先入为主

调查研究一般都有明确目的，到哪里去，调查什么，事先都有设想和调查提纲。但写作时，不能以主观设想的调查提纲为依据，而只能依据调查所得事实。事实怎样就怎样写，不许用调查之前设想的结论去套用或改造客观事实，更不能虚构。必须掌握大量的第一手材料。要深入群众，了解调查对象各方面的材料，包括正面的、反面的，直接的、间接的，历史的、现实的，弄清来龙去脉，为分析研究提供大量、可靠的事实依据。

3.6.4.2 要善于抓住本质

调查所得的材料是各种各样的，甚至会有截然相反的意见。要善于作认真的分析与研究。对掌握的大量材料“去粗取精、去伪存真、由此及彼、由表及里”，要透过表面现象，看到事物的真面目，抓住它的本质，因此，写作时要善于抓住那些最能说明问题的材料，从而得出正确的判断和结论。不要眉毛胡子一把抓，堆砌很多材料还说明不了问题。要选用切实、可靠的材料说明观点。调查报告所揭示的结论，必须通过对具体情况、具体事实做客观的叙述和分析很自然地得出。要善于用精确、充足的材料来说明观点。不能脱离材料空发议论；也不能只摆一大堆材料，而不提出明确的观点和结论。

3.6.4.3 用叙议结合的表达方法

调研型科技论文以叙述情况，反映事实为主要内容，但必须对事实情况作必要的分析以达到透过现象看本质的目的。因此，叙议结合，夹叙夹议是主要的表达方法。叙议结合的方法有：(1) 段首撮要式（即段首概括）。每一个语段前用一句话精炼概括出本段的中心，然后再叙述情况或简要分析，这种方法在调查报告中广泛使用。(2) 先叙述事实，再作分析或总结归纳。(3) 先分析情况，后叙述事实。(4) 边叙述事实，边作出分析。初写调研型科技论文，往往不会把握叙与议的“度”，一般“议”的多，而“叙”的少，究其原因，一是掌握的调查材料少，所谓“材料不够，议论来凑”；二是把握不住调研型科技论文的写作特点，把议论分析当作重点，正确的方法是叙述应具体，是主要的写作内容，议论要少而精，并且要紧紧围绕事实，就事论事，找出根源，议论切中要害，言简意赅，画龙点睛。

3.6.5 案例及点评

门诊高血压患者遵医行为调查分析

摘　要：目的为通过对门诊高血压患者的遵医行为调查，为制定提高患者遵医行为对策提供依据。方法为采用日期随机抽样方法对151例高血压患者进行面对面调查。结果为108例（71.5%）完全能够按照医嘱服药；109例（72.2%）能遵从主要的生活方式；影响遵医行为的构成因素依次为对高血压危害的知识缺乏、重视不够、生活方式难以改变等；133例（88.1%）的高血压患者具有社会基本医疗保险。结论为医师应针对高血压患者制定全面的治疗方案，建立良好的医患关系，开展多种形式的健康教育，并争取家庭、社会的支持。

关键词：高血压；遵医行为；影响因素

高血压是目前危害人群健康的主要疾病之一，是脑血管意外及冠心病的主要病因及危险因素。1991年，我国高血压病普查结果显示其患病率为13.19%[1]。高血压病的治疗主要通过长期用药及改变行为生活方式控制病情发展。遵医行为是指患者在求医后其行为（服药、饮食控制或改变生活方式等）与临床医嘱的符合程度，为遵循医嘱的行为活动[2]，直接关系到高血压病的治疗效果。文献报道，遵医行为不良已成为治疗高血压病亟待解决的问题。针对这一问题，本文通过对心血管门诊患者在服药及生活方式等方面的遵医行为进行调查，探讨高血压患者遵医行为的主要影响因素，提出有利于提高患者遵医行为的对策，现将结果报道如下。

1 资料与方法

（1）一般资料。

选取 2004 年 12 月在成都市第三人民医院心血管病研究所就诊的符合 WHO 的高血压诊断标准（SBP≥140mmHg 或 DBP≥90mmHg）的门诊高血压患者为例，其中男 61 例，女 90 例；年龄 42~84 岁，中位年龄 61.7 岁；文化程度高中及以上 113 例（74.8%），初中及以下 38 例（25.2%）；干部 76 例（50.3%），工人 34 例（225%），教师 17 例（1.3%），其他 24 例（15.9%）；合并有糖尿病 12 例（7.9%），冠心病 18 例（11.8%），脑血管意外后遗症 2 例（1.32%）。其他情况。

（2）方法。

调查由经过培训的调查员面对面访谈患者，抽样采用日期随机原则，将 2004 年 12 月单周一、三、五上午来我所就诊的全部高血压患者作为调查对象，调查期间复诊患者不列入访谈对象。

（3）统计学处理。

本调查数据用 Access 软件设计数据库，用 Spss for Windows10.0 进行统计学处理，采用率及构成比、均数等统计方法描述。

2 结果

（1）高血压病相关知识知晓率

1）正常值及并发症。

调查结果显示，有 137 例（90.7%）知晓正常的血压值；有 127 例（83.6%）知道中风是高血压的可能并发症；分别有 83 人（5.3%）和 32 人（21.7%）知晓冠心病和肾衰也是并发症。

2）正确的生活方式，见表 1。

表 1 正确的生活方式知晓率

生活方式	知晓人数/人	知晓率/%
低盐低脂饮食	132	87.4
戒烟/戒酒	113	74.8
有适当的体育活动	103	68.2
生活规律	82	54.3
保持情绪稳定	55	36.4
控制体重	54	35.8
注意安全	30	19.8

（2）患者的遵医行为。

1）服药遵医情况。71.5%（108/151）能按时服药，服药依从性好的患者中有 72.2%

(78/108) 血压降至正常范围，占本次调查血压正常者 86.7%(78/90)；25.8%(39/151) 有时服药；2.65%（4/151）未服药。

2）行为方式遵医情况。患者主要的生活方式遵医率为 72.2%，依次为限酒、低盐低脂饮食、戒烟、适量体育活动。77.3%（116 例）的患者在患病后不再饮酒；70.2%的患者在患病后不再吸烟。不能戒烟和限酒的患者主要是由于工作应酬和毅力差。在高血压知晓率中低盐、低脂饮食的知晓率高达 86.8%，但能做到的患者只有 64.5%。已经有越来越多的患者认识到适当的体育活动有助于降压，并已有 67.8%的患者能做到每天进行锻炼。注意保持情绪稳定 36.4%（55 例）、注意安全 19.8%（30 例）等方面的遵医率较低，说明健康的生活方式信念还需加强。

（3）不能遵医的影响因素，见表 2。

表 2　不能遵医的影响

影响因素	人数/人	比率/%
知识缺乏	11	25.6
重视不够	8	18.6
生活方式难以改变	8	18.6
无伴随症状	5	11.6
自觉症状改善时	3	6.9
遗忘	3	4.6
经济困难	2	4.6
其他	4	9.3

3　讨论

（1）遵医行为及其影响因素。

1）饮食行为：成都地区大多数市民喜食麻辣、味重的火锅和泡菜，部分患者虽然明白要低盐饮食，但难以改变饮食习惯。

2）运动情况：仅有 67.8%的患者能做到每天进行锻炼。

3）经济因素：对患者在选择药物种类、剂型时有所影响。

4）家庭方面：有部分患者漏服药物。

5）依从性：部分患者由于对医生的信任能坚持遵医，患者对医生的信任度越高，遵医率越高，血压控制良好时，部分患者自行减量或部分停药；不良反应明显时自行停药。

6）定期复诊的情况：25%（37 例）的患者能 2 周来复诊，74.2%（112 例）的患者能每月来复诊，90.6%（139 例）的患者 3 月内能来复诊，9.4%（12 例）的患者有症状且超过 3 月才来复诊。

（2）应在以下几方面加以重视和完善。

1）医院方面：根据中国高血压防治指南（试行本），医生应根据不同的高血压个体制定全面的治疗方案，包括药物和非药物治疗；加强医务人员的主动服务意识，与患者建立良好的医患关系，增强患者的安全感、信任感；开展多种形式的健康教育，使患者从被动遵医转变为主动遵医。健康教育提倡对高血压患者进行面对面的咨询教育，力求将科学知识通俗化，便于患者理解和接受。如我院心内科门诊在候诊区播放卫生宣教的 VCD，每月举行 1 次“生命网”面向社会及患者的心血管病的相关知识讲座，听课多达 300 人，收到了良好的社会效益，提高了患者的依从性。

2）家庭方面：家庭成员是患者精神和生活上的最主要支持者，能为其提供良好的生活和情感支持。要争取家庭的支持，激发患者重视生活质量、热爱生活的热情。

3）社会方面：社会媒体应加强对市民的健康信念的宣传，使市民建立正确的健康信念好的生活方式，引导形成遵医的良好社会氛围；加强政府对社区健康促进的支持，包括在组织、政策、制度、经济等方面，为市民创造健康的生存条件，加大对健身器械等外部条件改善的投入，在社区成立如“高血压之家”的组织，发放有关学习资料等。

参考文献和英文部分（略）。

摘自《实用医院临床杂志》，2005，2（4）。

文章点评：例文是一篇典型的调研型科技论文。在文章开始部分交代了调查的目的和内容：“遵医行为不良已成为治疗高血压病亟待解决的问题。针对这一问题，本文通过对心血管门诊患者在服药及生活方式等方面的遵医行为进行调查，探讨高血压患者遵医行为的主要影响因素，提出有利于提高患者遵医行为的对策。”主干部分对调查情况进行了介绍，包括调查资料的收集情况、所用的统计工具和方法等，并整理有价值的调查结果，用表格的方式列出，一目了然。接着对主要存在的问题进行了分析。最后在讨论部分提出了相应的建议。文章思路清晰，结构合理，针对性强，很好地反映了现状，并且通过对现状的分析，阐述存在的问题，得出相应的对策，能够为同行提供参考和借鉴。

本文还具有以下优点：

（1）摘要的四要素体现得明确、具体，让读者一目了然，能够快速找到所需要的信息，快速决定是否需要阅读全文。

（2）选取数据资料的途径和方法交代得很清楚，在此基础上得到的数据分析和结果令人信服，大部分数据以表格的形式列出，具有较强的对比性和可读性。

（3）讨论部分是本文的关键部分，也是价值最高的部分，通过实际调查，找到了遵医行为及其影响因素，并提出了从医院、社会、家庭三方面共同努力，保证高血压患者遵医行为的落实，对相关部门的工作具有指导意义。

4 文献查询与文献综述写作技巧

文献综述是科技论文的一个重要组成部分。当论文题目确定后，在开始写作之前需要做好一些基础性的工作。首先是要了解别人关于这一课题研究或者相似研究的基本情况。因为研究工作最根本的特点就是要有创造性，而不是重复别人走过的路。只有熟悉了别人对本课题的研究情况，才可以避免重复研究的无效劳动，从而能站在前人的基础上，从事更高层次、更有价值的研究。其次是要掌握与课题相关的基础理论知识。只有理论基础扎实，研究工作才能有一个坚实的基础，否则，不可能深入研究下去，更谈不上创新。上述两项基础性工作，在文献综述中得到了充分的体现。好的文献综述，不但可以为科技论文写作奠定一个坚实的理论基础，而且能表明作者对既有研究文献的归纳分析和梳理整合的综合能力。因此，在科技论文写作之前写好文献综述，是写好科技论文的一项必要的前期工作。

科技论文不仅是为了检验写作者特别是学生对专业知识的理解和掌握程度，更重要的是通过科技论文培养学生严谨的科学态度和综合运用所学的基本理论和专业知识解决实际问题的能力，为以后从事本专业工作和进行相关科学研究打下基础，具有不可替代的作用。

科技论文首先要了解研究课题的现状，这就需要查阅大量的文献，了解课题研究的历史、现状及发展趋势，通过综合分析总结理清本课题已有的研究基础及尚存的研究空间，它既可以给研究者在充分借鉴前人已有成果的基础上如何进一步深化研究指明方向，还可以帮助读者（或论文审阅者）明确本研究的新意所在。因此，文献综述在科技论文特别是毕业论文中占有十分重要的地位。当前，大学生包括本科生和研究生虽然对本专业的基本理论、原理及基本方法有一定的掌握或了解，但由于在初次写作科技论文前对科技文献收集、查阅、分析的相关训练较少，往往在文献综述这一环节表现的无从下手，不知所措。因此，本章针对学生在文献综述写作过程中出现的一些问题，以写作本科毕业论文为例，对如何提高学生文献综述的能力进行了探讨。

4.1 文献综述的定义

文献综述是文献综合评述的简称，是指在全面收集有关文献资料的基础上，经过归纳整理、分析鉴别，对一定时期内某个学科或专题的研究成果和进展情况进行系统、全面地叙述和评论。“综”是要求对文献资料进行综合分析、归纳整理，使材料更精练明确，更有逻辑层次；“述”就是要求对综合整理后的文献进行全面系统的论述。

毕业论文文献综述就是针对论文选题，全面收集与所选题目相关的文献资料，经过归纳整理、分析鉴别，对一定时期内与该课题有关的研究成果和进展情况进行系统、全面的叙述和评论以及介绍对本人研究课题的启发。简而言之，就是选择的课题原来有哪些人做过哪些研究，研究的进展程度及结果如何等。

劳伦斯·马奇（Lawrence A. Machi）等人在《文献综述：成功的六个步骤》一书中对文献综述进行了界定："文献综述是一种书面论证。它根据对研究课题已有知识的全面理解，建立一个合理的逻辑论证，通过论证，得出一个令人信服的论点，回答研究问题。"也就是说，在对某一个科学领域进行研究之前，需要对该领域的研究历史、研究的水平、争论焦点以及存在的问题进行深入调查，全面理解，并需要对该领域发展前景进行评估，来论证该工作是否需要进一步深入研究下去。因此，一篇好的文献综述应具有综合性、评述性、前沿性等特点，这就要求作者不仅有广泛而全面的阅读，还要根据自己的理解和认识，对前人的工作进行比较、评价和展望。总之，文献综述不是相关领域学术研究的"堆砌"，而是踩着巨人的臂膀向上攀登。

4.2　写作文献综述的意义

写作文献综述，至少具有以下几个方面的意义。

（1）通过收集文献资料，可进一步掌握专业文献的查找方法和资料的积累方法，在查找的过程中同时扩大了知识面，还可以弥补以前所学知识的不足。

（2）查找文献资料、写好文献综述是撰写毕业论文开题报告的前提，也是为毕业论文的写作打基础的过程。特别是对于管理类学科的学生，其毕业论文一般均为综述性的形式。

（3）通过文献综述的写作，能提高归纳、分析、综合能力，有利于提高科研能力和写作水平。

4.3　撰写文献综述的一般步骤

4.3.1　选择主题

一般本科生毕业论文的选题，常常采取指导教师制定题目的形式，这样做能够把握毕业论文选题范围的大小和研究方向，但也存在学生对题目不一定感兴趣或做起来难度大的问题。为此，应加强师生互动交流式选题方式，即先由指导教师根据自身的科研基础拟定多个研究方向，然后和学生共同讨论，结合学生的学习情况和兴趣爱好，在教师的宏观指导下进行选题，这样不仅选题在教师的掌控之中，可以更好地指导学生，还可以增强学生的积极性。

4.3.2　文献搜索

梁启超曾说："资料，从量的方面看，要求丰备；从质的方面看，要求确实。所以资料搜罗和别择，实占全工作十分之七八。"由此可见文献收集在研究中的重要性。如何找到有价值的文献，著名学者 Burns 总结自己综述文献的经验，提出了较好的方法：首先找到一些初步的文献（指教科书和一些学者在相关领域进行的文献综述）并从中得到有价值的线索。通过教科书，可以得到与课题相关的一个完整的理论和研究框架及体系，同时在书籍中也可以发现丰富的参考文献。而通过一些文献综述类文章，可以比较容易地对相关文献情况有一个初步的了解和整体的把握。然后在这个基础上，进一步查找一些后续的文献，这些文献更多地来自一些学术期刊、学术会议的论文集、学位论文、工作论文等。

当前，在校本科生收集文献资料的途径主要有两种：一种是在学校图书馆、阅览室和专业资料室，借阅或翻阅近几年出版的学术刊物，这种方法检索效率低；另一种是利用互联网，使用与研究内容相关的关键词在一些文献数据库中进行搜索。相关文献数据库有维普资讯（VIP）、万方数据库、中国知网（CNKI）和读秀学术搜索等，从中可找到一些学术期刊、会议论文、科技成果和硕士博士学位论文等；超星数字图书馆、Apabi 数字资源平台等可查找到有关电子版书籍；西文期刊数据库有 Elsevier、SpringerLINK、EBSCO、CSA、EI Village 等。除了这些数据库外，互联网搜索引擎也是一个很好的资料来源，例如从 Google 学术、百度学术也可以获得部分文献全文。各期刊网络主页上也会提供各期论文目录，有些还会提供全文下载，如《金属学报》《中国有色金属学报》等，另外日本钢铁协会（ISIJ）网站可提供有关日文和英文全文文献。

4.3.3 文献的阅读

通过阅读可以了解不同研究者在研究该问题时的观点、研究的方法以及研究得到的结果，这是写好综述的基础。对于文献的阅读，不同的学者有不同的方式方法，总结起来主要有以下几点：

（1）多数文章看摘要，少数文章看全文。对于一个研究领域，往往会有上百篇甚至几千篇的文献，如果每篇都仔细阅读，会浪费很多时间。文章的摘要一般都包括了作者所研究的内容、使用的方法，以及得到的重要结论，因此，先阅读摘要判断文章是否有价值，再有选择性地进行阅读。

（2）多看一些文献。“熟读唐诗三百篇，不会作诗也会吟”。可见多读的重要性，看得多了，就会对专业内的各个知识点和研究方向即使不是了如指掌，也是轻车熟路，在撰写自己论文的过程中，会起到潜移默化的重要作用。

（3）比较阅读。对于同一个领域，各个研究者会提出不同的研究方法，得到不同的结果，甚至相反，可以参照品读，找出出现这种结果的原因。另外，与原著同时发表的其他专家的述评、原著发表后的读者质疑，都应当和原著一起进行比较，可以看到自己的差距。

（4）边读边思考。“学而不思则罔，思而不学则殆”，思考的意义在于对参考文献实行“拿来主义”，哪些理论知识可以为我所用？哪些实验方法可以学习模仿？其论述的逻辑是否思路清晰，我能否有所改进？其章节安排是否合理，能否理清全文的结构等。

4.3.4 文献记录

当前，有些学生对看过的文献不进行记录，在撰写文献综述的时候，对引用的内容不知道出自何处，往往参考文献标注混乱，这是一种不尊重原著的表现。另外，对阅读的文献进行记录可为日后的查阅提供方便。因此，在阅读的时候进行文献的记录是非常必要的。下面对文献记录的方法进行了归纳：

（1）将检索到的文献进行分类。可参考的分类标准有：1）按学术观点、学术流派分类；2）按问题研究的历史发展阶段分类；3）按研究方法分类等。

（2）按分类对相关论文的信息进行整理，存放到 word 文档中，具体包括：1）该论文信息和参考文献的格式要求，如［序号］［作者］.［论文题目、书名］.［期刊、学术会议、出版社］，［卷号（期号）或时间、会议地点］：［起止页］。2）论文摘要。若为英文文献，则贴上英文摘要、同时要将英文摘要译为中文；若为中文文献，则贴上中文摘要和英文摘要。3）对英文期刊论文，摘录论文中比较好的中英文句子和词组。4）通过阅读，写出对该论文的分析与评述，重点论文详细评述，非重点论文简要评述。评述内容包括：①该论文的主题、目的；②该论文前期工作的分析（研究中存在问题、解决思路）；③该论文本身的研究方法、结果（与现有方法的比较）；④该论文本身的创新之处；⑤该论文的进一步研究思路；⑥该论文可能改进的地方，对本人研究工作的启发；⑦通过该论文，提出自己可能的新思路。

4.4 文献综述格式

在对所研究的课题做完以上搜索、阅读、记录等工作后，就可以开始撰写文献综述了。一般而言，文献综述的基本结构主要包括以下几个部分：

（1）引言。简要介绍研究的背景，以及说明研究的必要性（即为什么）以及研究的意义。

（2）主体部分。主要是对文献阅读的归纳汇总，让读者（或评阅人）了解该课题研究的历史和现状。

（3）总结部分。是对主体部分作扼要的总结，作者应对各种观点进行综合评价，并在此基础上预测其发展趋势，提出自己的见解。

（4）参考文献的引用。主要是对不同观点出处进行标注，明确哪些是别人的观点，哪些是自己的分析，同时也是对被引用文献作者的尊重。

文献综述的格式与一般研究性论文的格式有所不同。这是因为研究性的论文注重研究的方法和结果，而文献综述是介绍与主题有关的详细资料、动态、进展、展望以及对以上方面的评述。因此文献综述的格式相对多样，但总的来说，一般都包含以下几项：综述题目、作者姓名、摘要、关键词、前言、正文、总结和参考文献。

（1）题目。题目一般应在 20 字以内（包括副标题），最多不要超过 25 个字。题目要求能够准确反映出文献综述的主要内容。

（2）摘要和关键词。摘要也就是内容提要，它是在文章完成之后，在对全文进行总结的基础之上，用简单、明确、易懂、精辟的语言对全文内容加以概括，提取文章的主要信息、作者的观点、文章的主要内容、研究成果等。通过阅读摘要，就能获得必要的信息。摘要字数一般应在 200 字以内。摘要后面须给出 3~5 个关键词，关键词之间用分号分隔。

（3）前言部分。前言部分主要是说明写作的目的，介绍为什么要选择这个题目，有什么实践或理论意义；介绍有关的概念、定义以及综述的范围，扼要说明有关主题的研究现状或争论焦点，使阅读者对全文要叙述的问题有一个初步的轮廓。

（4）主题部分。主题部分是文献综述的主体，其写法多样，没有固定的格式。可按文献发表的年代顺序综述，也可按不同的问题进行综述，还可按不同的观点进行比较综述。不管用哪一种格式综述，都要将收集到的文献资料进行归纳、整理及分析比较，阐明引言部分确立综述主题的历史背景、现状和发展方向，以及对这些问题的评述。主题部分应特别注意代表性强、具有科学性和创造性文献的引用和评述。主题内容根据综述的类型可以灵活选择结构安排。

(5) 总结部分。对全文主题进行扼要总结，与引言部分呼应，指出现有研究中主要研究方法上的优缺点或知识差距，并提出自己的见解。

(6) 参考文献。参考文献是文献综述的重要组成部分，它不仅表示对被引用文献作者的尊重及引用文献的依据，而且为文献阅读者深入探讨有关问题提供了文献查找线索。参考文献的编排应条目清楚，查找方便，内容准确无误。参考文献应限于作者直接阅读过的、最主要的、发表在正式出版物上的文献。文献综述的篇数一般应不少于15~20篇。

4.5 写作文献综述的要求

4.5.1 收集文献应尽量全面

掌握全面、大量的文献资料是写好综述的前提，随便收集一点资料就动手撰写是不可能写出好的综述的，甚至写出的文章根本不能成为综述。

4.5.2 注意引用文献的代表性、可靠性和科学性

收集到的文献可能观点雷同，有的文献在可靠性及科学性方面存在着差异，因此在引用文献时应注意选用代表性、可靠性和科学性较好的文献。

4.5.3 引用文献要忠实文献内容

由于文献综述有作者自己的评论分析，因此在撰写时应分清作者的观点和文献的内容，不能篡改文献的内容。

4.5.4 综述中要有自己的观点和见解

文献综述要条理清晰，文字通顺简练。

4.5.5 参考文献不能省略

有的科研论文可以将参考文献省略，但文献综述绝对不能省略参考文献，而且应是文中引用过的、能反映主题全貌的并且是作者直接阅读过的文献资料。

4.5.6 文献综述的字数

文献综述字数一般应为1500~2000字。

4.6 提高文献综述能力的建议

4.6.1 提高学生对文献综述重要性的认识

从学生上专业课开始，教授专业课教师就应经常性地对学生进行文献查阅与写作重要

性的教育，让学生知道文献综述的目的和意义，及在毕业论文中的重要性。并在专业课教学过程中让学生做一些与课程相关的文献调查，并根据完成的好坏，折算成课程平时成绩，这样做不仅可以加强学生对基础知识的巩固，提高学生的学习积极性，还能扩大学生的知识面，弥补本科课堂教学中的不足，提高学生的自学能力。加强了学生对文献综述的训练，不至于在毕业论文写作过程中不知所措，无从下手。

4.6.2 提高学生的文献检索能力

当前，虽然文献获得的来源很广，但现实的情况是有大部分学生的文献检索能力非常差。主要存在以下几个问题：首先是有些学生查阅文献的途径非常单一，主要是通过网络搜索，找到一两篇文献后，不管是否具有参考价值就认为完成了任务，敷衍了事；其次很多学生都是利用网络搜索引擎（如百度、谷歌搜索引擎等）找一些粗制滥造的材料，东拼西凑；最后是选择一些代表性不强或陈旧的文献，对于国际新动向、新进展涉及较少。因此，应加强学生检索文献的方法和技巧的培养。

我国大多数高校虽然开设了《信息检索与利用》或类似的选修课程，但在教学过程中，侧重于理论教学，对于文献检索的技巧、各种数据库的使用，只在课堂上给学生演示一遍，在演示的时候速度比较快，学生无法在很短的时间内记住全部的操作，加上课后缺乏实践，整个的课程教学效果不明显，学生获取不到真正的技能，更谈不上在今后的学习和科研中加以应用。文献检索课是一门侧重于实践的课程，教学过程中应该保证学生有足够的上机操作时间来巩固所学的知识。

另外，还应加强指导教师在论文写作教学中的引导作用。在文献的收集过程中，指导老师不仅要帮助学生筛选出一些具有代表性的文章，还要引导学生如何去斟酌文献的价值，以及提供一些权威文献查找的技巧与方法，如“滚雪球”法，即找到一篇近期权威期刊后，利用文献后面的参考文献，查找其原始资料。这样不仅提高了效率，扩大了范围，还能保证查找文献的质量。

4.6.3 提高学生的文献理解和分析能力

综述是作者针对某一专题，对大量原始研究论文中的数据、观点和研究进展等进行系统而深入的归纳和提炼，并通过自身的理解进行分析和评价，反映作者的观点和见解的论文。由于对课题的理解不深，很多本科生在写作过程中往往只是简单地罗列或照搬照抄，没有主线串联，不能形成完整的体系。主要表现为：（1）写作层次混乱，不知所云。（2）只有文献没有综述，即对几篇文献分小节进行介绍；或有“述”无“综”；或有“综”无“述”。（3）写成了读书心得体会。

对文献的理解和分析能力的培养，不可能一蹴而就，它不仅需要扎实的理论基础知识，还要对研究的内容有全面深入的了解。只有“全”才能纵观大局，将问题分析透彻，正所谓“站得高，看得远”。因此，在专业课程教学过程中，不要仅限于课本，要针对具体的问题，向学生介绍该问题发展的历史、研究进展和发展趋势，开阔学生的眼界，提高学生对科研的兴趣；同时让学生参加一些科研任务，引导学生去查阅一些科研论文，扩展学生的知识面；另外，还可以组织多个学生针对同一个问题进行讨论分析，集思广益。

文献综述是科研选题以及毕业论文中的重要组成部分，起着关键性的作用。通过大量查阅与课题有关的文献，并在理解的基础上，对文献进行分类、总结和评价，可以帮助理清本课题的历史背景、研究现状和发展趋势，为进一步深化本课题的研究指明方向。由于本科生对毕业论文的重视程度不够和平时缺少对科技文献收集、查阅、分析的相关训练，造成本科生撰写的文献综述存在诸多的问题。因此，应加强本科生对文献综述能力的培养，具体包括：(1) 强调本科毕业论文的重要性，同时还应加强对本科毕业论文实施过程中关键环节的监督；(2) 要求专业课老师在教学过程中引导学生查阅相关的文献，并传授一些简单文献检索技巧和甄别文献价值的能力；(3) 在专业课程教学过程中，让本科生针对一些具体的问题进行文献的查阅和撰写文献综述，并根据完成情况的好坏折算成课程平时成绩，培养学生的学习兴趣；(4) 让学生参加一些科研任务，在科研过程中培养学生文献理解和分析能力。

参 考 文 献

[1] Lawrence A Machi, Brenda T McEvoy. The Literature Review: Six Steps to Success [M]. 2nd Recised edition, Thousand Oaks: Corwin A Sage Company, 2009.

[2] 周勇. 毕业论文文献综述写作刍议 [J]. 应用写作, 2008 (2): 28-29.

[3] 王松, 肖宏伟. 本科生毕业论文文献综述撰写: 问题与对策 [J]. 教育教学论坛, 2015 (8): 3-4.

[4] 梁启超. 中国近三百年学术史 [M]. 北京: 团结出版社, 2006: 69.

[5] 张黎. 怎样写好文献综述——案例及评述 [M]. 北京: 科学出版社, 2008: 8.

[6] 金属学报 [EB/OL]. http: //www. ams. org. cn/CN/0412-1961/home. shtml#.

[7] 中国有色金属学报 [EB/OL]. http: //www. ysxbcn. com/Menu/menu-View. aspx? id =325648.

[8] 黄丽, 朱丽. 理工科大学生文献阅读能力培养探索 [J]. 长春理工大学学报, 2013, 8 (1): 139-140.

[9] 李延华, 陈杰, 孟岳成. 高校食品专业大学生撰写文献综述探讨 [J]. 安徽农业科学, 2014, 42 (15): 4895-4896.

[10] 刘恩元. 本科生毕业论文答辩的非淘汰性压力机制与保障条件 [J]. 当代教育论坛, 2010 (10): 48-50.

复习思考题

1. 请结合学校图书馆的资源，熟悉从数据库查询最新的文献。
2. 怎么样识别有用的科技文献？
3. 学校对本科生文献查新有何要求？本科生怎样进行文献查新？怎样撰写文献综述？

5 摘要的写作方法

摘要是对论文的主要内容，如写作目的、研究方法、研究成果和结论的简明陈述，主要起报道和检索的作用。随着信息技术的不断发展，以及电子资源应用的日趋广泛，摘要已经成为科技信息交流的重要工具，撰写出高质量的中英文摘要已经成为在校学生及科技人员必须具备的一项基本功。高等院校规定本科生在提交毕业论文时需要撰写200~300字的中英文摘要，以便读者通过摘要了解论文的主体内容。然而笔者在毕业论文的指导以及评阅过程中，发现本科生在毕业论文摘要的撰写与翻译过程中均存在一些问题，本章对这些存在的问题进行分析并提出了解决问题的方案。

5.1 摘要的含义

根据国际标准150214—1976(E)规定，摘要指的是对论文内容不加注释或评论的缩短而精确的表达。摘要应该尽量反映文章的主要信息，拥有与原文等值的信息量，是原文的浓缩。

5.2 摘要的内容

摘要一般包括研究目的、主要方法、结果和结论，重点是结果和结论。

（1）目的。指的是研究、研制、调查等的前提、目的和任务，涉及的主题范围。

（2）方法。使用的原理、理论、条件、对象、材料、工艺、结构、手段、装备、程序等。

（3）结果。实验的、研究的结果、数据，被确定的关系，观察结果，得到的效果、性能等。

（4）结论。结果的分析、研究、比较、评价、应用，提出的问题，今后的课题，假设，启发建议、预测等。

作为自然科学论文的摘要应包含上述各项内容，只是根据具体情况各项内容有详略之分。

5.3 摘要的形式

目前摘要的编写主要有3种形式。

5.3.1 报道性摘要

报道性摘要用来报道论文作者的主要研究成果，着重写结果和结论，向读者提供尽可能多的信息，也称为信息性摘要。其篇幅一般为200~300字为宜。例如：

论题：石化空气污染树木叶片内过氧化物酶同工酶的变化。

摘要：用离心法及电泳法测定大庆石油化工污染区及非污染区的树木叶片内的过氧化物酶同工酶的酶谱、酶含量及酶活性。结果表明，污染区树木叶片内的过氧化物酶的3个生化指标较对照区有明显的变化（酶的谱带增多、含量增高、活性增强）。变化幅度小的树种抗石化污染的能力强，变化幅度大的抗污染能力弱。供试的6种树木抗石化污染的能力由强至弱依次为云杉、旱垂柳、中东杨、白榆、丁香、白蜡树（何士敏，等．齐齐哈尔师范学院学报（自），1992，12（1）：40-42）。

5.3.2 指示性摘要

指示性摘要简要地介绍论文的论题或研究目的等，其他部分从简或省略，仅使读者概括地了解论文的内容，其篇幅为50~100字。例如：

论题：常规柱反相HPLC/CGC在线联用技术的研究。

摘要：采用沸点蒸发技术和自行设计的接口，对常规柱反相HPLC/CGC联用进行研究，成功地转移了400μL含水LC流动相进入保留间隙。结合具体样品对该接口的性能进行了测试和讨论（郑永杰，等．齐齐哈尔师范学院学报（自）．1995，15（4）：31-33）。

5.3.3 报道-指示性摘要

报道-指示性摘要以报道性摘要的形式陈述论文中最有价值的部分内容，其余部分内容用指示性摘要形式表述，篇幅为100~200字。例如：

论题：抗汞菌株的筛选及质粒的研究。

摘要：测定了自污染地区分离到的抗30μg/mL $HgCl_2$ 的87株细菌中有39株具有质粒带，将它们分为4种类型，其中汞盐抗性质粒可以转移。其抗性不只是由质粒决定的，同时还受核基因控制。探讨了对不同菌株的质粒进行消除的方法（陈宏伟，等．齐齐哈尔师范学院学报（自），1996，16（1）：47-49）。

一般地讲，自然科学论文的摘要都应尽量写成报道性摘要，只有创新内容较少的论文，可以写成指示性摘要或报道-指示性摘要。

5.4 撰写摘要的具体要求

作者在撰写论文摘要和编辑加工时应该注意以下几点。

5.4.1 摘要具有独立性和完整性

摘要应该是可以脱离正文而存在的完整、独立的短文，即能独立成章。摘要必须含有与论文基本相等的主要信息，使读者无需阅读论文就可以大致了解其内容。

5.4.2 摘要书写格式要规范

摘要书写格式要规范，其结构要紧凑，一般不分段落，不能简单地重复题名中已有的信息，更不可以罗列文章标题来代替摘要。不用插图、表格、数学公式、化学结构式和非公知公认的符号术语等，也不宜引用图、表、公式及参考文献的序号。

5.4.3　摘要应简练、准确

摘要的篇幅一般为 50～300 字，要摘录原文的精华，集中提供信息，无多余的词句。指意要明确、具体、客观，忌空洞、模棱两可的议论或对研究工作本身进行自我评价。如有的摘要在行文中出现“本研究达到了……最高水平”“此研究为……开辟了新途径”“给出了……新方法，结果满意”，等等，这些评价常给读者带来错误的信息，是应该去掉的。

5.4.4　摘要要用第三人称的写法

摘要应采用“对……进行研究”“进行了……调查”“报道了……现状”等表述方法。出现以第一人称作摘要开头的情形，如“笔者……”“作者……”“我们……”等，这不符合要求，会削弱摘要表述的客观性。绝大多数摘要是以“本文”做句子的主语，这在人称上虽然可以，但在逻辑上却讲不通，如：本文对致病性隐翅虫的生境及季节分布进行了研究，认为最常见的致病虫种为褐虫隐翅虫……此句可以紧缩为“本文进行了研究”“本文认为……”，很显然这在逻辑上是讲不通的，因为“进行研究”和“认为”的是本文作者。类似的句子还有“本文对……进行了调查（研究）”“本文提出了……方法”，虽然这在语法上和逻辑上都讲得通，但按摘要的撰写标准，“本文”均应删去。

5.4.5　自然科学论文要附有英文摘要

为便于国际学术交流，自然科学论文要附有内容与中文摘要相对应的英文摘要。写作要求基本与中文摘要相同，但也有一些特殊规定。

（1）撰写英文摘要也要采用第三人称，不要用“We……”这种叙述方式。如：

In this paper，we discuss the history and the present conditions of Goose anatidae natural resources …we put forward protecting measures of Goose anatidae natural resources …

此句可修改为：The history and the present conditions of Goose analidae natural resources are discussed … protecting measure of Goose anatidae natural resources is put forward …

（2）英文摘要包含论文中的主要信息，不能漏项，同时又不能太长，要简明精练、专业术语准确无误，即以最短小的篇幅包含足够的信息，这就要删除文中多余的成分。在语法修辞规则允许的条件下，视具体情况，可将句子改为分句，分句改为短语，短语改用单词。目前英文摘要的开头多用“This paper presents（describes，discusses …）”或“This paper is aimed at（concerned with , limited to）…”等句型表述。而在文献储存时，为了节省储存空间，均把“this paper”这句主语删去，直接由第三人称的动词，如 presents、discusses 等开头。

（3）英文摘要动词的语态既可用主动语态，也可用被动语态。有时为了简化句子结构，使句子简练，用主动语态；有时为突出强调事物的地位时，可以省掉施动者，用被动语态。所以谓语动词用何种语态，要从摘要的特点出发，视具体情况而定，不能一概而论。

（4）摘要的内容主要报道研究目的、方法、结果和结论，所以谓语动词的时态多用一般现在时和一般过去时，完成时态用得较少，而进行时态或其他复合时态基本不用。

目前绝大多数自然科学期刊都采用上述报道性、报道-指示性、指示性摘要的形式。而国外已有62种医学期刊，国内的《新乡医学院学报》和《实用儿科临床杂志》等开始采用结构式摘要形式。这种摘要包括研究目的、研究背景、研究方法、结果和结论5项内容，表述时分项列举。与现在常用的摘要形式相比，其信息容量大、结构合理、内容详细全面、层次清楚，有利于读者阅读和二次文献的加工，可增加期刊所载论文的索引率，促进自然科学期刊编排的规范化。从科技期刊的发展趋势看，结构式摘要将会得到广泛应用。

5.5 摘要撰写过程中存在的主要问题

5.5.1 摘要内容要素残缺

科技论文摘要内容一般包括研究目的、方法、结果和结论四个基本要素，这些基本要素要求在论文摘要中准确而完整地体现出来。然而在本科生毕业论文摘要中，经常发现缺失某一个要素，甚至缺失2~3个要素。例如：本文综述了国内外计算机辅助孔型设计的发展现状，比较系统地研究了计算机辅助孔型设计的建立方法。采用两种宽展模型设计了ϕ12mm棒材的连轧机的孔型，采用充满度为限制条件对所设计的孔型尺寸进行了验证。在ANSYS/LS-DYNA上二次开发了考虑金属热成型过程组织演变的分析模型，并且根据设计好的孔型参数，建立有限元仿真模型，对棒材轧制的过程进行模拟，研究了各个道次轧件的几何形状及精度。本课题的研究结果具有重要的实际应用价值。

可以看出，上例摘要只是对论文的主要工作内容和方法进行了概括总结，而缺乏对论文工作的目的以及结果和结论的交代。许多工科专业的毕业论文多以试验为基础，通过对试验结果分析和讨论得出试验结论，所以在摘要的四个基本要素当中更侧重的是结果和结论。而上例摘要却更多地论述了研究的主要内容，没有明确交代研究的结果和结论，不仅如此，在摘要中对论文工作的评论性的写法也应避免出现，因为对于研究的结果和结论的评价应由其他人做出。

5.5.2 摘要撰写过程中没有注意客观性、灵活性、独立性

由于科学技术的研究对象是自然界存在的客观实体及其变化过程，研究工作中，要习惯于客观的观察和分析问题，注重事物自身的性能、特征和规律，重视研究方法及其获得结果的真实性，因此在论述科技问题时必然会较多地使用无生命的第三人称语气，对研究对象做出客观而准确的陈述。根据国家标准GB 6447—1986，论文摘要的写作应以第三人称方式对论文的中心内容进行客观的叙述。然而在毕业论文摘要的实际写作中，“我们”“我”“本论文”“本试验”等第一人称及主语出现的现象比比皆是，难免给人一种主观臆断的印象。

虽然摘要的撰写包括四个要素，但可根据实际情况进行灵活处理。如试验研究的目的显而易见，或从事本学科研究的学者和有关人员都很清楚时，为了节省摘要的篇幅，也可将其一笔带过，或者省略不写。有时如设计类的毕业论文摘要也可没有结论，只着重强调

设计所采用的方法和手段。灵活处理摘要的前提是保证其能够独立、完整地表达原文的内容，因为写作摘要的目的就是使读者在阅读原文之前就能够了解原文的主要内容，所以摘要实际就是一篇精练的短文。如一些学术会议就是通过作者递交的摘要来作为是否录用的依据，而文摘刊物更是单独发表文章的摘要，所以在撰写毕业论文摘要时要处理好其灵活性和完整性之间的关系。

5.5.3 摘要撰写问题出现的原因及解决对策

造成摘要撰写问题出现的原因是多方面的。首先，在本科专业教学计划中一般没有关于论文写作方面的课程，学校也缺乏此方面的讲座与辅导，学生在撰写毕业论文摘要时感到无从下手，认为摘要只是对论文内容的总结，而没有按照摘要的要素进行撰写，造成摘要要素残缺。其次，一部分学生毕业论文摘要的撰写是在提交论文时仓促完成的，个别指导教师又往往只关注论文的主体内容，忽视了对学生毕业论文摘要的审查，造成学生毕业论文摘要在撰写上存在明显问题。

解决上述问题可以通过开设有关科技论文写作方面的选修课程，或以专题讲座、展览的形式对本科生的论文撰写加以指导，让学生在撰写毕业论文之前就能充分了解毕业论文摘要写作方面的规范和要求。只要学生能够按照摘要编写的要素提炼论文的内容，并注意摘要编写的客观性、灵活性和独立性，就完全能够写出符合撰写规范的毕业论文摘要。

5.5.4 摘要翻译过程中出现的主要问题及解决对策

论文不仅要撰写中文摘要，而且还要将摘要翻译成英文。在指导和查阅论文摘要的翻译环节中，发现主要存在以下问题。

(1) 词汇的选择。本科生在毕业论文摘要的翻译过程中首先遇到的问题就是词汇的选用。由于专业英语课时少，所以学生接触的专业词汇有限，而且毕业论文往往会涉及一些新的专业知识和术语，需要针对性很强的专业词汇和专业术语，学生在翻译时不知道该用什么词汇翻译，有些情况是一个中文词语对应多个英文词汇，学生拿不准该选用哪个词汇更准确。这个问题的解决如果单纯强调学生多阅读英文文献或多掌握专业英文词汇是不现实的，可以充分利用中英文电子专业期刊数据库这一资源。现在高等院校几乎都购买了中文和外文电子期刊数据库，如果在翻译时遇到拿不准的专业词汇，可直接在检索时将这个词作为检索的题名、关键词等检索条件，找到该词汇后，再在其对照的英文摘要中寻找对应的英文词汇。如果还不确定，还可将该词汇在外文期刊检索中作为题名或关键词进行检索，通过了解其在外文专业论文中的具体含义，确认选用哪个词汇。

(2) 时态与语态的选用。论文摘要的时态一般为一般现在时和一般过去时，少量使用现在完成时。当阐述所做的工作时用过去时，而阐述结论观点时一般采用现在时，在时态要求上中英文摘要基本一致。但在语态上中文摘要与英文摘要则存在差异：汉语习惯采用主动语态来表达研究所采用的方法、手段及得到的结果和结论，如“采用扫描电镜观察了此类合金钢的显微组织”，而翻译成英文时则采用被动语态的表达方式“The micro-structure of this alloy steel was observed by means of scanning electron microscope”。造成此类差异的原因是中英文在客观性表达方法上的习惯不同。中文客观性的体现一般采用无主语的形式来处理，而英文通常以无生命的客观事物或现象作为句子主语来体现，因此被动语态在科技英语中出现的频率相当高。

在翻译摘要时，往往不习惯采用被动语态方式表达，造成在一篇文章中充满了“I say that”，“I propose that”，这样给人的印象似乎是作者仅凭个人感想式的臆断在说话，带有较浓厚的主观色彩；相反，如果文章改用“It is said that”“It is proposed that”，则文章在总体风格上使人感到作者让客观事物直接出面发言了，增加了文章的客观性和说服力。

（3）表达习惯。汉语和英语毕竟是两种不同的语言，在用词习惯和修辞规则方面各自有其语言习惯，而且两种不同语言的人在思维习惯上也有所不同，所以在毕业论文摘要翻译过程中不仅要在时态、语态等方面符合摘要撰写的要求，而且还应在某些语言习惯上满足母语为英语的科技论文工作者的论文撰写习惯。比如：对汉语通常采用动词的结构，母语为英语的科技作者往往使用名词。他们运用这类名词不但频率非常高，而且非常巧妙和灵活。例如：“用这种方法生产钢管会引起性能的下降”。采用日常英语一般翻译成：If steel tube are produced by this method，there will be some deterioration of properties. 虽然上述翻译方式没有语法错误，但却不符合英语的表达习惯，地道的翻译应该是：The production of steel tube by this method entail some deterioration of properties. 在第二种翻译方式中，将“生产”这一动词名词化了，一个“名词化结构”在句子中充当主语，这样一种处理方式往往出现在汉语句子中有两个或两个以上动词的情况中。翻译时可将句子中不充当谓语的某一个动词进行名词化处理，再进行句子结构的编排。

科技英语是在专业技术的不断发展过程中逐渐形成的一种文体，在句型使用以及修辞手法方面具有自身独特的特点，在专业英语的教学过程中应加强这方面知识的讲解和训练。

总之，要想写好一篇论文的中英文摘要，首先应根据摘要编写的要素从论文中筛选摘要的内容，经过修辞炼句，使行文简洁流畅。写好中文摘要后再翻译成英文摘要，翻译时可借鉴一些英文摘要中经常采用的表示研究目的、方法、结果和结论的句型，注意翻译时的选词、时态、语态及表达习惯，就可以写出符合要求的毕业论文摘要。

参 考 文 献

[1] 张军．材料专业英语译写教程［M］．北京：机械工业出版社，2001.

[2] 段梦敏，薛荣芳，韩慧琴．非专业英语学生论文的英文摘要剖析［J］．太原理工大学学报，2005，23（4）：92-94.

[3] 刘源普．科技论文摘要英译技巧［J］．中国科技翻译，2003，16（1）：6-8.

[4] 中国高等学校自然科学学报研究会编．中国高等学校自然科学学报编排规范［M］．北京：北京工业大学出版社，1993：6.

[5] 李兴昌．科技论文的规范表达——写作与编辑［M］．北京：清华大学出版社．1995：20-30.

[6] GB 6447—1986 文摘编写规则［S］．北京：中国标准出版社，1986.

[7] 活伯荣．科技论文英语摘要行文要精练［J］．编辑学报，1994，4（6）：225-228.

[8] 刘雪立，等．自然科学论文结构式摘要的建立和应用建议［J］．中国科技期刊研究，1994，5（4）：21-23.

复习思考题

1. 摘要分为哪几种形式？作为工科学生，一般采用哪种摘要进行论文写作？
2. 请选择一种常见期刊，研究其编辑部对摘要写作有哪个具体规范要求。

6 引言的写作方法

科技论文的引言在文中所占篇幅很少，但其作用不容忽视。本章对引言应包括的主要内容进行了具体分析，列举专业论文中常见引言形式，并指出了引言写作中需注意的若干问题。

引言又称绪言或绪论，位于论文正文的开头，起引出正文的作用。尽管引言字数不多，但在文中的地位却举足轻重。它不仅简要介绍了论文的背景，而且能提供给读者未读正文前需要知道的信息。

不少作者对引言的内容不甚明了：或者写得太多，长达上千字，如同一篇文献综述；或者写得太少，只谈作者做了什么工作，以至读者并不明白作者为什么要做这项工作。

6.1 引言的重要性

撰写学术论文必须明白所研究课题的不同学术观点及论据，了解国内外对此课题的最新研究成果，发现围绕此课题尚未解决的新问题及有待深化研究的老问题，从而提出自己的新观点及新资料。一般来说，科研工作并不是从零开始。对于前人已有的宝贵科研成果一定要尊重、要利用。通过查阅与本课题有关的重要文献，从中了解在这个问题上前人已经做过哪些重要工作，哪些问题已经解决了，哪些是遗留下来尚待解决的问题，他们采用的是什么研究方法，他们所得结论的科学性如何，只有在对以上诸问题分析清楚之后，才能发现别人尚未注意到的问题，或是尚有争论的问题，或是虽有进展，但仍可作进一步研究的问题。因为只有在前人科学研究成果的基础上才能有的放矢，开始新的研究工作，解决问题，继续前进。科研工作贵在创新，如不了解前人已有的成就就贸然行事，有可能重复老路，其结果只能是浪费时间、人力与财力。科技论文的引言就是系统描述同行研究状况的一个简单综述，科技论文中引言是必不可少的，也是非常重要的。

国际学术论文写作的惯用原则是学术论文开头必有引言。国外学术论文有引言率近100%。从与国际接轨这一角度出发，作者在论文写作中研究、参考、引用国内外同行已有的研究成果时，也应在引言中表述清楚。

我国著作权法对著作权人的权利进行了限制，规定了合理利用，其中明确规定为个人学习、研究或介绍、评论、说明某一问题，可以适当引用他人已经发表的作品，但应当指明作者姓名、作品名称和出处。在论文写作中能否认真执行著作权法的有关规定，清楚地反映作者的著作权，反映了作者对保护他人著作权的态度。在论文写作中引用他人观点及已经发表的作品，不认真标注作者姓名、作品名称及出处，就不是合理利用。论文标注参考文献有利于增强研究人员尊重他人著作权的自觉意识，防止剽窃他人研究成果，还有利于参加国际交流与版权贸易。

引言与参考文献在论文中是相互联系又相互独立的，引言与参考文献的结合能标明论文创新的程度。引言可以用参考文献标引的形式表述前人的研究成果，作者撰文借助于参考文献可以精练内容、节约篇幅。而参考文献是对论文引文进行统计和分析的重要信息源之一，它表述了文中引用的他人的学术思想、理论成果和数据的来源，为引言提供描述的依据。引言与参考文献完美的结合，是写好论文的基础。

6.2 存在的问题

目前引言写作存在的主要问题有：(1) 引言与摘要雷同或成为摘要的注释，甚至有公式推导、图表和一般性的方法介绍。(2) 在引言中对前人的工作随意否定，或轻易断言“此问题前人没有研究过”，属于“历史空白”“国内领先”“国际水平”等。(3) 不突出重点。在回顾前人所作的研究工作时，面面俱到，未找出具有代表性的、与本研究关系最密切的资料。(4) 在论述本人所作研究时，一些普及的、为公众所熟知的原理和知识，本不必在引言里一一赘述，作者却滔滔不绝；而本研究与前人工作的关系及作者工作的意义却描述不清。(5) 有的作者虽在论文后面列出了参考文献，但文内并未做相应的标注，这实际上等于没有标注参考文献，因为读者看不出文中什么地方是引用了文献的内容。更有甚者，有的文后写有“参考文献（略）”字样，殊不知保护他人著作权是不能省略的，这反映了作者、编者没有认识到参考文献的知识产权功能，著作权保护意识十分淡薄。(6) 有的作者把根本没有看过的参考文献列到自己论文的参考文献中，实际上他只是抄了别人的参考文献。有的论文后没有近期的参考文献，有的只参考了几本书。

6.3 引言的基本内容

引言简明介绍“论文的背景、相关领域的前人研究历史与现状，以及著者的意图与分析依据，包括论文的追求目标、研究范围和理论、技术方案的选取等”。

引言的内容须包括两部分：(1) 描述同行研究成果；(2) 本课题已有的研究成果，自己的不同看法或新发现、新观点，使读者对已有成果及作者的新发现、新观点一目了然。为了减少篇幅，引言里一定要有参考文献的标注，才能避免将原著内容全盘搬出。文献明确指出：(1) 引言部分应以简短的篇幅介绍论文的写作背景和目的，以及相关领域内前人所做的工作和研究的概括，说明本研究与前人工作的关系，目前研究的热点、存在的问题及作者工作的意义，引出本文的主题给读者以引导。引言只是简要地阐述论文的研究情况，一些详细的研究数据和资料如图、表、公式、照片等不宜列入。(2) 凡是引用前人或他人的观点、数据和材料等，都要对它们在文中出现的地方予以标明，并在文末列出参考文献。

6.3.1 论文的背景

一篇论文的基础源于某项研究，而该研究的意义即为什么要做这项工作，这就是研究的背景。背景通常与社会的需要密切相关，研究者可通过社会调查或广泛查阅文献及专利来获得相关信息，在写作论文时，再挑选出与该文内容直接相关的文献，用自己的话把它的意思简洁地表达出来。有的作者研究的课题较冷门，文献不多，涉及的专业范围可宽一些；而热门课题的文献量较大，则相关范围宜窄一些，只引用与课题非常贴近的数篇即可（这点与综述文章不同，综述文章的参考文献通常应有30~50篇）。

对课题背景明确的作者，寥寥数语就可概括全部背景，不仅令读者一目了然，而且可看出作者头脑清晰，对该研究工作的目的十分明确。不谈课题背景，只提及自己做了某项工作，这样的引言是不完整的，与一篇实验报告无多大区别。论文是研究工作的总结与提高，应具有完整性和理论性。

6.3.2 论文作者的创新性

创新性在科技论文中占有尤其重要的地位，甚至在审稿阶段，是审稿人决定让论文通过与否的重要依据。作者创新之处的叙述在简明扼要的前提下，应尽量具体，仅仅一句“……未见文献报道”恐怕是没有说服力的。例如，虽然关于染料在溶剂中的光敏化、光氧化曾经有过报道，但是染料尤其是光盘用染料在溶剂中的性能一直未深入地研究过（北京化工大学学报，2001，28（4）：12.）。

6.3.3 论文的应用前景

任何研究工作都有其潜在的用途，有的本身就是一项应用工作。即便某些基础性较强的研究，也是可大致预测应用于某些方面的；所以在引言的结尾处指明本工作成果可用在何领域或可间接起到何种作用，无疑会给读者一个完整的概念，也是吸引读者继续细读论文的一种手段。例如，本文合成了一系列光敏性树脂，其经三乙胺中和后可以得到稳定的自乳化体系。该树脂可用于紫外光固化涂料、油墨等方面（北京化工大学学报，2001，28（4）：19.）。所费笔墨不多，研究成果的意义已经点明。

6.4 注意事项

6.4.1 言简意赅，直奔主题

科技论文与综述文章不同：综述文章通常面对的读者大多是初次涉及该领域的学生及科研人员，或正在选题的人员，因而一般要述及一些基本原理、介绍一些浅易的知识等，其引言涉及的专业面较广，尤其是要将题名所指内容的来龙去脉交代清楚，甚至回溯到历史第一人；而科技论文的读者对象不一样，大多是已进入此领域的同行，甚至是专家，阅读文章的目的是想更多地了解最新的研究动向，因此，引言一开始就要直奔主题。例如，在化工流程动态模拟中，管道的拓扑结构分析及流量压力计算，一直是一个重要的问题（北京化工大学学报，2002，29（2）：24.）。

6.4.2 避免与摘要和结论雷同

有的作者在引言中将课题采用的方法及所得出的结论即把摘要内容完全重复一遍，其实读者刚刚看完摘要，已大致明白了课题采用的方法及结论，尤其是具体的实施方法及结论都将在论文的后续部分展开，此处不应重复。

6.4.3 应有一定量的新文献

如研究生们一般在开题时比较全面地查阅了相关文献，但完成课题并写作论文往往是在 1 年或 1 年半之后，因此，应把这期间同行的研究动态体现出来。此外，经过一段时间的实验研究，作者对课题的理解进一步加深，有必要重新全面查阅或补加新的文献。

6.4.4 系列文章的引言不要重复

通常，一个较大的研究课题，作者可以写出数篇文章，即系列文章。由于它们不在同一期上刊登，或者写作的间隔时间较长，所以看上去好像是彼此独立的文章；但这些文章的引言部分常常大量重复，引用的文献也几乎相同，不仅浪费了版面，而且无形中使读者阅读时容易割断与上篇文章的联系。鉴于同一个课题的背景是相同的，作者完全可以用“前文[*]阐述了……”这样的语句来简单地概括之前的研究内容，并以引用文献的形式来代替重复部分，然后再简单提及这篇文章所要谈及的内容。

如化学化工专业的论文，由于篇幅所限，常将“某物质的合成及性能”分成 2 篇来撰写，即前一篇是合成与表征，后一篇是性能测试。通常在第 1 篇文章的引言中会详尽介绍课题的相关情况，那么第 2 篇文章只需简单的几句话来转接第 1 篇文章的作用就可以了，有兴趣的读者可以根据文献的提示去查阅前文的内容。例如，近年来，随着环境保护意识的提高，水性油墨越来越多地受到人们的青睐。前文[1]研制了一种光聚合型丝网印刷感光胶，其感光成像性能良好，制作简便，可用于预涂的生产方式，本文讨论该丝印胶的耐水性能（北京化工大学学报，2000，27（3）：96.）。

这里选择一篇论文引言作为示例，以供作者撰文时借鉴，特别注意论文引言要分 3 步走：（1）论文的目的；（2）同行研究现状；（3）作者工作意义。例如，焊缝的氧含量严重影响焊缝的力学性能，所以对焊缝氧含量的控制已成为焊接工作者关注的重点。传统的焊缝增氧机理分析是以分子活度理论为基础的，认为在熔渣与液态金属界面间存在激烈的增氧行为是热化学作用的结果。但大量试验研究发现，许多现象是热化学不能解释的，例如直流反接时，随着碱度的增大，过渡熔滴氧含量增大（论文的目的）。随着近代离子理论及共存理论的发展，文献[1]指出在焊接电弧阴阳两极-焊丝尖端及熔池边缘附近存在激烈的电化学作用，并做了大量实验证实了该观点的客观性。这意味着焊缝金属增氧不仅仅是热化学作用的结果，电化学作用[2]也严重影响着焊缝的氧含量。关于熔渣/液态金属界面间的热化学作用因素的研究已有很多报道，但对电化学作用因素的研究却是一个新课题[3]（同行研究现状）。因此，对该问题的深入研究可以进一步完善传统焊接冶金理论（作者工作意义）。

一篇好的引言，短短几百字，不仅可以使读者对该研究工作的背景及意义有一个大致的了解，还可以让读者只花最少的时间就能获得最大量的相关信息，并吸引读者进一步了解文章的内容。

6.5 英文引言的写法

英文期刊要走向世界，一个不可忽视的问题是英文的表达。许多人认为英文科技论文要获得国际同行的认可，主要是靠正确的语法和词汇的表达。因此，有些英文编辑将工作重点放在修改文章的语法方面。赵歆等人对国外读者的调查发现，除了正确的语法和文字外，论文的表达形式也十分重要，因为专业学者阅读科技期刊时有一定的阅读习惯和独特的理解方式。优秀期刊刊发的文章的"引言"一般优于普通期刊，尤其是一些重要文章，这些作者不仅自己的科研工作细致、深入，同时参考了大量有关文献。因此，写作起来犹如行云流水、洋洋洒洒、娓娓道来。而我国有些论文引言的写作存在言之无物、缺乏新意、夸大其词以及混淆引言与摘要等问题。本节主要介绍英文论文引言的写作，供参考。

6.5.1　引言内容

引言又称前言、绪论或导论，属于整篇论文的引论部分。引言是开篇之作，写引言于前，始能疾书于后，正所谓万事开头难。简练而精彩的文章引言对一篇论文而言可谓是事半功倍。一般而言，引言包括五个部分。

（1）概述某一领域研究背景（以及所存在的问题）。

（2）说明本研究的起因，较详细地介绍其他同行所做的工作。

（3）简述研究方法并指出对某一文体需要深入研究，找出差距。

（4）详细叙述某研究的目的（目标）或概述其主要内容。

（5）列举主要发现并总结重要结论。

6.5.2　如何组织引言

引言的开始，大多数作者都要从读者所熟悉的即广泛领域开始写起，并且用一般现在时来描述。然后，要逐渐过渡到某一较小的领域，最后涉及作者所做的某一特定题目。

利用文献验证所进行的研究，引言的每一部分都可引用文献。文献引用的关键在于清楚地表明在作者自己的研究领域内，需要解决但还没有解决的问题是什么，而这个问题正是作者所要进行的研究。也就是说，利用文献构建自己的研究。

（1）通过引用（citation）展开研究。文献引用主要有三种方法，即突出信息型（information prominent）、突出作者型（author prominent）和弱化作者型（weak author prominent）。试比较下面三个段落，体会不同引用方式对文章表达内容的影响。

1）Shrinking markets are also evident in other areas. The Australian wool industry is experiencing difficulties related to falling demand worldwide since the development of high quality synthetic fibres（Smith 2000）.（突出信息型）

2）As Smith（2000）pointed out，the Australian wool industry is experiencing difficulties related to falling demand worldwide since the development of high quality synthetic fibres.（突出作者型）

3）Several authors have reported that the Australian wool industry is experiencing difficulties related to falling demand since the development of high quality synthetic fibres（Smith 2000，Wilson 2000，Nguyen 2001）. For example，Smith（2000）highlighted.（弱化作者型）

（2）使读者了解论文的意图（expectation）。即告诉读者你要进行的研究内容，顺利过渡到引言的结尾部分，并且要使用题目中的关键词，以便读者阅读题目时就可知晓作者的意图。

综上所述，英文科技论文的引言基本上包括五个部分，各个部分之间相互依存、紧密结合，其目的是将所研究项目的故事徐徐展开。言简意赅、紧扣主题的引言会使整篇论文的价值跃然纸上。

参考文献

[1] 任勤，苏义敏，张秋娥．现代科技论文的特点和写作［J］．中国科技期刊研究，2002，13（1）：81-83.

[2] 唐巧凤，史庆华．科技写作常见病　重复叙述［J］．科技与出版，2002（2）：41-43.

[3] 贺琦，秦娟，张云扬．科技论文引言部分的人称口气及其表达［J］．编辑学报，2002，14（3）：193-194.

[4] 王立名．科学技术期刊编辑教程［M］．北京：人民军医出版社，1995：50.

[5] 谢淑莲．学术期刊在知识创新系统中的作用和任务［J］．中国科技期刊研究，1999，10（1）：1-4.

[6] 陈浩元，郑进保，李兴昌．科技书刊标准化 18 讲［M］．北京：北京师范大学出版社，1998.

[7] 刘鹏飞，李晓泉，王光耀．SAW 熔滴阶段电化学致氧因素研究［J］．华东船舶工业学院学报（自然科学版），2004，18（3）：58-59.

[8] CAJ-CD B/T1-1998 中国学术期刊（光盘版）检索与评价数据规范［S］．中华人民共和国新闻出版署，1999.

[9] 王森，任远，张月红．努力创办国际性的英文科技期刊［J］．中国科技期刊研究，2001，12（增刊）：60-62.

[10] 赵歆，姚鲁烽．英文地学论文中的时间与地名表达［J］．中国科技期刊研究，2003，14（6）：704-706.

[11] 宋双明．医学论文引言写作浅析［J］．URL：http：//www. medicalarticle. com（中华原创医学论文网）.

[12] Swales J M. Genre Analysis：English in academic and research settings［M］. Cambridge University Press. 1990.

[13] Weissberg R，Buker S. Writing Up Research：Experimental research report writing for student of English［M］. Engle Wood Cliffs，New Jersey，USA. Prentice Hall Regents. 1990.

[14] Samraj B. Introductions to research articles：Variations across disciplinces［J］. English for Specific Purposes，2002，21（21）：1-18.

[15] Cargill M，O'Connor P. Developing English-language publishing skills in the agricultural and ecological sciences［C］. Australia，The University of Adelaide，2004.

[16] Olsen L A，Huckin T N. Technical Writing and Professional Communication［M］. New York，USA：McGraw-Hill，1991.

复习思考题

1. 一般来说，论文的引言应包括哪些内容？
2. 中英文学术论文对引言要求有哪些不同？

7 实验与分析部分写作方法

随着科学技术的发展，社会的进步和市场经济的要求，高校应培养复合型的创新性人才，毕业生不仅要有扎实的专业理论知识，还必须具备实际应用能力。实验是科学技术研究的必要环节，是检验理论与观测研究对象表现的基本方法，许多科技论文都涉及实验研究。实验主要包括计算机模拟实验、实验室实验、台架实验以及现场实验等。科学地描述实验研究，能更好地挖掘科技论文主题，更深入地揭示研究对象的基本规律与内在机制，否则，会影响主题提炼与深化，影响科技论文的价值。

但是，近观一些学生的科技论文特别是毕业设计（论文），在实验与分析部分却存在不规范的问题。这限制了毕业生知识能力、工作能力的提高，对他们的就业、创业有潜在的隐患，应当引起足够的重视。

7.1 存在的问题

毕业设计（论文）中实验与分析部分不规范的问题主要表现在以下几个方面。

（1）文献检索不规范：1）只求完成文献检索的数量，比如文献30篇，外文文献3篇等，而不顾文献检索的质量，比如有10年前甚至更早发表的文献；2）只有某个关键词相关而内容与毕业设计的课题没有关联；3）在毕业设计（论文）中没有指导意义和引用价值的；4）不检索专利。

其后果是：1）可能重复了他人的技术或方法；2）可能把已落后的技术或方法当成先进的引用；3）可能侵犯了他人的知识产权。

（2）实验方法不规范：1）不按基础标准设计实验，比如某些毕业设计（论文）所设计和研究的产品质量低于该产品质量标准要求；2）不按方法标准施行实验，比如实验的环境不符、取样不合要求、试验样本偏少、测试频次不够、测试指标不符（不使用国际制单位或不按标准规定的指标测试）；3）不按国家政策或逆经济发展趋势进行实验，比如高耗能（电、水）实验方法、有污染（废气、废水、噪声）实验方法。

其后果是：1）在低于该产品质量标准要求的情况下分析实验结果有多进步，实验技术有多先进，实际上这种进步和先进是无意义的；2）实验数据缺乏代表性，造成实验结果的不确定或不可靠；3）实验结果的不可推广性。

（3）评判标准不规范：1）实验方案的不合理，比如多因素多水平的实验却没有正交试验方案，或虽有正交试验方案却在实验过程中任意改变实验条件；2）实验结果分析不科学，比如只是将实验数据进行简单的对比，却不使用数理统计工具。

其后果是：1）实验结果的“失真”；2）实验分析结论的不可靠。这样的方法或结论哪怕再有“原创性”也是没有意义的。因为它缺乏一个与之比较的平台，一个与之评判的客观标准，并推导出一个不科学的结论。

造成这诸多问题的原因有很多，其中主要原因之一是多年来对实验教学重视不够，因此一部分指导教师或业务生疏，或重结果而轻过程；相当一部分的学生也不具备这方面的知识能力，更谈不上运用这些知识的能力了。

7.2 解决的方法与措施

7.2.1 适当调整课程设置

普通高校中，一般把《文献（包括专利）检索》和《实验设计与数据分析》作为一门选修课程，而开设《标准与标准化》课程的很少。这方面知识的缺乏对工科学生整体知识的有机构成是有负作用的，是不利于培养复合型创新性人才的。因此，必须重视这方面知识的传授与学习，应把《实验设计与数据分析》列入必修课程，开设选修课程《标准与标准化》，或者把标准化的内容纳入相关课程中。这些课程的内容应理论联系实际，根据各自专业，多举实例，把重点放在实际应用上。

7.2.2 适当调整毕业设计的评分标准

毕业设计的评分标准可适当调整如下：

（1）文献的数量应适当且实用，20 篇足够了。文献检索中至少应含一篇专利。

（2）评分标准中，对规范检索文献、引用文献。规范采用标准，合理设计实验方案，正确使用数据分析方法等应有一定的比重。

（3）实验工作量应占毕业设计（论文）整个工作量 50%左右，实验和分析部分的篇幅也应占整个论文篇幅量 50%左右。

（4）实验方案设计是整个毕业设计（论文）中的精髓部分，它直接反映了学生解决问题的能力，评分权重应大一些。

7.2.3 发挥两个积极性

第一个积极性是教师。导师在整个毕业设计（论文）中起着主导作用，首先要从思想上引起重视，要认识到这是培养复合型的创新性人才的不可或缺的重要一环；其次，导师本身在这方面的业务知识也必须过硬；再者，在指导毕业设计（论文）的整个过程，从立题、审题、开题到具体施行，都应该给予学生具体指导。如果学生在某些方面知识不足或缺失，导师还应拾遗补缺。

审阅教师除了正常审阅外，还应对上述不规范的问题严格把关。

第二个积极性是学生。学生是毕业设计（论文）的主体，首先要端正思想，不能把毕业设计（论文）看成是毕业前的最后一关，而是一次基础知识和专业知识的综合运用演练，是发现问题和解决问题的一个科研过程；其次，正确处理就业或深造同毕业设计（论文）的关系。两者不可偏废；再者，实验部分是最能锻炼学生的动手能力和实践能力，而分析部分是最能锻炼学生的数理逻辑推理能力。

研究生的动手、实践和创新能力在本科学习阶段已得到一定的培养，在研究生学习阶段又获得进一步的提高，他们对实验仪器设备的性能已相当熟悉，可以参与毕业设计（论文）的指导工作，特别是在实验部分。这样既可培养他们的工作能力，也可分担导师的部分工作量。

7.3　实验研究的描述

如何科学地描述实验研究，是科技论文写作的一个重要问题。本文在论述实验研究描述的内涵与作用的基础上，以某些中文科技论文为重点案例，探讨表达科技论文主题的实验描述方法。

7.3.1　实验研究描述的内涵与作用

描述是将某种现象、过程或者结果完整地用某种形式（如文字）叙述出来的过程。描述的对象是现象、过程或者结果，描述的特征是完整性。

实验研究描述（简称实验描述）是科技论文写作的一种常见方法，也是描绘、总结和提炼实验对象基本状态、属性及其特征的方法的总称。实验描述方法是研究如何取得反映客观现象的信息，研究对观测与收集的信息进行处理和显示的方法，研究如何综合与分析得出反映客观现象规律及其表征的方法。

科技论文中的实验描述主要包括实验方法描述，实验结果描述，实验数据处理结果描述，以及实验数据处理结果的讨论方法描述等。科技论文实验描述的特征是完整性。

通过对实验方法、实验结果、信息处理方法以及信息处理结果的全过程完整描述，可以强化科技论文的科学性、真实性和逻辑性等特性，丰富科技论文的内涵，有利于主题凝练与升华。科学地描述科技论文的实验研究，能使读者清晰地了解实验方案与过程，不仅增强了科技论文的可信性，而且还可以帮助读者更好地理解实验结果的意义、价值与创新性。

7.3.2　实验方法的描述

描述实验方法的目的是说明“怎样做的实验”。实验研究是揭示科技论文主题和检验理论可行性的常用方法之一，对实验方法的科学描述，可以使读者进行重复实验、再现实验结果。一个没有任何实验方法描述的科技论文通常不会被编辑、审稿人和读者认可。

实验方法包括标准实验方法、常规实验方法、现有实验方法和独创实验方法等 4 种。实验方法不同，描述方法亦不同。

若实验内容涉及国际标准、国家标准或行业标准，则必须采用相关标准规定的方法与步骤进行实验。在这种情况下，直接写出相关标准名称和编号即可。

若采用众所周知的常规实验方法，则仅需指出方法名称和参考文献。若对常规实验方法进行了改进，则在写出方法名称后，应重点描述修改的部分，并说明改进的理由。

采用现有文献介绍的实验方法，只需指出参考文献。

作者独创和设计的新方法应详细描述。描述包括实验目的、实验内容、实验原理、实验参数、实验指标、实验方案、实验步骤、实验仪器与设备、传感器、实验材料、实验条件等。

在描述时尤其应突出实验方法的特色和创新点，并从理论上证实新方法的可行性与可靠性；还应与其他实验方法进行比对实验，以表明新方法产生的新效果。新的实验方法通常可以观测到新的或更准确的实验结果，并因此获得新发现、揭示研究对象的新机制和未知的新特性等新成果。新实验方法的描述应该围绕与新成果有密切关系的内容，深入细致地展开，并配以照片、示意图、框图和表格等信息，以辅助实验方法的直观描述。

7.3.3 实验结果的描述

描述实验结果的目的是说明“实验结果看起来是什么样子的”。

实验结果属于客观存在的范畴，体现为对研究对象的观测现象和观测结果，即通过实验获得的信息。对该信息描述的具体形式是数据、表格、点线图和图片等。

当数据个数很少时，可以直接在论文中列出，不必用表格和点线图。当数据个数很多时，可以采用点线图表示，从期刊角度看，可以节省篇幅；从论文角度看，点线图可以直观呈现数据的波动与趋势，有利于深入揭示研究对象的内在机制。

当数据的量值和量纲差别很大时，可以用表格表示。例如，正交实验的设计方案用表格形式是最好的描述。图片通常是研究对象表面状态和内部结构的直观展示。另外，对实验结果的描述应当是真实的和原始的。伪造与篡改实验数据、随意删除与增添实验数据，歪曲了事物的真相，都是不真实的表现，不能作为实验数据的描述。有些科技论文为了获得更好的研究效果，经常对实验数据进行滤波或预处理。这是科技研究允许的，但滤波或预处理后的数据不是原始的，不能作为实验结果的描述，只能作为实验结果的处理。直接列出原始实验结果，可以方便读者鉴别实验结果的再现性。

7.3.4 实验数据处理结果的描述

描述实验数据处理结果的目的是说明“实验结果实际上是这样的”。

实验数据处理是对研究对象呈现出来的表面现象进行提炼、抽象与归纳的一种数学方法。在科技论文中，实验数据处理方法有统计方法和非统计方法两种。其中，非统计方法是指有别于经典统计方法的其他方法。例如，贝叶斯方法、模糊方法、灰方法、混沌方法和粗集方法等。无论哪一种数学方法，都可以归结为对研究对象属性的描述。借助经典统计学的术语来说，这些方法对实验数据处理的结果可以描述为参数评估（估计和预报），概率密度函数与回归曲线评估等。

对参数评估的描述，应当注意 3 个要素：真值评估、区间评估及其置信水平。这 3 个要素缺一不可。缺乏真值评估的实验数据处理结果是无价值的，缺乏区间评估及其置信水平的实验数据处理结果是不可信的。目前，很多科技论文很注重真值评估，而忽略区间评估及其置信水平。例如，研究某导弹的发射性能，对导弹落点与靶心距离进行评估。若只计算距离的均值，不计算距离的变化区间及其置信水平，则不是对导弹发射性能的完整描述。原因是对均值的计算结果不知道有多大把握，缺乏信任感和安全感。

对概率密度函数的描述，要区别概率密度函数是已知的还是未知的两种情况。

对于已知概率密度函数的情形，通常是通过实验数据处理来获得研究对象的参数，应该重点描述参数评估，从参数评估结果揭示研究对象的某些新特性。例如，文献分别基于威布尔分布和正态分布探讨研究对象的可靠性问题，概率密度函数的参数估计就成为研究的重要内容之一。对于未知概率密度函数的情形，通常是通过实验数据处理去模拟研究对象的概率密度函数，应该重点且全面描述所模拟出的概率密度函数的特征，为揭示研究对象的未知内在机制奠定基础。

对回归曲线的描述，应当考虑回归函数、显著性水平和标准差。回归函数是研究对象变化规律的数学描述，其理论与实用价值取决于显著性水平和标准差。有些科技论文只列出回归曲线的表达式，没有计算标准差，也没有检验显著性，这不是对实验数据处理结果的完整描述。

7.3.5 实验数据处理结果的讨论方法描述

描述实验数据处理结果的讨论方法的目的有两个，一是说明“这样的实验结果如何”，二是阐述“实验结果为什么是这样的”。

讨论是科技论文的重要组成部分，很多国际期刊对其有明确要求。一篇好的科技论文通常都有深入的讨论，因为讨论可以升华主题，揭示研究对象的内在运行机制。讨论时采用的方法主要有对比分析法、因果分析法和归纳法等。

对比分析法是现有的研究成果和自己的研究成果的效果对比，说明“这样的实验结果如何”，是对“实验结果为什么是这样的”的一个铺垫，其目的是证明自己的研究成果优于现有的研究成果或者自己的研究成果可以满足工程要求。譬如，对于真值估计来说，常用的做法是对比分析估计误差。为了表明自己的研究成果可以满足工程误差要求，可以通过表格或点线图，逐一列出估计真值和实际测量值，比较二者的趋势是否一致与吻合，计算二者的最大误差或综合误差，如果误差在工程误差的允许范围内，就证明自己研究成果的工程应用价值。再如，为了说明自己的研究成果具有创新性，根据对实验数据的处理结果描述，可以讨论自己研究成果的广泛实用性和现有研究成果的局限性等。

因果分析法是阐述“实验结果为什么是这样的”最常用的逻辑推理方法。这种方法通过对实验方法的关键步骤进行深入细致的讨论，从理论上说明自己的实验结果优于现有的实验结果的必然性和可信性，同时，根据实验数据的处理结果，揭示研究对象的内在机制，从本质上诠释“实验结果为什么是这样的”。

归纳法也可以用于阐述“实验结果为什么是这样的”。这种方法以实验数据处理结果的描述为基础，通过对实验数据处理的各个具体的结果进行提炼与综合，揭示出研究对象的内在机制。

实验描述方法是研究如何取得反映客观现象的信息，研究对观测与收集的信息进行处理和显示的方法，研究如何综合与分析得出反映客观现象规律及其表征的方法。

科技论文实验描述的特征是完整性，对象是实验方法、实验结果、实验数据处理结果、以及实验数据处理结果的讨论方法等。

对实验研究进行科学的描述，可以更好地挖掘科技论文的主题，更深入地揭示研究对象的基本规律与内在机制。

复习思考题

1. 请查询本专业最新的论文，仔细领会实验与分析部分的写作技巧。
2. 对照本校本科生学位论文写作要求，认真学习实验与分析部分的写作规范。

8 结果与讨论的写作方法

美国生物学编辑委员会（CBE）现扩大为美国科学编辑委员会（CSE），其给出的科技论文的定义是，一篇能被接受的原始科学出版物必须是首次披露，并提供足够的资料，使同行能够：(1) 评定所观察到的资料的价值；(2) 重复实验结果；(3) 评价整个研究过程的学术水平。

研究论文是科技论文中最常见的一种类型，它强调首创性和有效性。首创性要求文章必须有所发现、有所发明、有所创造、有所前进，而不是对前人工作的复述、模仿或解释。有效性是指文章的发表方式，当今只有经过相关专业的同行专家的审阅，在正式的科技刊物上发表的科技论文才被承认是有效的，它表明科技论文揭示的事实及其真谛已能方便地为他人所应用，成为人类知识宝库中的一个组成部分。

科技写作是以科学和技术为主要内容的写作。研究论文的写作方式广泛使用 IMRAD 结构，它以这样一种逻辑关系组织全文：首先界定研究所关心的问题（Introduction 部分，即引言部分），再介绍研究问题的方法（Methods 部分，即方法部分），最后陈述研究的发现（Results 部分，即结果部分）以及发现的意义（Discussion 部分，即讨论部分）。

科技写作以理工科知识为内容，但表现形式却是文科研究的范畴，这就要求科技论文作者文理兼长、知识面宽，既精通自然科学专业知识，又具有写作学、逻辑学、方法论等方面的综合知识与能力。要想提高科技写作能力，学习前人总结出来的写作规律是一条捷径，但是，目前关于科技论文的写作还缺少具体而深入的研究，特别是有些科技论文作者，掌握了很好的研究方法和技术路线，却对于如何清楚地阐述结果一筹莫展，对于如何讨论独到见解不得要领。本章对科技论文中结果与讨论的写法进行介绍。

8.1 讨论部分的重要性

科技论文无论采用哪种分类方式，其内容均由前置部分和主体部分构成。讨论是主体部分中的重要组成，其目的是为最终结论提供理论依据，可对全篇论文起到画龙点睛的作用。一篇科技论文若只展现了作者本身取得的理论结果，缺少对所得理论的分析解释，缺少与其他学者取得的类似理论成果的评价和比较，那么就无法称得上是一篇高水平的科技论文。一位知名教授在一次与学者探讨如何撰写科技论文的研讨会上强调：“讨论部分最能体现一个学者的学术水平和学术道德，不容半点疏忽。在讨论部分进行对比分析时，妄下结论夸大论文的学术价值，或者在发现自身取得结果与他人有异时，未进行反复核对推理及判断，轻易否定他人成果，贬低他人工作进而抬高自身，均属不恰当不负责的做法，甚至违背了学术道德。所以无论作为投稿者还是作为审稿者，在个人学术水平基础上，都应该尽最大努力去科学、客观、准确地判断自己与评估他人。”由此可见讨论部分的学术意义以及重要性。然而目前讨论部分的写作仍存在很多问题需要改善和解决。下面对一些常见问题进行探讨并分析其原因。

8.2 结果与讨论的写法概述

8.2.1 结果的写法概述

结果是实验得出的数据，它是一篇文章的核心，是推理和论证的重要依据，其水平标志着论文的学术水平或技术创新的程度。结果的内容包括：首先是对实验进行总体的描述，其次要准确地表达必要的实验数据，扬弃不必要的部分，最后根据实验所得的数据，以及有关文献上的材料，分析说明事物内在的联系和客观规律。

8.2.2 讨论的写法概述

讨论是对实验结果的分析和论证，是一篇文章的灵魂，是对结果的必然性、偶然性、可靠性和重要性进行的全面、系统的论述，并上升到一定的理论高度。讨论是论文的重点部分，也是最难写的部分，反映作者对某个学术问题理解的深度和广度，具有画龙点睛的作用。高水平的讨论往往能提高论文的水平和价值，从而会有更多的同行引用该论文，取得良好的社会效益。

在讨论部分，应该解释实验结果。因此，讨论的内容主要如下。

（1）概述最重要的结果。结果有什么意义，数据是否符合最初假设，如果不符合，为什么，是否需要修改假设；（2）指出结果是否与其他学者的结果相一致，如果不一致，为什么，是否他们的实验设计有缺陷；（3）对结果提出说明、解释或猜测，根据这些结果，能得出何种结论或推论；（4）说明研究的局限性以及这些限制对结果的影响，需要进行哪些进一步的实验，如果结果模棱两可，还需要什么实验能使结果更加明确；（5）指出结果的理论意义和实际应用价值。

8.3 结果的写法分析

8.3.1 结果写作的论据

（1）论据的数量及表达。科技论文的论据包括实验的产品、实验过程观察到的现象、实验记录的数据、对上述现象和数据进行统计和加工后的有关资料等。支持结论的论据要充分而且必要，提供论据时，要对数据进行整理，并采用合适的表达形式。在整理数据时不能只选取符合自己预料的，而随意舍去与自己料想不符或相反的数据。

有些结果异常，尽管无法解释，也不要轻易舍去，可以加以说明。只有找到确凿证据足以说明它们确属错误之后才能剔除。进行实验结果与理论计算结果的比较时，要说明结果的适用对象和范围，分析不符合预见的现象和数据，检验理论分析的正确性等。结果分析时，必须以理论为基础，以事实为依据，认真、仔细地推敲结果，既要肯定结果的可信度和再现性，又要进行误差分析，并与理论结果做比较，说明存在的问题。分析问题要切中要害，要压缩或删除那些众所周知的一般性道理的叙述，省略那些不必要的中间步骤或推导过程，突出精华部分。

（2）图表的大小及排放。论据表达不仅限于文字，通常还用表格、插图、公式等表示。图、表安排得好，可以美化版面、节省篇幅和帮助理解。图、表的大小要适中，要与页面相称，比例应协调。无论表是纵排还是横排，都不宜超过一个版面。图、表内一般都用小5号或6号字，不宜为了将表缩小而采用更小的字号。图、表出现之前，必须在正文中提到。与图、表对应的文字叙述一般应放在图、表之前，即图、表应随文走。

8.3.2　结果写作的发现

（1）找准分析角度。分析角度的选择是以最能突出论文的主题为线索的。有的作者对分析角度的选择不够重视，甚至出现多角度重复分析的情况。在科技论文中，一般不宜变换角度或多角度交叉分析，一旦处理不当极易造成主次不清、层次紊乱、前后矛盾，不利于突出主题、阐明论点；另外，选择分析角度除了力求准确，还要新颖独特。

（2）分析问题要全面透彻、推陈出新。这是提高科技论文质量的重要途径。有的论文就某一问题进行分析研究时缺乏深度，总希望走捷径、图省事，甚至套用陈旧过时的观点，沿用以往不够完善的计算方法或分析手段。这种论文即使写得再“精彩”，也很难说是一篇优秀的科技论文。

（3）根据结论展开与揭示研究命题。一个研究命题的论文至少应有3个以上的结论。一般来说，有几个结论就应该划分几个层次，每一个层次前给出一个层次标题。

8.3.3　结果写作的注意事项

（1）言简意赅。对实验或观察结果的表达要高度概括和提炼。不能简单地将实验数据或观察事实堆积到论文中，尤其是要突出有科学意义和具有代表性的数据。

（2）避免重复。决定哪些纳入结果章节，哪些迁移到讨论章节。在结果章节通常只描述结果，一般不做解释；在讨论章节进行解释，并与已知的成果比较，不要重复所有结果。

（3）对实验或观察结果要客观地评价。观察到什么或发现了什么。对每个实验要简述实验、报告预期结果和阴性结果，使用典型实例和最佳案例。

（4）注意各层次或各段落之间的逻辑关系。结果通常分成若干个层次来写，但也有只分成若干个自然段，这两种情况都要注意前后之间的逻辑关系。

（5）数据表达可采用文字与图表相结合的形式。如果数据较多，应在进行综合与归纳后，采用合适数量的图表来完整、详细地表述。文字部分则用来指出图表中资料的重要特性或趋势，应避免罗列与图、表中相重复的数据。同样的数量关系或例证，通常只用图、表中的一种。如果表中数据非用图不能全部表达或数据特别重要时，才可图、表并列。

8.4　讨论的写法分析

8.4.1　讨论写作的主要思路

（1）有力的论证。论证的过程实际上就是分析、推理的过程，分析事物本身与所述观点之间的必然联系。论证要采用以理服人、合乎逻辑的科学论证方法，不可做无道理的推断，更不能进行毫无根据的猜测。在论证过程中注意资料要为观点服务，避免资料与观点的分离、道理与观点的脱节、引文与观点的不一致。

（2）明确的论点。科技论文的关键在于“立意”。意就是论点，也是论文的主题，在讨论中要求观点正确、鲜明、深刻，必须具有作者的创造性内容和独到见解，清楚表达事件的本质和规律。当存有争议问题时，决不可以人云亦云、模棱两可。

（3）准确的表达。讨论中的结论是经过科学论证得出的，应以讨论内容为前提，具有确定性，强调最终判断的简明、概括和精练；遣词造句必须准确、适度，做到文如其事、恰如其实，切不能无中生有。

（4）指出结果的理论和实践意义。针对研究目的，对自己的研究结果进行说明和解释，并通过与国内外相关研究结果的比较，分析其异同点及可能的原因，对自己和他人的研究结果进行客观公正的评价，重点说明自己研究结果的创造性、先进性及其在实践中的意义。

（5）指出研究中存在的问题，提出今后的研究方向。讨论中要对本研究的缺陷及局限性进行实事求是的评价、分析和解释，说明相互矛盾的结果和结论；同时，要提出今后的研究方向、研究设想、相同或相反的观点、尚待解决的问题等，以此体现作者的研究价值，借以引起读者的兴趣和思考。

8.4.2　讨论写作的注意事项

（1）选择深入讨论的问题。选择合适的结果在讨论部分进行深入讨论，是写好该部分首先要注意的问题。要以每一个区别于前人的结果为基点，通过讨论突出自己研究的创新性。

（2）与结果的一致性。这就要求讨论和结果一一对应。对于隐性结果，也应给予讨论，这样会给以后进行此方面研究的人以借鉴，以免重蹈覆辙。

（3）讨论时引用相关文献。作者应意识到查找和引用相关文献的必要性，不要故意不引用相关文献，以突显自己研究的“新颖”和“价值”。

（4）结合自身的研究讨论。作者要把引用文献的结果和自己的结果融合在一起讨论，这就使读者看完论文后，对该研究产生系统、完整、深入的理解。

（5）不要简单重复引言和结果的内容。讨论应与引言中提出的问题或假说相连，但不是简单地重复，而是引言的展开。不要在讨论中再次声明结果，可以偶尔在讨论中提及图和表，但不能包含新的数据。

8.5　常见问题探讨

8.5.1　对所取得的结果认识不够深入

对所取得的结果认识不够深入导致讨论的内容基本上是摘要或者结论的重述。有些学者在讨论部分惯用这样的结构进行叙述，例如：“注（remark）：定理×采用了×方法，在×的假设下，利用了×理论，得到了×条件。”这种讨论形式与论文的摘要和结论无论在内容上还是结构上均如出一辙。这是学者对科技论文讨论部分的定义不清所致。所谓讨论是指以结果为依据，对其做出合理的解释，将研究结果由感性认识上升到理性认识的文字表述，进而回答前言中提出的问题。有些学术论文即便其研究方法和研究结果都具有创新性和学术价值，但是因讨论部分不当而被拒绝录用。在向一篇国际期刊投稿时也遇到类似问题，专家给出如下审稿意见："The authors claim that their approach is less conservative than the ones existing in the literature. Since this is the main motivation of the paper, this point should be discussed in more details and the advantages should be clearly illustrated through appropriate examples." 事实上在做此科研工作时，已经做了大量的文献阅读并确信研究成果的创新性，但是在论文中因缺少讨论部分而未体现出创新性。

为了能够清楚地回答审稿专家的意见，需进一步查阅大量的文献将研究方法进行对比，对研究结果的低保守性原因进行了详细的分析和解释，并采用了两个算例将取得的研究成果与其他学者所取得的类似研究成果进行了对比分析，验证了研究成果的创新性。此外，亦有学者倾向于将研究结果和讨论结合在一起撰写。若可以通过边叙边议的写作方式将研究结果进行描述，同时阐述出变化趋势和规律，且能够表明自己的观点，避免了将结果与讨论混淆，则不属此例。

8.5.2 以偏概全或者针对性不强，将未做的工作凭主观作出结论

有些学者在讨论部分倾向于这样一种结构："本文所取得的结果包含了文献××中的成果，具有一般性。"研究成果一般包含多方面，以理论推导型科技论文为例，包括模型的建立、不确定因素的引入、方法的选取、相关假设条件及定理结论等。

上面所提的结构泛泛评价了取得的成果，针对性不强。若模型不同，引入了哪些因素；若方法不同，采用不同方法的应用优势是什么；若结论不同，新的结论有何优缺点等。相关的解释和对比分析都需要作者在讨论部分做出阐述。还有学者为增加篇幅有意提高论文的学术水平，在论据不足的情况下，将研究结果推广到其他领域，看似具有一般性的研究结果，细读起来却不得要领。

8.5.3 文献引用不当

在讨论部分为了与类似研究成果进行对比，引用文献是不可避免的。此处引用文献与引言部分国内外研究现状分析时文献的引用有所差别。引言部分对参考文献的研究方法或研究成果进行概述性总结，并提出现有成果中的一些不足或者空白，引用文献数目相对较多，但是不做出具体分析。讨论部分则是有针对性地与一些文献的研究成果从理论上进行具体对比，需要通过公式推导、数值图表分析等方式阐述所得结果与他人结果的异同，而不是将类似文献泛泛罗列。有些学者在未深入研究所获成果的理论意义和实际应用意义时，为迎合"交叉学科"这一流行术语而引用与其论文研究相关性较小或甚至完全无关的文献，使读者对其观点模糊不清。

参考文献

[1] 韦凤年. 怎样写科技论文 [J]. 河南水利，2006 (9)：37-39.
[2] 罗伯特·戴，巴巴拉·盖斯特尔. 如何撰写和发表科技论文 [M]. 北京：北京大学出版社，2007.

[3] 刘钦普．论科技论文的写作技巧［J］．中国校外教育，2010（18）：76-77.
[4] 金坤林．如何撰写和发表SCI期刊论文［M］．北京：科学出版社，2008.
[5] 刘振海，刘永新，陈忠才，等．中英文科技论文写作［M］．北京：高等教育出版社，2014.
[6] 宝月，宋建，高热雨，等．加强大学生科技论文写作能力的研究与探索［J］．吉林省教育学院学报，2013，29（6）：82-83.
[7] 蔡琳．科技论文讨论部分的写法［J］．中国计划生育学杂志，2006（11）：698-699.
[8] 王建青．科技论文写作课程在研究生教学中的作用［J］．教学研究，2008，31（4）：315-317.
[9] 孙晓玲．科技论文写作旨在突出创新［J］．西北师范大学学报（自然科学版），2007，43（6）：111-114.

复习思考题

1. 请谈谈论文的讨论部分的重要性。
2. 论文结果部分的写法有哪些技巧？
3. 论文讨论部分的写法有哪些技巧？

9 署名与致谢写法

9.1 署名的写法

9.1.1 作者署名的意义

（1）相关规定。《中华人民共和国著作权法》（简称《著作权法》）对作者的定义作了明确的规定："创作作品的公民是作者，由法人或者非法人单位主持，代表法人或者非法人单位意志创作，并由法人或者非法人单位承担责任的作品，法人或者非法人单位视为作者。如无相反证明，在作品上署名的公民或者非法人单位为作者。"该规定以法律的形式保证了作者享有的发表权、署名权、修改权、保护作品完整权以及使用和获得报酬权等5方面的人身和财产权利。最具权威性的国际期刊编辑委员会制定的《生物医学期刊投稿的统一要求》规定："所有计划列为作者的人应具备作者的条件，'作者'应是在本研究中做了充分工作，能担负其发表内容的社会责任，并对该研究以下3方面同时作出实质性贡献：1）参与选题和设计，或为资料的分析和解释者；2）起草或修改论文中的重要知识内容；3）最终同意该文发表者。仅参加获得资金或收集资料者不能成为作者，仅对科研小组进行一般管理者也不宜当作者，一篇文章中对其主要结论加以评论的任何部分，均必须至少有一位作者负责。"

（2）署名目的。1）标明论文的责任人，是文责自负的承诺，论文一经发表，署名者将负有政治上、科学上和法律上的责任。2）表明作者的劳动成果及作者本人获得社会的承认和尊重，对该论文拥有著作权。既是应得的荣誉，也是论文版权归属的声明。3）便于编辑、读者与作者的联系，沟通信息，互相探讨，共同提高。

9.1.2 署名问题的成因

（1）缺乏《著作权法》知识。第一作者是科研课题的设计者和科研工作的主要参与者，通常决定谁是论文的作者，并按其在科研工作中的贡献大小依次排列署名。但在实际工作中由于缺乏对作者资格的认识，往往分不清作者和被致谢者的概念，把自己的上级领导、部门主任、课题管理者、提供经费赞助者、资助药品试剂和实验材料或临床标本者通通视为作者；或与之相反，出于某种原因，把参与科研课题实际工作的科技人员排斥在外不加署名，造成署名纠纷矛盾的发生。有些课题负责人，为使科研工作顺利开展，打开科研工作的绿色通道，有求必应，将不应属于署名范围的领导、同事、亲属等在论文上署名而不顾后果，导致作者署名过多，违背了《著作权法》的有关规定。

（2）利益驱使。如今在科研工作中，发表论文、申报科技成果、申请科研基金、晋升职称等无不与自身利益息息相关，使得在一些来稿中署名并非真正作者的现象普遍存在。

9.1.3 应注意的问题

(1) 不应参加署名的情况。署名要实事求是，人数不宜过多。对论文涉及的部分内容做过咨询、提供了技术性帮助、在财力和物力上给予支持、参与常规劳务的人员或应作者要求审阅修改稿件者均不宜按著者身份署名，但是可以注明他们曾经参与哪一部分具体工作，通过文末“致谢”的方式对他们的贡献和劳动表示谢意。编辑经认真加工可提高稿件质量，但编辑的贡献不属于论文的原始创作，不应利用工作之便参加署名。

(2) 不可随意更改署名和顺序。作者对论文所起的作用是客观存在的，如果论文有多位作者，应在论文完成时即相互认可，而不应该在投稿后再要求增减作者或变更顺序。第一作者要根据其他作者在本科研课题中所做工作量的大小、技术含量、科研难易程度、作用主次等，按顺序依次排名在第一作者之后，以保证论文发表后无著作权纠纷。署名时注意，科技论文著者的姓名应用全名，且用著者真实姓名，不建议使用变化不定的笔名；同时应列出各著者完成研究工作的单位和地址，以标明知识产权的从属关系。

(3) 明确著者的责任。对文章中各主要结论均必须至少有 1 位作者负责，在每篇文章的作者中需要确定 1 位能对该论文全面负责的通讯作者。通讯作者应在投稿时确定，如在来稿中未特殊表明，则视第一作者为通讯作者。第一作者与通讯作者不为同一人时，在论文首页脚注通讯作者姓名、单位和邮政编码。作者中如有外籍作者，应附本人亲笔签署同意在本刊发表的函件。集体署名的论文于文题下列署名的单位，于文末列整理者姓名，并于论文首页脚注通讯作者姓名、单位和邮政编码。集体署名的文章必须将对该文负责的关键人物列为通讯作者。一篇论文通讯作者只列 1 位，由投稿者决定。

9.2 致谢的写法

当今科学技术研究工作已经普遍综合化、现代化、社会化。一项科研任务，有的列为国家科技攻关项目，有的由部委、省市组织团队进行研究，通常都是由课题研究组完成的。神舟六号太空船就是通过国家众多行业和科技领域的 160 多个单位大力协同，解决了测控通信、生命保障、环境控制及人船协调等若干技术难题，才能成功返回地面的。现代科学研究一般不是一个人能独立完成的，都是由首席科学家、学术带头人及导师带领一群人共同承担的。在科学研究中，有时需要他人的合作与帮助，有时没有别人指点就寸步难行。因此，当科研成果以论文形式发表时，作者应当对他人的支持与帮助给予充分肯定，并要对他们表示感谢，以此表示对他人劳动的尊重和谢意。为此，在科技论文格式中专门设置了“致谢”项。

据华东师大商学院金武刚等调研，他们从“中国优秀博硕士论文全文数据库”中抽取我国 25 所名校 4415 篇论文，有 14 所高校的博士论文存在“致谢”文本缺失情况。其中复旦大学博士论文有 8.3%没有致谢文本，中国海洋大学和吉林大学分别有 19.5%和 17.7%博士论文没有致谢文本。学位论文中缺少致谢内容，公开发表的科技论文亦是如此。

在文末致谢是表示感谢并记录在案的意思。对给予实质性帮助而又不能列为作者的单位或个人应在文后给予致谢，但必须征得被致谢人的书面同意。被致谢者应包括：(1) 对研究提供资助的单位和个人、合作单位；(2) 协助完成研究工作和提供便利条件的组织和个人；(3) 协助诊断和提出重要建议的人；(4) 给予转载和引用权的资料、图片、文献、研究思想和设想的所有者；(5) 做出贡献又不能成为作者的人，如提供技术帮助和给予财力、物力支持的人，阐明其支援的性质； (6) 其他需致谢者。致谢应避免以下倾向：1) 对确实给予了帮助的单位或个人，甚至用了他人的方法、思路、资料，但为抢先发表而不公开致谢和说明。2) 出于某种考虑，将应被致谢的人放在作者的位置上，混淆了作者和被致谢者的权利和义务。3) 为抬高自己的论文身份，将未曾参与工作的知名专家或相关部门领导写在致谢之中。

凡是对作者的研究工作提供过帮助的单位和个人都应是致谢对象。国家标准局公布的GB/T 7713—1987 科学技术报告、学位论文和学术论文的编写格式指出，可以在正文后对下列方面致谢：

(1) 国家科学基金、资助研究工作的奖学金基金、合同单位、资助或支持的企业或个人；

(2) 协助完成研究工作和提供便利条件的组织或个人；

(3) 在研究工作中提出建议和提供帮助的人；

(4) 给予转载和引用权的资料、图片、文献、研究思想和设想的所有者；

(5) 其他应感谢的组织或个人。

一般情况下，作者应在论文的结论后面书面致谢，其顺序最好依照贡献大小排列。但对于例行劳动者，如校对、审核、编辑人员，在生活上给予帮助、精神上给予支持者均不属此例。

致谢可以列出标题并贯以序号，也可以不列标题，空一行，换一种字体列于结论之后。对被感谢者有时需告之并征求意见，可以直书其名，但应贯以敬称，如“×××院士”“×××教授”等，尤其要注意不能把他们的工作单位和姓名写错。致谢的言辞应体现诚恳的态度和热忱的心情，词语恳切，内容实事求是，而不应是客套语，更不能使人有轻浮、吹嘘感觉。致谢中应避免滥用“致谢”而行“公关”，以示“攀附名流”。总之，致谢内容应简短中肯、情真意切，读起来深感欣慰自然。

参考文献

[1] 李兴昌. 科技论文的规范表达——写作与编辑 [M]. 北京：清华大学出版社，1995：50.

[2] 文秦. 研究生，别疏忽了感恩 [N]. 文汇报，2006-02-09 (11).

[3] GB/T 7713—1987 科学技术报告、学位论文和学术论文的编写格式 [S]. 北京：中国标准出版社. 1987.

[4] 张孙玮，黄有兴，张迅. 科技论文写作入门 [M]. 北京：化学工业出版社，2004：101-102.

[5] 高烽. 科技论文写作规则和写作技巧 100 例 [M]. 北京：国防工业出版社，2005：141-142.

[6] 张嵘. 应重视科技期刊论文中的“致谢” [J]. 编辑学报，2006，18 (1)：29-30.

[7] 石国兴，高志文. 心理和谐，社会和谐的重要内容 [N]. 光明日报，2005-10-11 (5).

[8] 吴重龙，自来勒. 编辑工作手册 [M]. 北京：华艺出版社，2004：503.

[9] 游苏宁，译. 生物医学期刊投稿的统一要求 [J]. 编辑学报，1991，3 (3)：

复习思考题

1. 对于一篇学术论文，作者署名有何重要意义？
2. 现有的学术论文署名存在哪些问题？如何克服？
3. 致谢在学术论文中有何重要作用？应该怎么撰写论文的致谢部分内容？

10 参考文献的写法

文后参考文献是科技论文的重要组成部分。科学具有继承性，大多数科学研究需要学习、借鉴和参考他人的研究成果和经验，在他人研究工作的基础上发展和延续，所以科技论文在文后列出参考文献。

文后参考文献一般有两种，一种是科技论文中曾引用或参考过的文献，一种是向读者推荐的文献，多数在文后列出。参考文献的作用：(1) 表明尊重他人的劳动成果，明确了科技论文中属于他人的学术思想、理论、成果和数据部分，表明了科学的严肃性。(2) 表明了作者所做研究工作的真实性和科学性的依据，从一个侧面反映出科技论文的研究深度和广度。(3) 借助参考文献，可以精简文字，有利于缩短科技论文的篇幅。(4) 编者和读者可以通过所引用的参考文献，评估科技论文的学术水平，有助于鉴定和确认其研究成果的价值。(5) 通过参考文献可进一步检索有关资料，有助于进行相同或相似课题研究的同行们了解此项研究他人所做的工作，共享资源。(6) 研究者可通过参考文献，进行科学情报和文献计量学的研究。

10.1 知识创新、参考文献与学术论文质量的重要联系

学术论文是知识创新结果的重要表现形式，而知识创新的本质是对现存知识资源进行探索和重新组合。学术论文、专著等都是知识创新成果的载体，其中，学术论文作为最新科学研究成果和创新见解的知识科学记录，是知识创新结果的重要呈现形式。学术论文的创作过程实质是对现有理论、方法、公式、数据等知识要素进行引用和组合，并在此基础上实现理论、方法等的创新。学术论文对这些现存知识资源的引用和组合，主要通过其引文内容和参考文献加以反映。参考文献可以在很大程度上呈现学术论文所引用的知识要素来源，因此，从知识创新的本质来看，参考文献与学术论文质量有重要联系。

参考文献对学术论文质量的贡献主要在于其学术论证功能，这对其异质性提出了较高要求。国内学者朱大明的研究表明，参考文献对学术论文的论证功能主要表现在三个方面：一是论证学术论文内容的创新性，包括在引言部分引述相关研究现状、引述已有研究存在的不足、将已有研究结论作为质疑及反驳的对象、把本论文与引述文献的研究内容进行比较等，以此阐明本论题的新颖性和前沿性；二是论证论文内容的科学性，引用经时间和实践检验的经典理论、方法、论断等，以此论证研究的可靠性和科学性；三是论证论文的重要性或引用价值，通过引述权威期刊文献最新研究、引述相关研究成果存在的应用障碍、以及引述某重要现实问题的解决需要，以此论证本论文是当前的关注重点或说明本论文的重要引用文献。因此，为更好地发挥参考文献对学术论文的论证功能，这对参考文献的异质性提出了较高要求。对于广大科研工作者而言，参考文献的异质性不仅可以更好地论证学术论文质量，还是期刊编辑部用以鉴审论文的重要指标。

从知识创新的本质和对学术论文论证功能角度出发，参考文献的其异质性具体从多个维度体现。其一，参考文献的数量，表示论文引用知识资源宽度。其二，参考文献的质量，表示引用知识资源的深度。其三，参考文献的新近率，表示引用知识资源的新旧程度。其四，参考文献的类型，表示引用知识资源的载体类型。其五，参考文献的语种，表示引用国内国际知识资源规模。其六，参考文献引用在论文中的位置分布。其七，参考文献著录格式规范性，表示作者对科学研究的态度。因此，本文根据知识创新本质和其对学术论文质量的论证功能，构建了参考文献、知识资源与学术论文质量的论证关系图（图10-1）。基于此，本研究认为，对于高质量的学术论文的参考文献引用需要具备科学化的范式，并在下文对参考文献的科学化范式及其内容进行具体分析和说明。

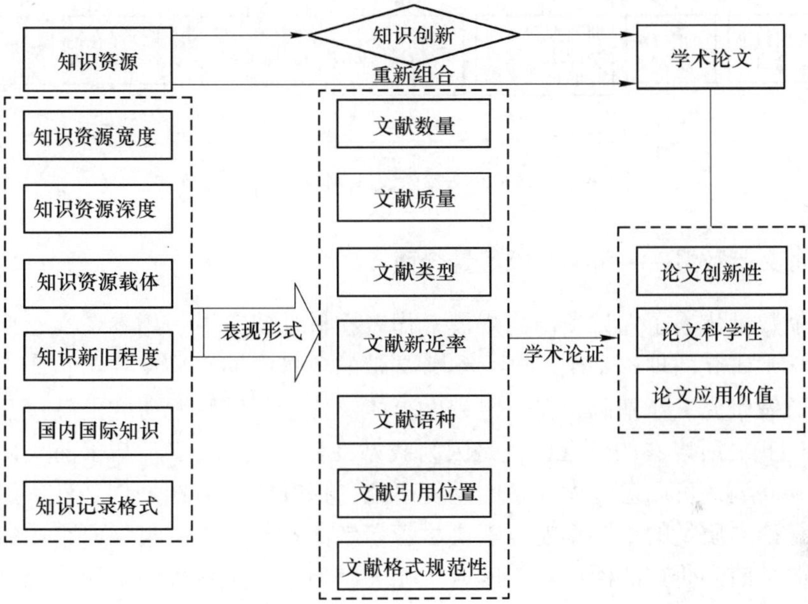

图 10-1 知识资源、参考文献与学术论文质量的关系图

10.2 学术论文参考文献引用科学化范式

本研究定义的科学化范式是一种常规科学所赖以运作的理论基础和实践规范，是研究者所需要共同遵从的行为方式和典型模式。“范式”的定义最早由美国科学家库恩提出、应用并推广，其更多侧重于抽象的哲学思辨概念，随后“范式”被赋予了类似于“典型模式”的涵义。本研究中定义的科学化是一种在内容组织模式上向自然科学转变的趋势。因此，科学化范式实质是一种内容组织向自然科学转变的公认模式和范例。本研究所讲的参考文献的科学化是这样一种现象，即参考文献作为学术论文的一部分表现出更多的与自然科学智力组织类似的属性和倾向程度。学术期刊参考文献的科学化范式是一种对参考文献科学化本体论和方法论的基本承诺，其主要表现为学术论文作者对参考文献科学化引用准则和方法的共同接受。基于以上分析和研究，本文认为学术论文参考文献的科学化范式将从引用文献数量、引用文献质量、引用文献的类型、引用文献的新近率、引用文献语

种、文献引用的位置、文献格式的规范性等七个方面的内容展开（图 10-2），下文将对每项内容进行理论分析和说明。

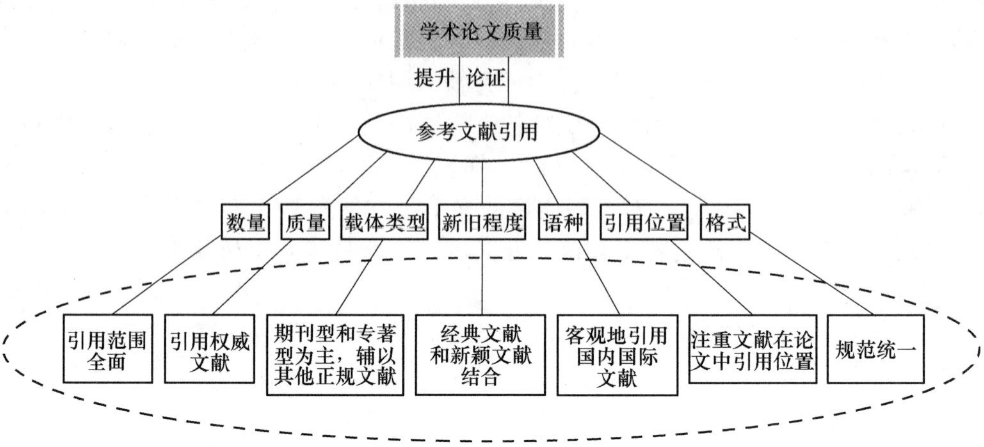

图 10-2 学术论文参考文献引用的科学化范式

10.2.1 参考文献数量——引用文献尽量全面

参考文献数量代表了知识资源的规模，作者在科学研究中引用参考文献应当尽量全面广泛，扩大学术研究的理论基础广度。参考文献的数量能够充分反映出科研工作者在学术论文发表前所做研究工作基础，在一定程度上能够代表其做学术研究的宽度。正如科学家牛顿所说的“我之所以看的更远些，是因为我站在巨人的肩上”。基于前人研究工作的基础上提出研究问题，可以避免做大量的重复研究，提升研究问题的创新性。研究表明，参考文献数量是论文质量的重要影响因素，尽管参考文献的多少是与该研究内容所处研究领域或研究方向被前人研究的深度和广度直接相关，但是一定数量的引用文献足以表明该研究扎实的理论基础。只有对该论题相关研究现状进行全面掌握，才能进一步论证该研究内容的创新性。因此，在保证文献引用的必要性、充分性和代表性前提下，学术期刊论文参考文献引用数量和范围应当尽量全面。

10.2.2 参考文献质量——引用权威性的高质量文献

参考文献质量代表了知识资源的深度，作者在学术研究中应当尽量引用权威性的高质量文献。引用高质量文献的前提是，各学科知名的、权威性的专家学者的学术科研成果，往往选择在权威性期刊或出版社发表，折射出该学科的学术研究前沿。

参考文献被引频次在一定程度上代表了该文献的在该领域内的学术价值及热度，其阐述的观点和结论可以为读者提供可靠、高价值、深层次的引文内容。已有研究表明，高被引的论文比一般论文更倾向于引用声望值和影响因子高的期刊论文。因此，作者在科研过程中要合理地多引用权威、经典的高质量文献。

10.2.3 参考文献新旧程度——注重经典和新颖文献结合引用

参考文献的新旧程度表示知识资源的新旧程度，作者在学术研究中要注意经典文献和新颖文献的结合。在学术研究中，距今时间较远的文献比例应当适当缩减，其原则是引用在学术理论上具有经典性、重要参考价值的文献，这对论证研究内容的科学性具有重要作用。而距今时间最近的文献则代表了该研究领域的研究前沿，还提供与研究问题相关的最新思想、方法、理论等知识。在科研工作中，特定时期内同行领域的研究者之间的研究问题和目标基本会表现出一定的同步性。这时候引用最新的文献就具备了相当的优势，尤其是最近五年内的参考文献是对前人研究工作的总结，也意味着科研工作者当前的研究工作可以被纳入到研究领域的最新研究中。随着现代知识创新速度的加快，科研成果学术价值此消彼长，某些前沿学科的结论很可能会被快速颠覆，这就要求作者密切追踪、掌握各学科的研究前沿。依据学科领域不同，理工科学的文献对文献的新近率要求更高，部分人文社会科学的文献可能相对更侧重经典文献，交叉学科论文则应该考虑参考文献的交叉度。因此，学者们在学术研究中应当根据研究学科差异适当引用经典文献和最新文献。

10.2.4 参考文献类别——以引用期刊型和专著型文献为主

参考文献的类别代表了知识资源载体形式和来源渠道，作者在学术研究中以引用期刊型和专著型文献为主。专著型文献是对比较系统、相对陈旧、成熟的科研成果、思想的系统化总结和升华。期刊型文献则是某一学术课题在实验性、理论性或预测性上具有新的科学研究成果或者创新见解的知识科学记录，其作为参考文献能够为研究提供新颖并专业的理论研究基础。其他类型的文献，比如工作论文、权威统计报告、博士论文、会议论文、专利等正规出版的文献提供的观点具有一定说服力和客观性，引用对学术论文有重要论证作用。不同学科引用的文献类型有所侧重，比如自然科学领域的研究者要更多的查阅简短的科研报告和学术论文，因为与成熟自然科学相关的专著大多是在重写历史；而人文学科研究领域的学者要更多引用著作型和论文型参考文献，其他类型的文献在引用数量上相对缩减。因此，作者在研究中应当以引用期刊型文献和专著型文献为主，其他正规文献予以补充。

10.2.5 参考文献语种——客观地引用国内国际文献

引用不同语种的文献意味着对国内国际知识资源的利用，作者在学术研究中应当综合、全面地把握国内国际研究现状。作者对国际文献的引用在一定程度上反映了科研工作者对相关问题国际研究现状的把握，期刊编辑部在评审过程中也对外文文献引用比例引起了重视。在我国实际科研工作中，容易出现过度引用外文文献的情况和没有引用外文文献的情况。当前全球网络开放的环境下，外文文献的获取变得更为容易，学界会有部分学者极端地认为外文文献就是高质量的文献，笼统的认为引用外文文献就能增强研究的理论基础和可信度，而较少的引用国内期刊研究成果。也有部分国内学者因受限于外文水平而较少引用与研究相关的外文文献，更倾向于引用中国的期刊论文文献。因此，排除部分中国特色的学科领域外，作者在科学研究中要时刻关注国内国际相关领域的研究进展，客观地引用中外文献。

10.2.6 参考文献引用位置——引用结构分布合理

参考文献在学术论文前言部分、研究设计部分、研究论证及研究讨论等结构中的引用应该合理分布。首先，论文的前沿部分是对研究背景、研究现状及存在的不足进行阐述，并在此基础上引出研究论题、研究目的及研究价值。因此，在该部分引用的参考文献要求近期率高、时效性强，文献所涉及的相关研究尽量全面，以及引用该研究领域发展较前沿的研究文献。这样表明该论文研究选题的前瞻性、创新性，及整体研究起点的高度。其次，论文研究设计部分所涉及的论题、观点、理论基础及研究方法等，需要立足于前人已做的研究工作，以论证本论文在已有研究基础上做的深入研究。因此，这部分引用的参考文献要具有新颖、经典、权威性，以表明本研究设计的深入性和重要创新价值。第三，研究论证部分所引用的文献作为研究的论据和论述材料，在实证过程中起到阐述、参照、对比等作用，以论证本论文研究结果的可靠性、重要性及可重复性。所以这部分内容引用的文献尽量广泛全面、新颖、经典、权威，如果有条件可以适当自引，以论证该研究的深度和进展前沿。此外，论文结论部分主要阐述本研究的重要贡献和价值，把引用到的文献作为质疑、反驳及对比的对象，以此论证本研究的重要价值。因此，该部分内容引用文献要求是最新的、或经典、或权威学术文献。如果能对这些文献的研究观点进行反驳、修正，可论证该研究的前沿性和学术创新性。因此，对于科研工作者而言，有意识的注意论文中不同位置对参考文献的引用，将对论文的学术质量提升有重要意义。

10.2.7 参考文献格式规范性——按照要求规范文献格式

参考文献著录格式的规范性代表科研工作者对学术研究态度的端正性和严谨性，作者应按照拟投稿期刊要求对学术论文的参考文献著录格式进行规范统一。每项参考文献大致包括责任者项、文献标题、出版来源名称、文献年卷期及页码等多项繁杂内容，要做到文献格式的统一、有章可循进行提升论文整体质量显得尤为必要。尽管国家标准和各个期刊均对学术论文后参考文献格式有相应的标准规范，但是仍有不少科研工作者没有对此引起足够的重视，以致同一论文后的参考文献格式参差不齐。总结起来，大概有几个因素会影响文后参考文献格式的一致性：一是作者在学术态度上不够重视，没有花足够的时间和精力进行统一检查；二是部分学者手动编辑参考文献格式，在文献数量较多的情况下不可避免会产生差错和缺漏；三是不熟悉、不遵从期刊编辑部要求的参考文献著录格式。

事实上，论文期刊编辑部和审稿人也将参考文献格式的规范性作为评审的参考因素之一，这就要求学术论文作者在研究过程中对参考文献格式引起足够重视。所以，学术期刊论文参考文献格式要严格遵循国家著录标准和拟投刊物的著录要求，并做到格式的规范统一。

综上，对学术论文进行科学化的引用参考文献，要遵从以下范式：在保证文献引用的必要性、充分性和代表性前提下，学术期刊论文参考文献引用数量和范围应当尽量全面、引用文献具有权威性、载体以期刊型文献和专著型文献为主、结合引用经典文献和新颖文献、辩证引用中外文献，另外，研究者还应当有意识的注意论文中参考文献的引用位置，并做到文献编辑格式的规范统一。

参考文献

[1] 徐书荣，潘静．中国地质学类期刊文后参考文献的引用特征［J］. 中国科技期刊研究，2015，26（2）:162-167.

[2] 姜春林，刘学，张立伟．中文高被引期刊论文的参考文献也倾向于高被引吗？——以图书情报学为例［J］．情报杂志，2015，34（1）：105-109.
[3] 金碧辉，冯坚，朱献有，等．SCI 期刊定量指标的国际比较［J］．中国科技期刊研究，2002，13（2）:89-94.
[4] 朱大明．科技期刊不应规定论文参考文献著录数量［J］．中国科技期刊研究，2009，20（1）：159-160.
[5] 陈爱萍，余溢文，赵惠祥，等．提高参考文献中外国人名著录准确性的途径［J］．编辑学报，2012，24（5）：441-442.
[6] 丁绿芳，孙高霞，王兴会，等．国际化背景下中文科技期刊参考文献英文对照的正确著录［J］．编辑学报，2015，27（1）：44-45.
[7] 汪勤俭，郭建秀，冷怀明．对参考文献中无页码期刊论文著录规范的建议［J］．编辑学报，2014，26（2）：149.
[8] 许花桃．科技论文参考文献引用不当及文中标注不规范的问题分析［J］．编辑学报，2011，23（4）：318-320.
[9] 李冲．引文分析的本质与学术评价功能的条件性［J］．科学学研究，2013，31（8）：1121-1127.
[10] 陶范．参考文献具有的十项功能［J］．中国科技期刊研究，2007，18（2）：198-201.
[11] 朱大明．应注重参考文献引用的学术论证功能［J］．科技与出版，2008（12）：43-45.
[12] 陈桂芳．编辑如何利用参考文献初步鉴审科技论文［J］．科技传播，2016（14）：49-51.
[13] 朱大明．参考文献的主要作用与学术论文的创新性评审［J］．编辑学报，2004，16（2）：91-92.
[14] 吴洁，施琴芬．知识创新与转移：高校学术论文产出的效率研究［J］．科学学与科学技术管理，2008，29（3）：95-98.
[15] Petruzzelli A M，Savino T. Search，recombination，and innovation：Lessons from haute cuisine［J］. Long Range Planning，2014，47（4）：224-238.
[16] Wheeler G，Pereira L M. Methodological naturalism and epistemic internal ism［J］. Synthese，2008，163（3）：315-328.
[17] Robson B，Mousqu S A. Predicting citation counts of environmental modelling papers［C］//Ames D，Quian N. Bold Visions for Environmental Modeling. California：International Environmental Modelling and Software Society，2014：1390-1396.
[18] 杨利军，万小渝．引用习惯对我国期刊论文被引频次的影响分析——以情报学为例［J］．情报科学，2012，30（7）：1093-1096.
[19] 王海涛，谭宗颖，陈挺．论文被引频次影响因素研究——兼论被引频次评估科研质量的合理性［J］．科学学研究，2016，34（2）：171-177.
[20] 梁春慧，孙艳，万跃华．高被引论文的参考文献特征研究——以化学领域为例的实证分析［J］．科技与出版，2014，33（7）：119-122.
[21] 丛杭青，陈夕朦，文芬荣．哲学学科研究组织模式的科学化倾向——从科学计量的视角看［J］．科学学研究，2016，34（3）：330-337，356.
[22] Kuhn T S. The structure of scientific revolutions［M］. Chicago：University of Chicago Press，1970.
[23] 王元地，胡锐峰，胡谍．期刊论文“引用时滞”现象初探——以《科研管理》期刊为例［J］．情报理论与实践，2015，38（8）：56-60.
[24] 苏芳荔，孙建军．期刊引用认同指标在期刊评价中的适用性分析［J］．中国图书馆学报，2012，38（1）:96-104.

复习思考题

1. 参考文献与学术论文质量有何重要联系?
2. 本学校关于学位论文的参考文献有哪些重要规范?

11 科技论文的规范化与标准化

11.1 题名、层次和作者署名的规范

从某种意义上讲，写论文是为了满足有效出版的需要。为此，论文的作者应当按照科技书刊的要求，在层次的安排上按照国家标准及其示例做到全文格式统一，通过符合标准和规范的写作使读者能顺利地阅读、迅速而方便地了解和利用论文的内容。作为准备在科技期刊上发表的论文，其基本要素应包括：题名、作者署名、摘要、关键词、分类号、引言、正文、结论和参考文献。依据 GB 7713—1987 的规定，学术论文由前置部分、主体部分和附录（必要时）组成，其中前置部分由题名、摘要、关键词、符号表（必要时）组成，主体部分由引言、正文、结论、致谢和参考文献组成。

11.1.1 题名规范

题名是揭示论文主题和概括文中内容的简要词语，其特点是概念明确、层次分明、美观醒目。从结构形式上可分为总标题和一级、二级、三级、四级标题，一级以下标题通过不同形式的逻辑分层来表现论文中不同层次内容的深度，以及上下级的联系关系和并列标题之间相互对应的关系，构成科学的逻辑结构。

11.1.1.1 论文题名的选定

题名的选定过程可有两种情况：一种是从一项科研的总结中提炼出一篇或几篇叙述其研究内容的、可供发表的论文，根据论文的主题思想和主要内容给予命名；另一种是鉴于研究成果的资料素材可能很多，作者可先选一个题名，根据题名从材料中提取出与文题吻合的一部分内容，经逻辑组合加工成文。

题名应准确无误地表达论文的中心内容，应使读者理解到该文的主题思想、主要观点和主要结论。题名是对论文中主要内容的高度概括，应避免使用含义笼统及一般化的词语。

11.1.1.2 题名的表述

题名是能反映论文中特定内容的、恰当而简明的词语的逻辑组合，因此，在表达时应恰当用词，即以适当的词语来恰如其分地表述议题的新颖程度和研究内容的深度，避免用不得体的华丽辞藻或过高、过低的程度用语；词语应简明，避免用烦琐、冗长的形容词和不必要的虚词；要选用本学科领域中最易概括、词义单一、通俗易懂、便于记忆和引用的规范术语，切忌用复杂的、主谓宾完整的语句逐点描述论文的内容。

中文题名一般不宜超过 20 个汉字；外文（一般为英文）题名应与中文题名含义一致，一般以不超过 10 个实词为宜。题名应适应学术交流和信息传递的需要，这就要求用词用语应严谨规范，不得使用非公知公用和同行不熟悉的外来语、缩写词、符号、代号和商品

名称；为便于数据库收录，尽可能不出现数学公式和化学式。当主题名语义未尽时，对于有必要用不同的副标题区别其特定内容的情况，对于其他有必要引申或说明的情况，对于研究课题分阶段得到成果的情况，都可以用副题名对主题名进一步具体说明。

11.1.2　层次划分与层次标题

11.1.2.1　*层次划分*

对学术论文进行层次划分时，章条序码应统一用阿拉伯数字表示，章条层次可分为若干级，各级号码之间加一小圆点，末尾一级码不加小圆点。层次分级一般以不超过四级为宜，如图 11-1 所示。

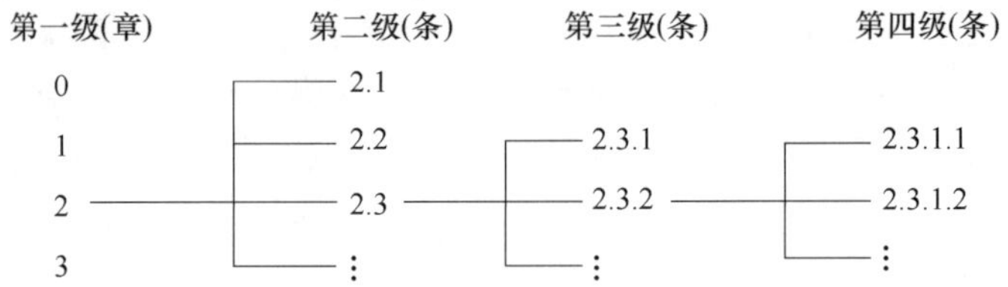

图 11-1　层次划分示例

如果有引言或其他类似形式的章，可以不编序号，也可编为 0。

根据最新的有关国家标准或示例，目前我国的期刊一般采用如下的编排格式：章、条编号一律左顶格，编号后空一个字距，再排章、条题名，题名下面的文字一般另行起排，也可以接排在题名后，此时要在题名与接文间空一个字距；如在条以下仍需分层，则通常用 a、b、…或 1）、2）、…编序。另起行排时，每条均左空两个字距。要注意文章格式的统一，不要时而用标准化表示法，时而又用传统的一、（一）1.（1）表示法。

11.1.2.2　*层次标题*

层次标题与总题名有相同的要求，即应用简明得体的词语表述本章、条中的特定内容。此外，由于这些标题在文中处于各个不同层次，同一层次的标题应表达出相互并列的关系，上下层的标题应显示出直接相关联的关系。具体要求是：同一层次的标题应表达同一层次的内容；同一级标题应尽量讲究排比，即结构相似、语义相关、语气一致；不同层次的标题有上下关系者在内容上应相互联系。例如，表 11-1 为《双谱分析在脑电信号处理中的应用》文中，作者给出的层次标题。

表 11-1　层次标题示例

一级标题	二级标题
1. 双谱分析数学模型	1.1 双谱密度函数 1.2 双谱估计
2. 脑电信号双谱分析	2.1 信号相位特性 2.2 信号分布高斯性
3. 双谱分析实验	3.1 实验方法 3.2 实验结果和数据分析
4. 结果和讨论	

表 11-1 中示例的层次标题基本上是规范的。

为了在版式上体现出层次分明、美观醒目，通常要用不同的字体、字号区分不同层次的标题。有一级标题的文段，其题后接排文都应另起行；二级以下标题后接排文可另起行，也可以采取空一个字距接排文。标题需转行时，应保持词义的完整性，并尽可能将虚词留在行末。总标题转行的可能性多，居中排转行后一般以上宽下窄成倒梯形为宜。一级以下标题如需转行，应与标题行左端对齐。标题中尽可能不用或少用点号，标题末不用点号。标题不得排在页末而无接文，即避免背题。

11.1.3 作者和单位署名的原则与规范

署名是拥有著作权的声明。《中华人民共和国著作权法》规定：著作权属于作者。著作权包括发表权、署名权、修改权、保护作品完整权等。署名是表示文责自负的承诺。所谓文责自负即论文一经发表，署名者对论文负有责任，包括政治上、科学上和法律上的责任。如果文章中存在剽窃、抄袭的内容，或与作者联系，读者若需向作者询问、质疑或请教，以求帮助，可以直接与作者联系，署名即表示作者同读者联系的意愿。

11.1.3.1 作者署名

论文的署名者应具备下列条件：本人应是直接参加课题研究的全部或主要部分的工作，并做出主要贡献者；本人应为作品的创作者，即论文的撰写者；本人应对作品具有答辩能力，并为作品的直接责任者。有的人虽为课题研究组成员，参加了部分研究或实验工作，但由于其工作性质是辅助性的，不应列为作者；也有人对研究工作确有贡献，并对成果有答辩能力，但未直接参加作品的创作工作，也不宜为论文的作者。作者应是上述三原则的同时具备者。不够署名条件，但确对研究成果有所贡献者，可作为致谢段中的感谢对象。关于学位论文改写后在期刊上发表时的署名问题，由于发表的是在答辩学位论文的基础上改写成文的，学位论文及其报道的成果是在导师的指导下由学生完成的，所以可以由学生和导师共同署名，一般是学生在前，导师在后。直接由个人创作作品，由作者个人署名，个人作者为作品的著作权人，个人署名一般应使用真实姓名。多位作者共同完成的作品联合署名时，署名顺序按对该文的贡献大小排列，第一作者是主要贡献者和直接创作者，同时又是作品的直接责任者，享有更多的权力，承担更多的义务。如果由一个组织机构和数人组成的团体对一篇作品承担责任，可以用该团体的名称来署名，或由于保密等原因也可以用团体名称来署名。

11.1.3.2 单位署名

作者单位及通信地址是作者的重要信息，一般在发表作品时应尽可能注明作者的详细工作单位和通信地址，以便于读者与作者联系。作者工作单位必须用全称标注，不得用简称。例如：作者不得将自己的工作单位和通信地址“北京航空航天大学应用数理系，北京 100083”简化为“北航数理系，北京 100083”。

11.1.3.3 标注格式

作者姓名一般用四仿或小四仿汉字注于题名的下方。作者单位宜用更小一些的字号注在作者姓名的下方或右方。个人作者或多位作者中第一作者的有关信息，如性别、年龄、职称、职务等，可以注于篇首页的地脚处。

11.2 关键词和分类号的标引规范

11.2.1 关键词的意义

关键词是自然科学论文的文献检索标识，是表述文献主题概念的自然语言词汇。自然科学论文的关键词是从题名、层次标题和正文中选出来的能反映论文主题概念的词或词组。

在科技信息迅猛发展的今天，全世界每天有十几万篇的自然科学论文发表，学术界已利用主题概念去检索最新发表的论文。作者发表论文如果不标注关键词或序词，读者就检索不到，文献数据库就不会收录此类文章。关键词选用得是否恰当，关系到该文被检索的概率和该成果的利用率。

关键词包括两类词：叙词（正式主题词），指收入《汉语主题词表》（叙词表）中可用于标引文献主题概念的经过规范化的词或词组；直接从文章的题名、摘要、层次标题或文章其他内容中抽出来的能反映该文主题概念的自然语言（词或词组），即汉语主题词的上位词、下位词、替代词等非正式主题词和词表中找不到的自由词。

11.2.2 关键词的标引规则

GB 7713—2006 规定：每篇报告、论文应选取 3~8 个词作为关键词，以显著的字符另起一行，排在摘要的下方。如有可能，尽量用《汉语主题词表》等词表中提供的规范词。

GB/T 3860—1995《文献叙词标引规则》规定了文献主题的分析及根据各种汉语叙词表进行文献叙词标引的方法。

标引是指对文献和某些具有检索意义的特征（研究对象、处理方法和实验设备等）进行主题分析并利用主题词表等检索工具给出主题检索标识的过程。对文献进行主题分析是为了从内容复杂的文献或题目中分析出构成文献主题的基本要素，以便准确地标引出需要的叙词。标引是检索的前提，没有正确的标引，也就不可能有正确的检索。

自然科学论文应按照叙词的标引方法标引关键词，并尽可能将自由词规范化为叙词。为此，提出如下的关键词标引原则。

11.2.2.1 专指性规则

一个词只能表达一个主题概念，此即为专指性。只要能在叙词表中找到与该文主题概念直接相对应的专指性叙词，就不允许用词表中的上位词（S 项）或下位词（F 项）；若找不到与主题概念直接对应的叙词，而且上位词确实与主题概念相符，也可选用上位词。要限制不加组配的泛指词的选用，以免出现概念含糊。

例如，在一篇题为《OTA-C 多环反馈低通电流滤波器》的文章中，作者选用了“滤波器”作为关键词之一，初看起来似乎有道理，但在词表中“滤波器”是“有源滤波器”的上位词，从文题中可以看出，此文中的内容是电流滤波器，即有源滤波器；所以，应该选用专指性叙词“有源滤波器”为关键词。又如有一篇主题内容为《工程结构设计》的论文，从词表中可查到“工程结构”“结构”“设计”和“结构设计”几个叙词，作者选用“工程结构”和“设计”。经过对该文进行分析后得知，其主题概念不是“工程设计”

或其他的“设计”，因“设计”一词是泛指词，所以应选用与该主题概念直接对应的“工程结构”和“结构设计”为关键词。

11.2.2.2 组配规则

叙词组配应是概念组配，包括两种类型。

(1) 交叉组配。系指两个或两个以上具有概念交叉关系的叙词进行的组配，其结果表达一个专指概念。例如：“喷气式垂直起落飞机”可用“喷气式飞机”和“垂直起落飞机”这两个泛指概念的词，确切地表达叙词表中没有的专指概念；“肾结石”可用“肾疾病”和“结石”这两个叙词表示一个专指概念。

(2) 方面组配。系指一个表示事物的叙词和另一个表示事物某个属性或某个方面的叙词所进行的组配，其结果表达一个专指概念。例如：“信号模拟器稳定性”可用“信号模拟器”与“稳定性”组配，即用事物及其性质来表达专指概念；“色彩显像管荧光屏涂敷”，可用“彩色显像管”“荧光屏（电子束管）”和“涂敷”这三个词组配，即用事物及其状态、工艺过程三个方面的叙词表达一个专指概念。

在组配标引时，应优先考虑交叉组配，然后考虑方面组配；参与组配的叙词必须是与文献主题概念关系最密切、最邻近的叙词，以避免越级组配；组配结果要求所表达的概念清楚、确切，只能表达一个单一的概念；如果无法用组配方法表达主题概念时，可选用最直接的上位词或相关叙词标引。

11.2.2.3 采用自由词标引

关键词允许采用自由词标引。下列几种情况可采用自由词标引：主题词表中明显漏选的主题概念词；表达新学科、新理论、新技术、新材料等新出现的概念；词表中未收录的地区、人物、文献、产品等名称及重要数据名称；某些概念采用组配其结果出现多义时，被标引概念也可用自由词标引。

自由词尽可能选自其他词表或较权威的参考书和工具书，选用的自由词必须词形简练、概念明确、实用性强。采用自由词标引后应有记录，并及时向叙词表管理部门反映。

11.2.2.4 标引程序

首先对文献进行主题分析，弄清该文的主题概念和中心内容；尽可能从题名、摘要、层次标题和正文的重要段落中抽出与主题概念一致的词和词组；对所选出的词进行排序，对照叙词表找出哪些词可以直接作为叙词标引，哪些词可以通过规范化变为叙词，哪些叙词可以组配成专指主题概念的词组；还有相当数量无法规范为叙词的词只要是表达主题概念所必需的，都可作为自由词标引并列入关键词。

在关键词标引中，应很好地利用《汉语主题词表》和其他《叙词表》，标引过程应该查表；切忌主题概念分析和词的组配有误；要控制自由词标引的数量。

有英文摘要的论文，应在英文摘要的下方著录与中文关键词对应的英文关键词（key words）。

11.2.3 分类号

分类号通常是指《中国图书资料分类法》或《中国图书馆图书分类法》的分类表中的分类号。分类表是分类语言的文字体现。

分类语言和主题词同属于情报信息检索语言，分类语言用分类号来表达文献主题概念，通过学科知识的分类体系来揭示文献主题概念。作为情报信息语言，分类语言和主题词的作用及功能是互补的。

分类语言是由符号体系、词汇和语法组成的。符号体系即是分类语言类名使用的代码系统，这种代码系统通常由字母和阿拉伯数字组成。

为了便于文献的检索、存储和编制索引，发表的论文应尽可能按照《中国图书资料分类法》著录分类号。

一篇涉及多学科的论文，可以给出几个分类号，其中主分类号排在首位。分类号排印在“关键词”的下方。

11.3　图表的应用与规范

11.3.1　图表的作用和意义

图表在学术论文中被广泛应用。虽然文字是论文表述的主要手段，但是为了形象和直观地表述学术论点和知识，图表作为辅助表述手段是必不可少的。比如，像一张电视机电路那样复杂的电路图，如果单靠文字，恐怕写上两三页甚至四五页也不能使读者有一个准确而清晰的了解，更不要说本来就难于用文字定量描述的地图、机械结构以及生物外貌、人体形态等照片型插图了。插图不仅可以使某些内容的叙述更加简洁、准确和清晰，而且还具有活跃和美化版面的功能，使读者在阅读时赏心悦目、调剂精神，取得提高阅读兴趣的效果。有人统计，在现代书刊中，平均每1000字就伴有一幅插图，而且插图所占的比重还有进一步提高的趋势。所以，插图被人们誉为“形象语言”，与文字一样被用来作为表述作者意图的有效工具。

插图是图，与其他绘画作品和摄影作品一样，都要求有鲜明的主题和高超的表现技巧，都追求内容与形式的完美统一，这是它们的共性。但是，插图又不同于一般的美术作品，它要着重表现的是事物的构成、各组成部分的内在联系或相互位置关系，尤其是它们之间的量化关系；至于物体外观形貌的表现，也是要从写实的角度出发来描述物体的形态和表达其空间特征的。因此，插图在表达方式和表达侧重点上有自己的特殊要求。表格在论文中所起的作用与插图有异曲同工之处，它们都是代替或补充文字叙述，具有简洁、清晰、准确的特点，同时表的逻辑性和对比性又很强。如果表格选用得合适、设计得合理，不仅会使文章论述清楚明白，还可以收到美化版面、节省版面的效果。但是由于目前许多作者对图表的规范化要求不甚了解，所以许多图表往往不合适或不规范。因此，图表的规范化和标准化问题值得我们重视。

11.3.2　插图的特点

学术论文中的插图具有如下几个特点。

（1）图形的示意性。学术论文中的插图主要用于辅助文字表达，尤其是用来表达用文字难以说清楚的内容。为了简化图面，突出主题，这种表达常常是示意性的，一般不直接使用。例如，机械制图中的总图、装配图和零件图、部件图就不直接使用；对于建筑制图中的设计图和施工图涉及的具体结构图也常常采用结构示意图；函数曲线图也不像供设计或计算用的手册中的那样精确、细微，大多采用简化坐标图的形式。

（2）内容的写实性。整幅插图和插图中的各个细节必须反映事物真实的形态、运动变化规律、有序性和数量关系，不允许随意做有悖于事物本质特征的取舍，更不能臆造和虚构，这就要求插图具有科学性。

（3）表达的规范性。插图是形象的语言，语言本身是交流思想的工具，要交流思想，文章作者、书刊编者和读者就应有共同语言。有关标准已把插图的线型、符号等以及各种图形的设计与绘制要求都做了规定，其中未作规定的多数已约定俗成。按规定和要求设计与绘制插图，大家就有了共同语言。因此，在设计插图时应讲究规范。

（4）印制的局限性。有时用套色图可以更方便地表现内容，彩色照片因色彩丰富、层次分明，可使物体形貌表现得更为逼真，但由于制版技术和印刷费用的限制，只能在有限的范围内选用彩色插图，一般学术论文只提供单线条的墨线图或黑白照片。

11.3.3 图中文字与单位的规范标注

在学术论文写作中，所用图表的文字与单位也应按照国家标准做到规范化、标准化，以利于正确表达论文主旨、传递有关信息。图表中文字与单位的规范标注要求如下：

（1）图序与图题。学术论文中的插图，包括照片类插图，应按文中出现的先后顺序给出图序与图题。图序与图题之间空一格字距，不用任何点号。文章中的图序码使用阿拉伯数字，全文插图连续编码，如“图 1”“图 2”。如全文只有一幅图，则编为“图一”。分图的图序不能省略，建议使用 a、b、c、…字母码。图题应该简洁明确，但是也要防止为追求形式上的简洁而选用过于泛指的图名，如到处套用“框图”“曲线图”等是不合适的。要求图题具有较好的说明性和专指性。

（2）标目。标目是说明坐标轴意义的必要项目。它通常由量的名称或符号和相应的单位组成。量的符号用斜体字母标注，尽量避免使用中文或外文的文字段或缩写字母来代替符号。单位的符号应使用正体字母标注。量和单位之间用斜线“/”隔开，如 I/A。标目应与坐标轴平行，居中排在坐标轴与标值的外侧。非定量的且只有一个字母标注的简单标目，如 x、y 等也可以直接放在坐标轴顶端的外侧。

（3）标值。标值是坐标轴定量表述的尺度。如果标注得过分密集，以至于数码前后连接，将会导致辨识不清。标值应排印在坐标轴外侧紧靠标值短线的地方。为了清晰，标值的数字应尽量不超过三位数或小数点以后不多于一个零。为此，要认真选取标目上量的单位，例如用 30km 代替 30000m，用 5μg 代替 0.005mg 等。要防止选用不圆整的标值，这种情况通常在作者把引用非法定单位的前人数据或非法定单位的仪器仪表的实测数值换算成法定单位时容易发生。纵横坐标轴上的标值范围是根据图形的数据确定的，但两个坐标轴上标值的间距则是任选的，不同的选择将使同一条曲线有不同的形状，同一条直线将有不同的斜率。

（4）插图的图注文字。插图的图注说明文字应力求简捷准确。除量和单位的表达必须遵循国家标准的规定外，所选用的名词术语一定要与正文中使用的相一致。应删去一切正文中没有交代或与正文表述内容不相关的文字、数字或符号。插图上需要标注较多的文字说明而图面上又没有足够的空白时，只能把需要说明的文字用序号或符号代替注于图面上，然后把序号或符号所代表的实际意义以图注的形式注于图下。

11.3.4　表格的规范化设计与选取

表格也可简称为表，是记录数据或事物分类等的一种有效表达方式。由于表具有简捷、清晰、准确的特点，同时表的逻辑性和对比性又很强，因而表在学术论文中被广泛采用。

（1）表格的精选。篇文章中不是表格越多越好，而是要根据其必要性进行精选。对能用一两句话即可说明的内容，就不必列表。有时作者所选用的表格种类不合理，造成了表格本身的重复，所以应当选用最合适的表格种类。

（2）表格的设计要求。首先应当突出重点，如果没有特殊需要，不应该在表格中出现调查、观察、实验测定或分析计算时使用的仪器手段、材料或条件等事项说明。其次，表格中除列出反映研究成果的重要现象、参数，应删除一切在研究过程中的中间步骤、环节和数据。最后要求表格设计要有明确的目的性，把实验或观察研究的背景条件、比较前提和使用方法交代清楚，实测数据和最后结果都逐项列出，安排有序，使人一目了然。

（3）推荐使用三线表。三线表是卡线表的一种，是一般卡线表经简化和改造而成的，如图 11-2 所示。它以卡线表为基础，栏头取消了斜线，省略了横竖分隔线（即行线及栏线），通常一个表只有 3 条线，即顶线、地线和栏目线，“三线表”由此而得名。其实三线表并不一定只有三条线，必要时可加辅助线，但无论加多少条轴助线，仍称作三线表。无论卡线表的栏头多么复杂，只要精心安排，都能实现卡线表向三线表的合理转化。三线表保留了卡线表的几乎全部功能，并克服了传统卡线表的缺点，而且还增强了表格的简捷性。

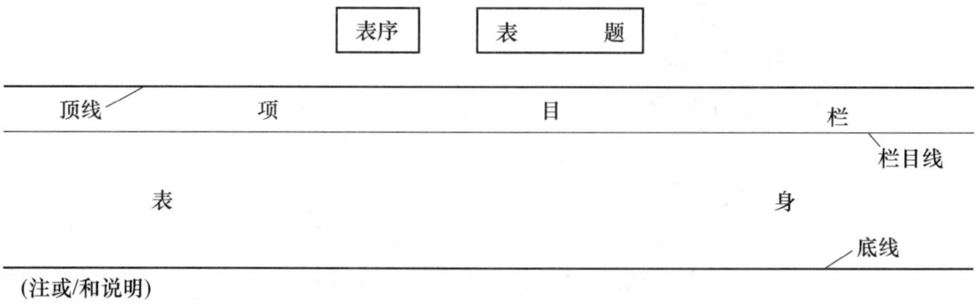

图 11-2　三线表示例

（4）三线表的规范格式：

1）表序与表题。表序即表格的序号。对论文表序按表格在文中出现的先后用从 1 开始的阿拉伯数字连续编号，如表 1、表 2 等。如果一篇论文中只有一个表格，则表序编为表 1。表题指表格的名称。拟定表题的要求与题名类似，应准确得体、简短精练，要避免用泛指性的词语做表题，如“数据表”“对比表”“参量变化表”“计算结果”等，这样一些表题缺乏专指性，不便于理解。每个表格必须有表序和表题，表序与表题之间留出一个汉字的空格，其间不加任何点号。

2）项目栏。项目栏指表格顶线与栏目线之间的部分。项目栏中一般要放置多个栏目，其中有的栏目相当于插图中的栏目，由量的名称或符号和单位组成，量的名称或符号与单位符号用斜线相隔，如“速度/m · s^{-1}”或“v/m · s^{-1}”等。

三线表中的栏目有单层次的，也有多层次的，多层次的栏目彼此之间要用辅助线隔开，表 11-2 就是一个三线表的示例。

表 11-2 电算结果

区间	坐标						
	x	第 1 点		第 2 点		第 3 点	
		y	z	y	z	y	z
0<x≤250	50	0	825	814	694	230	110
	250	0	825	814	694	230	110
250<x≤500	300	0	825	815	702	230	117
	600	0	825	821	750	230	159

11.4 单位的规范化与标准化

1985 年 9 月 6 日全国人大常委会制定并通过了《中华人民共和国计量法》，这一法规明确宣布：“国家采用国际单位制。国际单位制计量单位和国家选定的其他计量单位，为国家法定计量单位。非国家法定计量单位应当废除。”

国家法定计量单位（以下简称法定单位）是政府以命令的形式明确规定要在全国采用的计量单位制度。凡属法定单位，在一个国家的任何地区、部门、机构和个人，都必须严格遵守，正确使用。世界上多数主权国家都有各自的法定单位。我国的法定单位是 1984 年 2 月 27 日发布的，其具体应用形式就是《量和单位》系列国家标准 GB 3100~3102，这是我国各行各业都必须执行的强制性、基础性标准。

11.4.1 我国法定计量单位的构成

我国法定单位是以国际单位制（SI）单位为基础，加上我国选定的一些非 SI 的单位构成的。具体来说，包括以下五个部分。

11.4.1.1 SI 基本单位

SI 基本单位共有 7 个，见表 11-3。

表 11-3 SI 基本单位

量的名称	单位名称	单位符号	量的名称	单位名称	单位符号
长度	米	m	热力学温度	开［尔文］	K
质量	千克	kg	物质的量	摩［尔］	mol
时间	秒	s	发光强度	坎［德拉］	cd
电度	安［培］	A			

说明：

(1) 圆括号中的名称，是它前面的名称的同义词，下同。

(2) 无方括号的量名称与单位名称均为全称。方括号中的字，在不致引起混淆、误解的情况下，可以省略。去掉方括号中的字即为其名称的简称。下同。

(3) 在人民生活和贸易中，质量习惯称为重量。对科技书刊，GB 3102.3—1993 不赞成这种习惯。

11.4.1.2 具有专门名称的 SI 导出单位

为了使用的方便和习惯，给某些导出单位以专门名称。在 SI 中，具有专门名称的导出单位（包括辅助单位）共有 21 个，见表 11-4。

表 11-4 具有专门名称的 SI 导出单位

量的名称	单位名称	单位符号	其他表示示例
[平面] 角	弧度	rad	
立体角	球面度	sr	
频率	赫 [兹]	Hz	s^{-1}
力	牛 [顿]	N	$kg \cdot m/s^2$
压力，压强，应力	帕 [斯卡]	Pa	$N \cdot m^2$
能 [量]，功，热量	焦 [耳]	J	$N \cdot m$
功率，辐射能通量	瓦 [特]	W	J/s
电荷 [量]	库 [仑]	C	$A \cdot s$
电压，电动势，点位	伏 [特]	V	W/A
电容	法 [拉]	F	C/A
电阻	欧 [姆]	Ω	V/A
电导	西 [门子]	S	A/V
磁通 [量]	韦 [伯]	Wb	$V \cdot s$
磁通 [量] 密度，磁通量强度	特 [斯拉]	T	Wb/m^2
电感	亨 [利]	H	Wb/A
摄氏温度	摄氏度	℃	K
光通量	流 [明]	lm	$cd \cdot sr$
[光] 照度	勒 [克斯]	lx	lm/m^2
[放射性] 活度	贝可 [勒尔]	Bq	s^{-1}
吸收剂量	戈 [瑞]	Gy	J/kg
剂量当量	希 [沃特]	Sv	J/kg

11.4.1.3 我国选定的非 SI 的单位

我国选定的可与 SI 并用的非 SI 的单位共有 16 个（表 11-5），它们是我国法定单位的组成部分。需要说明的是，在 1984 年发布的法定单位中，这一部分共有 15 个。面积单位“公顷”的法定符号为“hm^2”，是新增加的，它是国家技术监督局、国家土地管理局、农业部于 1990 年 12 月 27 日在技监局发〔1990〕660 号文件《关于改革全国土地面积计量单位的通知》中公布的。由于这个文件是经过国务院批准的，所以“公顷”属于我国法定单位，主要用于较大的耕地、林地、草地面积的计量。本来公顷（ISO 推荐的符号为

ha）是非SI的单位，也是非法定单位，只是暂时可与SI并用；但从我国选定公顷为法定单位后，再把它列为非法定单位则是完全错误的。a是公亩的符号，我国法定单位没有选公亩，所以作为公亩的倍数单位，公顷的符号ha理所当然地应予废弃。目前在这种单位的使用上存在一些混乱现象：有些辞书、手册就把公顷排除在法定单位之外；有的虽然把它列为法定单位，但符号仍用ha；很多科技书刊对公顷的单位符号不用hm^2，这些作法都是不对的，在自然科学论文的写作中应当注意这个问题。

表11-5 我国选定的作为法定单位的非SI的单位

量的名称	单位名称	单位符号	换算关系和说明
时间	分	min	1min=60s
	［小］时	h	1h=60min=3600s
	日，（天）	d	1d=24h=86400s
平面角	［角］秒	″	1″=（π/648000） rad
	［角］分	′	1′=60″=（π/10800） rad
	度	°	1°=60′=（π/180） rad
旋转速度	转每分	r/min	1r/min=（1/60） s^{-1}
长度	海里	nmile	1nmile=1852m（只用于航程）
质量	吨	t	$1t=10^3kg$
	原子质量单位	u	$1u\approx1.602177\times10^{-27}kg$
体积	升	L，（l）	$1L=1dm^2=10^{-3}m^3$
能	电子伏	eV	$1eV\approx1.602177\times10^{-19}J$
级差	分贝	dB	
线密度	特［克斯］	tex	$1tex=10^{-6}kg/m=1g/km$
面积	公顷	hm^2	$1hm^2=10000m$
速度	节	kn	1kn=1nmile/h=(1852/3600)m/h（只用于航行）

11.4.1.4 由以上单位构成的组合单位

根据一定的规划和习惯，由SI基本单位、有专门名称的SI导出单位和我国选定的非SI的单位构成的组合单位，只要具有物理意义，都是我国法定单位。

例如：速度单位m/s(米每秒)，力矩单位N·m(牛·米)，摩尔热容单位J/(mol·K)(焦每摩开)。

11.4.1.5 由SI词头与以上单位构成的倍数单位

SI词头用于表示各种不同大小的因数，共有20个（见表11-6），其中的Y、Z、z、y是新增加的。

SI词头加在法定单位前面构成的十进倍数或分数单位，仍然是我国的法定单位。例如：μrad(微弧度)、kΩ·m(千欧米)、g/mL(克每毫升)。

表 11-6　SI 词头

名称	符号	代表的因数	名称	符号	代表的因数
尧［它］（yotta）	Y	10^{24}	分（deci）	d	10^{-1}
泽［它］（zetta）	Z	10^{21}	厘（centi）	c	10^{-2}
艾［可萨］（exa）	E	10^{18}	毫（milli）	m	10^{-3}
拍［它］（peta）	P	10^{15}	微（micro）	μ	10^{-6}
太［拉］（tera）	T	10^{12}	纳［诺］（nano）	n	10^{-9}
吉［咖］（giga）	G	10^{9}	皮［可］（pico）	p	10^{-12}
兆［mega］	M	10^{6}	飞［母托］（femto）	f	10^{-15}
千（kilo）	k	10^{3}	阿［托］（atto）	a	10^{-18}
百（hecto）	h	10^{2}	仄［普托］（zepto）	z	10^{-21}
十（deca）	da	10^{1}	幺［科托］（yocto）	y	10^{-24}

11.4.2　我国法定计量单位的特点

与其他国家的法定单位相比，虽然都是以 SI 为基础，但我国在法令的内容、形式和非 SI 的单位的选用等方面独具特色。这是特色可以概括为 16 个字：简单明了、科学完善、具体实用、留有余地。

（1）灵活实用。只给出可以用来构成组合单位的 44 个单位和 20 个 SI 词头，未给组合形式的单位和倍数单位。这样，我国法定单位既完善、系统地包括了 SI 单位，又显得灵活而实用。

（2）简单明了。只给出单位的名称、符号，未给出已变化的定义等内容。

（3）避免争议。国际上有争议的或只有少数国家使用的单位没有列入。

（4）照顾了国内的某些习惯。

例如：保留了“公斤”“公里”这两个不恰当的名称，分别作为“千克”和“千米”的同义语和俗称（在教科书和非普通科技书刊中，最好不用“公斤”和“公里”）；采用了“兆”“千”“百”“十”等数词作为 SI 词头的名称。

（5）非 SI 的单位可以与 SI 的单位构成组合单位。根据实用、需要和习惯，属于我国法定单位的单位都可以构成组合单位。例如：km/h(千米每小时)，kW · h(千瓦小时)。

（6）留有余地。规定在“个别科技领域中，如有特殊需要，可使用某些非法定计量单位，但必须与有关国际组织规定的名称、符号相一致”。

11.4.3　我国法定单位与 GB 3100~GB 3102 的关系

GB 3100~GB 3102—1993（量和单位）是关于量、单位、符号的一般原则及一系列具体量和单位的国际标准（以下简称新标准），它以 SI 为基础，等效采用或参照采用有关国际标准制定而成，它完全贯彻了我国的法定单位，是法定单位的具体应用形式。在这些国家标准中，也列出了一些暂时可以与 SI 单位并用的非 SI 单位，这与法定单位也不矛盾，因为在法令中已经留有了余地。因此，执行国家标准与执行法定单位是一致的。

GB 3100~GB 3102 系列国家标准是强制性、基础性的国家标准，适用于国民经济、科学技术、文化教育等一切领域，是我国科学技术方面的重要的基础文件，也是理、工、农、医各学科的共同语法基础。1994 年 11 月 14 日，国家技术监督局等四部委联名发出《关于在全国开展“量和单位”系列国家标准宣传贯彻工作的通知》，明确指出：“为了切实贯彻本系列标准，要求所有 1995 年 7 月 1 日以后出版的科技书刊、报纸、教材、产品铭牌、产品说明书等，在使用量和单位的名称、符号、书写规则时都应符合新标准的规定；所有出版物再版时，都要按新标准规定进行修订。”我们应该排除来自传统习惯势力的干扰，坚决、认真、全面地贯彻执行法定单位和新标准。

11.4.4 新标准中列出的单位并非都是我国法定单位

有人说，只要是（量和单位）国家标准中列出的单位都是法定单位。这一错误的说法流传甚广，甚至在有些宣惯量和单位国家标准的书中也有表现。

我国的国家标准 GB 3102 等效或参照采用了国际标准 ISO31，所以凡是 ISO31 中列出的 SI 的单位都是我国法定单位。但是，它列出的可以或暂时允许与 SI 的单位并用的非 SI 的单位就不一定是我国的法定单位。这在 GB 3102 中是有明确说明的。在 GB 3102 的不属于法定单位的单位有以下四种情况：

（1）可以与 SI 的单位并用的非 SI 的单位。在 GB 3102 单位表格中，虚线下面列出的单位是“可与 SI 单位并用的属于我国法定计量单位的非 SI 单位”。可以与 SI 单位并用，但不属于法定单位的这类单位有奈培（Np）、倍频程、八度（oct）、方（pbon）、宋（sone）、呐（noy）等，但是，一本名为《〈量和单位〉最新国家标准》的书竟令人遗憾地把这些单位都列入了“我国法定计量单位表”。

（2）暂时可与 SI 的单位并用的非 SI 的单位。在 GB 3102 中，这类单位在“换算因数和备注”栏内，如星期、月、年（a）、埃（Å）、巴（bar）、乏（war）、居里（Ci）、靶因（b）、拉德（rad）、伦琴（R）、雷姆（rem）等。此外，GB 3100 附录 A 中还列出冈（gon）这个单位。

根据《中华人民共和国计量法》中“非国家法定计量单位应当废除”的规定，对这类“暂时可与 SI 的单位并用”的非法定单位，在自然科学论文的写作中，如果没有特殊需要，就不要再使用，应改用法定单位。例如，对于用得较多的长度单位埃（Å），GB 3102.13 在写出换算因数 1Å = 0.1nm 之后明确指出：“推荐采用纳米（m）。”关于星期、月和年这三个时间单位，情况有些特殊，在国务院发布的法定单位表中有这样一条注：“周、月、年（年的符为 a），为一般常用时间单位。”因此，这三个单位在我国将与法定单位长期并用。但是，必须明确的是，可以与法定单位并用的单位并不等于就是法定单位，有一本《量和单位实用手册》把 a(年）以及 Å(埃）等列入了“常用法定计量单位符号表”，这显然是错误的。

（3）限制使用的非 SI 的单位。这类单位列于 GB 3102 的参考件附录中，并在标准的引言中有“限制使用”的特别说明。这里的“限制使用”，有的是指个别科技领域中有特殊需要而约定可以使用的单位，如天文单位（AU）、光年（ly）、秒差距（pc）、伽（Gal）等；有的是指某些国际交往中有特殊需要而使用的单位，如部分英制单位。但是必须明确，这些因特殊需要而允许在某些特定场合使用的非 SI 的单位绝不是法定单位，而且，在实践中，我们不要因过分强调“特殊”而滥用这些单位，一般还是应该采用法定单位。

（4）不许使用的非 SI 的单位。这类非法定单位也列于国家标准的参考件附录，但未作“限制使用”的说明。参考件附录不是标准技术内容的组成部分，它所列出的单位是仅“供参考的”“供查考的”“特别是有关换算因数”的查考，例如：尺、寸、亩、公亩（a）、达因（dyn）、泊（P）、标准大气压（atm）、华氏度（F）、高斯（Gs）、奥斯特（Oe）等非法定单位。在自然科学论文的写作中，这样一些单位就绝对不应该再使用了。

11.4.5 单位的规范化使用

11.4.5.1 名称

单位名称有全称和简称两种。在 GB 3102 的“单位名称”一栏中，没有方括号的单位名称均为全称，去掉方括号中的字即为简称。例如：在“帕［斯卡］”中，“帕斯卡”为全称，“帕”为简称，有一部分单位的全称与简称相同，如米、秒、升、吨。

组合单位的名称与其符号表示的顺序一致，乘号无名称，除号的名称为“每”，且“每”只能出现一次。例如：力矩单位 N · m 的名称为“牛顿米”或“牛米”；速度单位 m/s 的名称为“米每秒”，而不是常有些人说的“秒米”“秒分之米”“每秒米”；质量热容单位 J/(kg · K) 的名称为“焦耳每千克开尔文”，而不是“焦耳每千克每开尔文”。

乘方形式的单位名称顺序是指数名称在前，单位名称在后，指数名称由相应的数字加“次方”构成。例如：核四极矩的单位 m^2 的名称为“二次方米”；截面系数的单位 m^3 的名称为“三次方米”。当长度的 2 次和 3 次幂分别表示面积和体积时，则其相应的指数名称分别为“平方”和“立方”。例如：面积单位 cm^2 的名称为“平方厘米”，不应称为“二次方厘米”；体积单位 dm^3 的名称为“立方分米”，不应称为“三次方分米”。有了这条规则，就可以避免完全按顺序读名称而可能出现的混淆。例如表示体积的量值“$5hm^3$”和“$500m^3$”，如按顺序读，都读作“五百米立方”，造成混淆。按本条规定读，前者为“五立方百米”，后者为“五百立方米”，一清二楚。当读带有长度的 2 次或 3 次方的单位时，一定要先搞清它表达的是什么量，否则可能读错。例如组合单位 kg/m^2，当用于表示面质量时，读作“千克每平方米”；而用于表示平均质量射程时，读作“千克每二次方米”。

书写组合单位名称时，每个单位用全称或简称，不得加任何符号。例如：摩尔体积单位 m^3/mol 的名称为“立方米每摩尔”或“立方米每摩”，而不是“立方米、摩尔”“米^3/每摩尔”“米^3 · 摩$^{-1}$”等。

单位名称用于口述，也可用于叙述性文字中。在不致混淆的情况下可以使用简称。

11.4.5.2 中文符号

单个单位名称的简称就是该单位的中文符号。例如：“牛顿”的中文符号为“牛”，“开尔文”的中文符号为“开”。

组合单位的中文符号由每个单位的简称组合而成。例如：压力系数的单位符号为 Pa/K，其中文符号为“帕、开”，把它的简称“帕每开”作为中文符号，或写成“帕斯卡/开尔文”，都是错误的。体积质量的单位符号为 kg/m^3，其中文符号为“千克/米^3”，不少人把它写成“千克/立方米”，这是不正确的。

相乘组合单位的中文符号只有加中圆点“ · ”这一种形式。例如：分子电偶极矩的单位 C · m 的中文符号为“库 · 米”，而不是“库米”，后者仅是简称。

相除组合单位的中文符号有加“/”“ · ”和水平线三种形式。例如：玻耳兹曼常数的单位 J/K 的中文符号为"焦/开"或"焦·开$^{-1}$"，以及（仅用于运算）。

单位的中文符号只在小学、初中教科书和普通文章中在有必要时使用。一定注意不要滥用中文符号，尤其不应让既不是中文名称，也不是中文符号的诸如"牛顿/平方米"等一类"东西"出现在自然科学论文中。

11.4.5.3　国际符号

单位的国际符号是指全世界通用的、用拉丁字母或希腊字母表示的单位符号，也称标准化符号。在 GB 3100~GB 3102 中，均把单位的国际符号称为单位符号，而且只列出单位符号，未列中文符号。使用单位符号应注意：

（1）符号表示。单位符号要无例外地采用正体字母。

（2）要注意区分单位符号的大小写。

一般单位符号为小写体，例如：m（米）、kg（千克）、rad（弧度）、cd（坎）；来源于人名的单位符号首字母要大写，例如：J（焦）、Ω（欧）、Wb（韦）、Bq（贝可）。在法定计量单位中，体积单位"升"是例外，它的符号为"L，(l)"，推荐采用"L"，但它不是来源于人名。科技书刊中常见单位符号大小写混淆的例子见表 11-7。

表 11-7　常见的单位符号大小写混淆示例

单位名称	错位符号	标准符号	单位名称	错位符号	标准符号
米	M	m	勒	Lx	lx
秒	S	s	帕	pa	Pa
吨	T	t	摄氏度	°c	℃
千克	Kg	kg	电子伏	ev	eV
摩尔	Mol	mol	赫兹	HZ	Hz
流明	Lm	lm			

11.4.5.4　组合单位符号的构成规则

（1）相乘单位。相乘组合单位符号有两种形式，例如电阻率单位为 Ω·m 或 Ωm。在后一种形式中，单位符号间也可以不留空隙，写成 Ωm。但是，当单位符号同时也是词头符号时，应尽可能将它置于右侧，如 Ωm，以免引起混淆，若写成 mΩ，则表示"毫欧姆"，而非指"欧姆米"。

（2）相除单位。相除组合单位符号有三种形式，例如热容的单位为 JK、J·K^{-1}或$\frac{\mathrm{J}}{\mathrm{K}}$，最末一种形式通常用于运算过程中。

（3）相除单位符号中的斜分数线处理。相除组合单位符号中的斜分数线"/"不能多于一条，当分母有两个以上单位时，分母应加圆括号。例如，传热系数的单位符号 W/(m^2·K)，不能写成 W/m^2/K，也不要写成 W/m^2·K。在实践中，相除组合单位中出现两条以上"/"的情况并不少见。例如，把服药量单位写作 30mg/kg/d，应将其改为30mg/(kg·d)。

实际上，在组合单位中出现两条以上"/"必将引起歧义。例如，如果把血管阻力的单位写成 kPa/L/s，对这一单位符号就可以有两种理解：一种是 kPa·s/L，另一种是

kPa/(L·s)。在应用中，正确的单位符号应该是第一种。又例如，若把心脏指数的单位写成 L/min/m²，对这一单位符号同样可以有两种理解：一种是 L·m²/min，另一种是 L/(min·m²)。在这里正确的应是后一种。这两个例子告诉我们，必须坚决避免一个组合单位符号中包含两条以上的“/”。

有人说，为了避免引起歧义，可以在单位符号上加括号，例如把血管阻力的单位写成 kPa/(L/s)，而把心脏指数的单位写成（L/min)/m²。从数学意义上来说，这无疑是正确的，也避免了混淆，但这是计量单位，还应考虑单位名称怎么读的问题。国家标准规定：“组合单位的名称与其符号表示的顺序一致，符号中的乘号没有对应的名称，除号的对应名称为‘每’字，无论分母中有几个单位，‘每’字只出现 1 次。”按这个规定，单位符号 kPa/(L/s) 和（L/min)/m² 的名称就无法直接读出。可见，对相除组合单位，“/”还是只用一条的好。

（4）分子为 1 的组合单位。分子为 1 的组合单位符号，一般采用负数幂的形式。例如，体积分子数的单位为 m^{-3}，通常不写成 1/m³，因为数字“1”与升的单位符号“l”很容易混淆，而一旦混淆，“l/m³”就变为体积分数的单位符号了。

（5）平面角的单位。平面角的单位度、[角] 分、[角] 秒的符号在组合单位中时，应采用（°)、(′)、(″) 的形式。例如，不要用°/min，而采用（°)/min。

（6）不能与中文符号构成组合形式的单位。单位符号不能跟中文符号构成组合形式的单位。新标准指出：“不应在组合单位中同时使用单位符号和中文符号；例如，速度单位不得写作 km/时。”在实际应用中，当组合单位含有时间单位时，这类“中西合璧”的不规范书写形式比较普遍。例如：将流量单位写作“m³/秒”，用药量单位写作“mg/(kg·天）”，其规范表达形式应分别为“m³/s”和“mg/(kg·d）”。

当组合单位中含有计数单位或没有国际符号的计量单位时，允许同时使用汉字和单位的国际符号构成组合单位，例如：元/t、m²/人、kg/(月·人）等。

顺便提一下，万（10^4）和亿（10^8）是我国习惯使用的数词，它们可以单位符号连用。例如：习惯使用的统计单位“万吨公里”可以写作“万 t·km”，“亿千瓦时”可记为“亿 kW·h”。当然，在自然科学论文中，最好把它写成“10^4t·km”和“10^5kW·h”。

11.4.5.5 不应把一些不是单位符号的“符号”作为单位符号使用

（1）不能把单位英文名称的非标准缩写甚至全称作为单位符号。国家标准中列出的很多单位符号的确来自其单位名称的缩写，这些缩写已得到国际公认，成为标准化的符号。最常见的把单位名称的非标准缩写或全称作为单位符号使用的情况见表 11-8。

表 11-8 常见非标准单位符号

单位名称	非标准符号	标准符号	单位名称	非标准符号	标准符号
分	m	min	焦 [耳]	Joke	J
秒	sec	s	勒 [克斯]	lux	lx
天	day	d	[细胞] 个每升	cells/L	L^{-1}
[小] 时	hr	h	转每分	rpm	r/min
年	y，yr	a	星期	wk	星期，周
摩 [尔]	moke	mol	月	mo	月

（2）必须停止使用习惯上被用作单位符号的某些英文缩写。在自然科学论文中，尤其是在化学、农林、医学等学科的论文中，把某些英文名词的缩写作为单位符号使用的情况时有所见，而见得最多的要属表 11-9 所列的 4 个。

表 11-9 长期被用作单位符号的 4 个英文缩写词

缩写	全称	原义
ppm	parts per million	10^{-6}
pphm	parts per hundred million	10^{-8}
ppb	parts per billion	10^{-9}（美、法等），10^{-12}（英、德等）
ppt	parts per trilion	10^{-12}（美、法等），10^{-18}（英、德等）

GB 3101—1993 明确指出：不能使用这类缩写。主要理由是：它们不是量纲一的量的单位的专门名称，更不是单位符号；它们也不是专门的数学符号；它们只是一种表示数量的份额的英文名词的缩写，而且其中 ppb 和 ppt 在不同国家代表不同的数值，如不加注释会引起歧义；用它们表示的量的含义仍然不明确，于是需要在其后面附加一些信息，如“m/m”，“V/V”等，这是不允许的，还有人把质量分数写成 ppmm，把体积分数写成 ppmmv，这也是不规范的。例如，有人在论文中这样写道：“Pb 的重量百分浓度为 35ppm”；也有写成“Pb 为 35ppm(m/m)”。这两种写法都不规范，应改成“Pb 的质量分数为 35×10^{-6}”，如改用量符号表示则为“$w(\mathrm{Pb})=35\times10^{-6}$”。又如：“CO 的体积百分含量为 300ppb”的写法应改成“CO 的体积分数为 $300\times10^{-9}=3\times10^{-7}$”，如改用量符号表示则为“$\varphi(\mathrm{CO})=3\times10^{-7}$”。

以往用来表示化学位移量值的 ppm 也在废弃之列。按原先定义，化学位移 $\delta=(v-v_0)/v_0$，其量值含有 10^{-6}，用 ppm 表示。按国际理论与应用化学联合会（IUPAC）给出的新定义，$\delta=10^6(v-v_0)/v_0$，显然把旧定义的 10^{-6} 抵消了。对这一新定义，我国早在 20 世纪 80 年代中期就在北京大学邢其毅教授主编的《有机化学词典》中作了介绍。因此，对于化学位移，只需将 ppm 删去即可，不应再乘以 10^{-6}。例如，原先化学位移 $\delta=2.5$ppm，现在应写作 $\delta=2.5$，而不是 $\delta=2.5\times10^{-6}$。

11.4.5.6 绝不能对单位符号进行修饰

标准指出：“单位符号没有复数形式，符号上不得附加任何其他标记或符号。”“在单位符号上附加表示量的特性和测量过程信息的标志是不正确的。”这两句话可以概括为绝不能对单位符号进行修饰，这是计量单位国际化的一条重要原则。量的定义、性质或测量条件、状态等应该用量的名称或符号表达，而不能通过修饰单位符号给出。在自然科学论文写作中常见修饰单位符号的情况主要有这样几种。

（1）加下标。有的把表示量的特性的信息以下标的形式加在单位符号上，例如：把电流实验值表示成 $I=10\mathrm{A}_{\mathrm{exp}}$，而正确表示应为 $I_{\mathrm{exp}}=10\mathrm{A}$；把试验用种子的质量表示成 $m=50$g种，正确表示为 $m_{\mathrm{s}}=50\mathrm{g}$，s 为 seed（种子）的缩写，也可写成 $m_{种}=50\mathrm{g}$。有的把测量条件、状态等信息加在单位符号的下标上，这也是不正确的，例如：把在标准状况下测得的体积表示成 $V=50\mathrm{L}_{\mathrm{n}}$，其中 n 为 normal(标准的）的缩写，规范的表示应为 $V_{\mathrm{n}}=50\mathrm{L}$。

（2）在组合单位符号中插入化学元素符号等说明性记号。这类修饰在医学、农林论文中见得较多，例如：0.15mg(Pb)/L，是在组合单位 mg/L 中插入了元素符号 Pb，这是不正确的，规范的表示应为：P(Pb)=0.15mg/L。又如：1g 生药/ml，正确写法应为 p(生药)=1g/ml，还有诸如 5mg/gfw(有的写成 5mg · $g^{-1}fw^{-1}$) 这样的表示法，用 fw(鲜质量)去修饰 g，这显然是不正确的，至于 fw^{-1} 的写法则更是错误的。

(3) 在组合单位中插入数字。这在传统的计量中常用，但它是不规范的。例如：g/100mL 就是在组合单位 g/mL 的分母上插入了“100”，应改为 g/dL，或 10^{-2}g/mL，或 10g/L。

(4) 修饰单位 1。新标准把过去的“无量纲量”改名为“量纲一的量”，并规定：“任何量纲一的量的 SI 一贯单位都是一，符号是 1。在表示量值时，它们一般并不明确写出。”对“并不明确写出”的单位 1 进行修饰是不允许的。例如，Ca 为 23%(m/m)，CO_2 为 30%(V/V) 等都属于修饰单位 1，规范的表示应为：w(CaV)=23%或 w(Ca)=0.23，$\varphi(CO_2)$=30%或 $\varphi(CO_2)$=0.30。

(5) 使用习惯上使用的经过修饰的单位。在自然科学论文中经常有人习惯使用经过修饰的单位名称和符号，如标准立方米 Nm^3，标准升 NL 等，这分别是在 m^3 和 L 之前加了 N (normal 的缩写)，都是非标准化的名称和符号，属于废弃之列。还有些人把标准立方米写成 m_n^3，把标准升写成 L_n，这也是不对的。在有些论文中曾见到“Pag”这样的单位符号，其名称为“表帕斯卡”，在单位 Pa 之后附加字母 g(“表”的英文名称 gauge 的缩写)。过去有过一个称为表大气压的习惯使用的单位，其符号为 atg，估计 Pag 是从 atg 转引出来的，同样属于废弃之列。

总之，单位的国际符号是全世界通用的计量语言，如果随意加以修饰，便失去了它的国际性和通用性。1SO/TC12 秘书长托尔教授在我国讲学时曾有过一段很精辟的话，对我们认识为什么“绝不能对单位符号进行修饰”很有启发。他说：“SI 单位是人类共同的计量语言，它应该因与语言无关，与字母符号无关而得到理解，是跨越语言障碍相互理解的最佳途径。许多标准需要从一种语言翻译成另一种语言，但 SI 的单位符号、量符号以及公式和数学符号不必翻译。我可以一点不懂你们的语言和文字，但如果你们用数值乘单位来表示量的话，我能理解，反过来，你们也同样能理解我。”

11.4.5.7 单位符号的位置

在书写量值时，“单位符号应写在全部数值之后，并与数值间留适当的空隙”。标准的这一条规定告诉我们，单位符号必须写在全部数值之后，不得插在数值之间，数值一定要使用阿拉伯数字。例如，1.85m 不能写作 1m85。在这个规定中，只有时间和平面角的单位符号例外，在某些情况下它们可以写在数值之间，如 3h15min、1°15′13″。

标准关于数值与单位符号间留空隙的规定比 1986 年版本单位与数值间留半个阿拉伯数字间隙的要求灵活了一些，但仍要求留空隙，而且要留得适当。一般说来，这个“适当的空隙”以 0.5~1 个阿拉伯数字字距为宜。在自然科学论文的写作中，有许多作者都没有注意到这一条规定，如把 50mL 写成 50mL，应尽快改正。作为特例，书写平面角的量值时，数值与单位符号之间不必留空隙。但在书写摄氏温度量值时，数值与“℃”之间仍应留空隙，例如，15℃不应写作 15℃，也不得写作 15℃。读（或用文字写）的时候，15℃应读（写）作“15 摄氏度”，而不是“摄氏 15 度”。

11.4.5.8 使用单位符号不要张冠李戴

在自然科学论文的写作以及日常生活中，对单位及其符号的使用出现张冠李戴错误的情况并不少见，大致可以归纳为以下几类：

（1）把平面角的单位用作时间单位。符号“′”和“″”是平面角的单位符号，其名称分别为［角］分和［角］秒，它们与时间单位的分和秒是截然不同的。可是在实践中把“′”和“″”作为时间单位的例子不胜枚举。例如：“手术后15′30″”，其正确表达应为“手术后15min30s”。在电视上，“新闻30′”“周末900″”等错误大量存在。

（2）时间单位与时刻表示混淆。h、min、s等是时间的计量单位符号，把“实验从13时3分26秒”开始写成“实验从13h3min26s开始”是错误的，国际通用符号的正确表示应“实验从13：03：26开始”，其中的分隔号为冒号。反过来，把表示时刻的方式用来计量时间也是不正确的。例如：“心脏搭桥手术用时07：15：30”一句应改为“心脏搭桥手术用时7h15min30s”。这类混淆还常出现在图表中，要注意改正。

（3）把平面角的单位符号“°”用来表示程度或含量。

“°”的名称为度，是平面角的单位符号。实验中人们常用它来表示程度或含量，这是不正确的。例如：Ⅱ°烧伤、心衰Ⅲ°应为“Ⅱ度烧伤”“心衰Ⅲ度”；酒度54°应为酒精体积分数54%。

（4）其他误用。例如：把kW作为电能的单位，说“发电量为1亿kW”，正确的应为1亿kW·h，kW是电功率的单位。又如：常见说“H_2SO_4的浓度1mol”或“浓度为1mol的H_2SO_4溶液”，这也是错误的，错在把物质的量的单位mol作为浓度单位（应为mol/m^3或mol/L）使用了。这类错误的发生，主要是对量的物理意义理解不清或粗心大意所致。

11.4.5.9 国际符号可用于一切使用单位的场合

新标准指出，单位的国际符号“用于公式、数据表、曲线图、刻度盘和产品铭牌等需要明了的地方，也用于叙述性文字中”，“中文符号只在小学、初中教科书和普通书刊中在有必要时使用”。在文化部出版局、原国家计量局发出的《关于贯彻〈中华人民共和国法定计量单位〉的通知》中更加明确地指出：“表达量值时，在公式图表和文字叙述中，一律使用单位的国际符号，只在通俗出版物中使用单位的中文符号。”

现在的实际情况是，很多高中、大学和研究生的教材以及非普及性科技书刊置国家标准规定于不顾，大量地使用单位的中文符号。有些科技书刊虽然使用了国际符号，但不彻底，还经常冒出几个中文符号，尤其对min、h、d、a这些单位符号，仍使用中文符号分、时、天、年。出现这种情况是由于使用时有些不太习惯，特别是在开始用符号时，但用多了就会习惯了，更何况使用国际符号是为了有利于进行国际学术交流。就是小学、初中教科书，国家标准也没有说必须用中文符号，其倾向性还是鼓励采用国际符号，指出只是在“有必要时使用”单位的中文符号。这里有一点必须注意，不少人觉得3d、5h等写法别扭，这是因为他们在读这些量值时对单位符号错误地读了字母的读音，而没有读其单位的名称。作为自然科学论文的写作者，不能受这些不顾现定做法的影响，应该作国际符号使用的倡导者和率先垂范者。

在非普及性书刊中，表达量数值后面的单位必须用国际符号，如100A，220V，在自然科学论文的写作中也应有同样的要求，这是没有什么异议的。现在有越来越多的书刊在非量值或表示概量的情况下，也使用了单位的国际符号。例如：“电流和电阻的单位分别为 A 和 Ω”，“每 t·km 的运费约 0.1 元”，“汽车的速度达 200 多 km/h”，这允不允许呢？这样的用法并没有违反国家标准的规定。国家技术监督局单位制办公室组编的《量和单位国家标准宣贯资料》一书指出：“单位符号按规定可以在一切需要单位明了表示的地方使用，也可用于叙述性文字中。这并未限制只用于表示量值时才用符号。在非量的情况下，在不致误解的地方也可用符号。”这里的单位符号就是指国际符号。可见，只要不引起误解，单位的国际符号可用于一切使用单位的地方。

11.4.6 词头与单位的关系

词头是用来构成十进倍数或分数单位的因数符号，它只有与单位结合才有意义。加词头后，一般使量的数值处于 0.1~1000 范围内。

11.4.6.1 词头符号的表示

（1）中文符号。词头中文名称的简称可以作为词头中的中文符号使用。例如 Z 的名称为仄普托，仄就是 Z 的中文符号。

（2）词头符号表示。词头符号一律采用正体字母。

（3）注意区分词头符号的大小写。区分的规则是：表示的因数≥10^6 的词头用大写体（共 7 个）；表示的因数≤10^3 的词头用小写体（共 13 个）。在实践中，常见大小写混淆的情况有：P(10^{15}) 和 p(10^{-12})，M(10^6) 和 m(10^{-3}) 及 μ(10^{-6})。例如：把 3pF 写成了 3PF，扩大了 27 个量级；又如把 MV 写成了 mV，缩小了 9 个量级。可以预见，新增加的 4 个词头采用以后，稍有疏忽，就有可能出现 Y(10^{24}) 和 y(10^{-24})、Z(10^{21}) 和 z(10^{-21}) 的混淆。此外，把词头 k(10^3) 和 c(10^{-2}) 分别误写成 K(如 Kg、KW、KeV 等) 和 C(如 Cm 等) 的情形也不少见。

（4）词头与单位间隔。词头符号与单位符号之间不留空隙，也不加任何符号。

（5）词头读音。词头符号按其名称或简称读音，而不是读其字母的读音。最常见的错误是有人把 kPa(千帕) 读成“开帕”。

11.4.6.2 词头的使用规则

（1）不能独立使用词头。离开了单位而使用独立词头是错误的。在实践中常见独立使用的词头有 μ、k 和 M。例如：长度 l=10μ 应为 l=10μm；电阻 R=20k 和 R=6M 应为 R=20kΩ 和 R=6MΩ。又例如：在医学论文中见到“血 RBC 值为 3.3T/L”和“血 WBC 值为 11.4G/L”的表述，其中的 T(10^{12}) 和 G(10^9) 都属于词头独立使用，因为这两个单位的分子为 1。正确表示应为 $3.3\times10^{12}L^{-1}$ 和 $11.4\times10^{9}L^{-1}$。如果一定要采用词头，则应表示为 $3.3PL^{-1}$ 和 $11.4mL^{-1}$，但为了便于直观地进行比较，在这类情况下通常不主张采用不同的分数单位，而都以 L^{-1} 为单位。

（2）不得重叠使用词头。在实践中常见的 mμm、mμs、μum、μμF 和 kMW 等都是错误的表示方法，应分别改为 mm、ns、pm、pF 和 GW。在纯叙述性文字中常见的“毫微秒级”“微微米级”一类说法也是不允许的。应分别改用“纳秒级”（或 ns 级）、“皮米级”（或 pm 级）表述。需要指出的是，由于历史的原因，在质量的 SI 单位名称“千克”中已经包含了“千”，所以质量的十进倍数或分数单位应由词头加在“克”（g）之前构成，如微克（μg）不得写作纳千克（nkg）。

（3）不能使用词头构成倍数的单位。摄氏度、平面角和时间单位（s 除外）以及 kg

等是不得使用词头构成倍数的单位。例如："mh"（毫小时）、"kd"（千天）、"hkg"（百公斤）等写法是不允许的。此外，法定单位中的 n mile、kn、r/min 和 u 也不能加词头。

（4）乘方倍数单位的指数作用于包括词头在内的整个单位。乘方形式的倍数单位的指数属于包括词头在内的整个单位。标准规定："词头符号与紧接的单个单位符号构成一个新的（十进倍数或分数）单位符号，它可以取正数或负数幂。"这并不是说词头与紧接的单个单位构成一个整体，"具有相同的幂次"。例如：$10hm^2=10\times(100m)^2=10^5m^2$，而不是 $10hm^2=10\times100m^2=10^3m^2$。如果不理解这规定，就会导致严重的差错。例如，有一篇论文中计算出一个乡的面积 $A=10000000m^2$，在采用词头后错写成了 $A=10Mm^2$。这样一来，一个乡的面积竟比我国的领土面积还要大 40 万 km^2。正确表示应为 $A=10km^2$。还有一篇论文算出一个大型煤矿抽出的地下水量为 $7200m^3/d$，在采用词头后错写成了 $7.2km^3/d$。这样一来，一个煤矿每天抽出的地下水量竟达 72 亿 t，是实际水量的 100 万倍。因此，对于乘方形式的单位，在使用词头时一定要倍加小心，注意词头与紧接的单个单位具有相同的幂次。

（5）组合单位加词头的规则。新标准规定："组合单位的倍数单位一般只用一个词头，并尽量用于组合单位中的第一个单位。"这是组合单位加词头的一条总原则。具体规则有以下几条：

1）相乘单位。对于通过单位相乘构成的组合单位，词头通常加在第一处单位前。例如：对冲量单位 N · s 加词头 k 后应为 kN · S，而不是 N · ks。但在常见的法定单位中有两个单位例外，一个是电阻率单位 Ω · m，通常加词头应写成 kΩ · m，MΩ · m，mΩ · m，μ · m等，但当加词头 c 时，则要写成 Ω · cm。另一个特例是货运量单位"吨公里"，按习惯写成 t · km，词头 k 处在第二个单位之前。

2）相除单位。对于通过单位相除或乘除构成的组合单位，词头一般应加在分子的第一个单位前，分母一般不加词头。例如：对摩尔单位 J/(mol · K) 加词头 k 后应写成 kJ/(mol · K)，不应写成 J/(mmol · K)，尽管 kJ/(mol · K) = J/(mmol · K)。这一类在分母中加词头的现象在自然科学论文的写作中经常可见，如 K/kW、J/μmol 等，应当引起注意。

3）分母为长度、面积、体积单位或分子为 1。当组合单位的分母为长度、面积、体积单位或分子为 1 时，分母可以按习惯与方便选用某些词头。例如：对 B 的浓度的单位 mol/m^3 加词头，可以加在分子上：$kmol/m^3$，也可以加在分母上，为 mol/dm^3。又如：对体积质量的单位 kg/m^3 加词头，可以是 Mg/m^3，也可以是 g/cm^3 或 g/mL。再如：对热密度的单位 $J^{-1} \cdot m^{-3}$ 加词头，可以写成 $mJ^{-1} \cdot m^{-3}$。

4）一般不在组合单位的分子分母同时加词头。在组合单位的分子分母上同时加词头属于词头重叠使用的情况，这是不允许的。例如：kV/mm 应改为 MV/m；nmol/mL 应改为 μmol/L。

5）质量单位 kg 是个例外。无论 kg 处于分子中还是分母中，都可以看作不带词头，因此，mol/dg、dg/cm^3、MBq/kg 这类倍数单位都是规范的。

以上 5 条组合单位加词头的规则应综合起来理解，不能只抓住某条规定中的某一句话。有人抓住"分母可按习惯和方便选用某些词头"做文章，任意扩大分母可以选用词头的范围；有人抓住"一般不在组合单位的分子分母同时加词头"中的"一般"二字做文章，为在科技书刊中大量存在的分子分母同时加词头的不规范情况辩解，举出如压力单位

dN/mm^2，浓度单位 $nmol/dm^3$ 等例子，并强调“可以使用”。我们认为这是不妥当的。事实上，分母可以选用某些词头是指分母为长度、面积、体积单位时，分母选用了词头，分子一般就不能再加词头了；但由于 kg 可以不作为有词头对待，所以 kg 无论在分子或分母上都不算有词头。这些就是“一般”以外的特殊情况。GB 3100—1993 的附录 A《SI 单位的十进倍数与分数单位及可并用的某些其他单位示例》中，共列出了 93 个采用词头的组合单位，除 Ω · cm 以外，全都符合上述五条规则，没有一例是分子分母同时采用词头的（含 kg 的组合单位例外）。其实，dN/mm^2 可以写成 $0.1N/mm^2$，或 $10^5N/m^2$，或 10^5Pa，或 0.1MPa；$nmol/dm^3$ 可以写成 nml/L，或 $\mu mol/m^3$，或 $10^{-9}mol/dm^3$。过去的某些不那么符合标准的“习惯”应该改变。

11.5 量的标准化与规范化

物理量，简称量，是现象、物体或物质的可以定性区别和定量确定的一种属性。凡是可以定量描述的物理现象都是量，量都是可测的。没有孤立存在的量，一切量都可以与其他量建立数学关系，进行数学运算，同一类量可以相加减，不同类量可以相乘除。为了对量进行定量确定，需要在同一类量中选出一个称为单位的参考量，于是这一类量中的任何其他量，都可以用这个单位与一个数的乘积表示，这个数就称为该量的数值。例如：$m=15kg$，m 是某物体质量的量符号，kg 是质量单位千克的符号，15 就是以 kg 作单位时某物体质量的数值。

对于任何一个量 A，都可以写出 $A=|A|\cdot[A]$，式中［A］代表量 A 的单位，$|A|$ 代表 A 在使用单位［A］时的数值。该式表示的规律，称为量算法或量代数。量算法是处理科学技术中量和单位的基础。从量算法可以看出，量值与单位的选择无关，就是说单位［A］变大或变小后，只影响到与之相关的数值［A］，而不会改变量 A 的大小。

关于量，我们一定要注意搞清其名称、符号和使用规则。

11.5.1 量名称的规范使用

量都有各自的名称。标准共列出了 614 个量的名称。这些量名称反映了学科的最新发展，是标准化的名称。它的命名依据是国际标准，同时结合我国国情，适当考虑了原有的使用习惯。此外，标准在继承 1986 年版本的基础上，对其中约 200 个量的名称进行了修改或补充，有的还明确地废弃了旧名称。表 11-10 列出了一些常见尚在使用的废弃的量名称和标准化量名称的对照，可供参考。新标准中列出的全部标准化名称可参考有关国家标准。在量名称的规范使用中应当注意这样一些问题：

11.5.1.1 不要使用已废弃的名称

在大学、中学化学教科书中仍出现一些应废弃的量的名称，甚至在一些高考化学试卷中也出现质量百分比浓度、质量百分含量、分子量、原子量、摩尔浓度等应予以废弃的名称。在有的新编的高中物理教材中，“质量热容”（也称“比热容”）仍叫“比热”，“物质的量”仍被错误地称为“摩尔数”。这的确是很不应该的。在化学、医学、生物学等领域的科技书刊中，滥用“浓度”的现象十分普遍。本来，只有“物质的量浓度”可以简称“浓度”，其他含“浓度”一词的量名称都必须说出全称，如把“质量浓度”说成“浓度”就是错误的。至于很多人把“质量分数”“体积分数”等量纲一的量也称作“浓度”，则更是错误的。在固体物理学中，“电子浓度”“空穴浓度”“本征载流子浓度”“施主浓度”“受主浓度”等五个量名称是规范化的，它们也可以称为“××数密度”。

表 11-10 常见标准化量名称与废弃名称

标准化名称	废弃的名称	说明
质量	重量	在科学技术中，重量表达的是力的概念，其单位为 N，而质量的单位为 kg，二者不可混淆。只在人民生活的贸易中，质量习惯称之为重量，但国家标准不赞成这种习惯
体积质量、密度、 相对体积质量、相对密度	比重	历史上“比重”有多种含义：当其单位为 kg/m^3 时，应称为体积质量；当其单位为 1，即表示在相同条件下，某一物质的体积质量与另一参考物质的体积质量之比时，应称为相对体积质量
质量热容 比热容	比热	定义为热容除以质量，单位为 J/(kg · K)
质量定压热容 比定压热容	定压比热容 恒压热容	定义为定压热容除以质量，单位为 J/(kg · K) 称为定压比热容违背“比字加载量的名称前用以指该量被质量除以所得的商”这一规定
电流 相对原子质量 相对分子质量 分子质量	电流强度 原子量 分子量	单位为 A 二量的单位为 I 单位为 kg，常用 u
物质的量	摩尔数，克原子数，克分子数，克离子数，克当量	单位为 mol。“摩尔数”是在量的单位名称“摩尔”后加上“数”字组成的量名称，这类做法是错误的。使用 mol 时必须指明基本单位
质量分数	质量百分数， 质量百分含量，浓度	单位为 1，是某物质的质量与混合物的体积之比
体积分数	体积百分比浓度， 体积百分含量，浓度	单位为 1，是某物质的体积与混合物的体积之比
质量浓度	浓度	单位为 kg/m^3，是某物质的质量除以混合物的体积
浓度 物质的量浓度	摩尔浓度，体积克分子浓度，当量浓度	单位为 mol/m^3，常用 mol/L。是某物质的物质的量除以混合物的体积
粒子注量	粒子剂量	单位为 m^{-2}。通常粒子一词用所知粒子的名称代替，如质子注量、中子注量等
[放射性] 活度	放射性强度，放射性	单位为 Bq

11.5.1.2 同一个量名称不应有多种写法

一个量有多个名称，如压力和压强，体积质量、质量密度和密度，吉布斯自由能（Gibbs' free energy）和吉布斯函数（Gibbs function）等，只要是国家标准规定的，都可以同等地使用。然而，对同一个规范的名称，出现几种不同的写法，如将“吉布斯自由能”写作“吉卜斯自由能”，这是不允许的。这类问题经常出现在以科学家名字命名的量名称上。类似的例子还有将“阿伏伽德罗常数”写作“阿伏伽德罗常数”或“阿佛加德罗常数”，这类混乱必须避免。

11.5.1.3 不得使用自造的名称

自造的名称见得最多的是在量的某一单位名称后加个“数”字。例如：把土地面积叫“亩数”，长度叫“米数”，时间叫“秒数”，功率叫“瓦数”（如说“这只灯泡的瓦数为60瓦”）等。也有人别出心裁地自造他人不懂的新名称，如除了将“物质的量”称作“摩尔数”外，还称它为“物量”“堆量”等。

11.5.1.4 应优先采用标准化的新名称

标准按照国际标准化组织推荐的《物理量名称中所用术语的规则》，等效采用国际标准，改变了一批量名称，给出了标准化的新名称。与此同时，标准在备注栏内列出了一些暂时允许使用的旧名称，注明“该量也称×××”。例如：标准把“内能”改为“热力学能”，并在备注栏内指出“热力学能也称为内能”。考虑到一个旧名称的废弃需要经过一段时间，也为了照顾一些旧版书籍的继续发行，因此让新旧名称并存一定时间是必要的。因为旧名称是迟早要被淘汰的，在自然科学论文的写作中一定注意不要滥用那些迟早要废除的旧名称。

11.5.2 量符号的规范使用

在新标准中，对每个量都给出了一个或两个以上符号，这些符号就是标准化的符号。在自然科学论文的写作中，尤其是在涉及数理公式时，必须采用量符号。对量符号的书写与规范使用应注意以下几点：

（1）应使用斜体字母。量符号必须使用斜体字母，对于矢量和张量，还应使用黑斜体，只有pH是例外，应采用正体。在实践中，经常可见一些作者，尤其是一些农、林、医学论文的作者，将量符号全部使用正体字母；还有些作者的论文中量符号时而用正体，时而用斜体，没有一定规律；有些作者将张量符号使用黑正体字。这样写都是不规范的。

（2）应使用新标准规定的符号。例如：在实践中常见有人用W、P、Q、μ等来表示质量，而其规范化符号应是m；阿伏伽德罗常数的符号应为L或$\mathrm{N_A}$，而在高中物理课本用N，在高中化学课本则用$\mathrm{N_0}$，这些都是不妥当的。另外，量符号的大小写字母是不能互换的。例如：摄氏温度的符号为t或θ，热力学温度的符号是T或θ，很多人对此不加区分，写出t=156K或T=32℃，而规范的表示应为T=156K，t=32℃。又如功率的符号应为大写的P，有些人却用了小写p，压力或动量的符号应为小写的p，却用了大写的P。此外，国家标准已经废弃的量符号也应停止使用。例如：内能的量符号原来为U或E，内能更名为热力学能以后，符号规定为U，因此，今后再用E来表示热力学能就不规范了。

（3）量符号一般为单个拉丁字母或希腊字母。量的符号通常是单个拉丁字母或希腊字母，有时带有下标或其他说明性记号。例如：力F，体积质量ρ，声压级L_p，标准平衡常数为$K^{\ominus}$。不少书刊把特征数符号写成正体也是不对的。值得注意的是，相当多的作者用多个字母构成一个量符号，这多个字母通常都是该量英文名称的缩写。例如：有的把“临界高温”“临界低温”的量符号分别写作“CHT”和“CLT”（它们分别来自“critical high temperature”“ critical low temperature”)，这是不规范的，也易误解为C、H、T或C、L、T这三个量相乘。这里的主符号都是温度 T（假定为热力学温度），规范的表示应分别为 T_c，h、T_c，l。类似的例子不胜枚举，例如把“最小点火能量”符号写作“MIE”，把“腺体形状指数”符号写作“IGF”，把“左室舒张末期内压”符号写作“LVEDP”。有些人把输入功率表示成 P_i，把输出功率表示成 P_o 也是不对的。规范的表示应分别为 P_i 和 P_0。

（4）不能把量符号作为纯数使用。量的符号中虽然并不暗含某一特定的单位，但是，根据 $A=|A|\cdot[A]$，每个量符号中又确实存在着某个指明的单位。例如：l是长度的量符号，l中必定包含着km、m、cm、mm等单位中的某个单位。因此，绝不能把表示量的符号当作纯数来使用。在实践中，把量符号当作纯数使用的情况比较常见。例如：“物质的量为 n mol”“压强的对数 $\lg p(\mathrm{kPa})$ ”“ $(t-10)$℃”“氖分子数为0.5L，L 是阿伏伽德罗常数”中，都把量符号 n、p、t 和 L 作为纯数用了，是不规范的。正确的表示为：“物质的量为 n，单位为mol”“压强的对数 $\lg(p/\mathrm{kPa})$ ”“t-10℃”“氖分子数为0.5，是阿伏伽德罗常数以 mol^{-1} 为单位时的数值”。只有当量符号所表示量的量纲为一这种特殊情况时，量符号才可以看作纯数。

（5）不能把化学元素符号作为量符号使用。把化学元素符号当作量符号使用这一类不规范的情况比较普遍，即使在化学专业书刊中也比比皆是。例如：

“$H_2 : O_2=2 : 1$”

这是典型的不规范的表达方式，它的含义也不清楚。该式的规范化表示如下：

如指质量比，应为 $m(H_2) : m(O_2)=2 : 1$；

如指体积比，应为 $V(H_2) : V(O_2)=2 : 1$；

如指物质的量之比，应为 $n(H_2) : n(O_2)=2 : 1$。

还常见有把元素或分子式等符号后加“%”当作量符号使用的，如 $MnO_2\%=58.4\%$，这也是不正确的，这里指的是 MnO_2 的质量分数，所以规范的表示为 $w(MnO_2)=58.4\%$。此外，如wt%、vot%、mol%、at%等都属于不规范的符号，它们的规范符号分别为质量分数 w、体积分数 φ、摩尔分数 x 或 y、原子数分数 x 或 y。顺便说明一下，以往的许多文献中将 $m(H_2)$ 表示成 m_{H_2}，标准不主张采用这种表示方式。按照新标准，代表物质的符号表示成右下标，如 ρ_B、C_B、a_A 等，而将具体物质的符号及其状态等置于与主符号齐线的圆括号中，如 $C(H\cdot SO_4)$ 等。我们应尽快熟悉并采用这种标准化表示法。

11.5.3 量符号下标的规范使用

为了表示量的特定状态、位置、条件或测量方法等，常常需要在量的符号上附加其他标示，例如右上标星号“＊”（表示“纯的”）、“⊖”（表示“标准”）、“∞”（表示“无限稀薄”）、撇号“′”、下标等。在实践中，附加下标的情况最多。当一篇论著中有不同的量使用同一字母作符号，或同一个量有不同的应用情况，或者要表示不同的值需要加以区分时，就要采用在主符号上附加下标的形式。例如：临界速度为 v_c 或 v_{ct}，测量速度为 v_m 或 v_{mcs}，最大速度为 v_m 或 v_{max} 等。

量符号下标的书写和印刷有比较严格的规则。现已广泛为各国所采用的量的下标书写规则是由国际性标准化组织之一——国际电工委员会（IEC）提出的。新标准中对许多量符号规定了下标，其主要依据也是这个规则，在使用时应予以注意。

(1) 应优先采用新标准规定的下标符号。新标准对许多量规定了国际公认的下标，这些下标无疑是应当优先采用的。然而，实践中对标准已有规定下标的量使用非规范下标的情况还是比较多的。常见的有任意选一个字母作下标，用量名称的汉语拼音缩写，甚至用汉字作下标，例如辐射能这个量，国家标准规定的符号为 E_{R}，可有的书刊用 E_{F}，有的干脆用 $E_{\text{辐}}$，这些都是不规范的。在实践中，对国家标准已规定了下标的量以外的量附加下标是经常遇到的，但不应随便选个外文字母凑合。选用下标的一般原则是：首先选用国际规定的下标，这些下标通常来自专门名称或者拉丁文、希腊文及其他国际性科技词汇的缩写；当找不到国际性规定的下标时，才可以用汉语拼音或汉字量名称的缩写作下标。具体规定可参考有关标准。

(2) 要注意区分下标字母的正斜体。正确区分量符号下标正斜体的规则是：凡量符号和代表变动数字及坐标轴的字母作下标采用斜体，其他情况为正体。以下举例说明。

1) 斜体下标。体胀系数 a_V，V 为体积量符号；电能 $W_i(i=1,\ 2,\ 3)$，i 代表变动性数字；力的 y 分量 F_y，y 为坐标轴符号。

在很多书刊中，只要有下标，便不加区分地都采用正体，这显然是不正确的。有人发表文章说，由于区分下标正斜体难度太大，所以建议下标一律用正体，这更是不合适的。

2) 正体下标。磁阻 R_{m}，m 是 magnetic（磁学的）的缩写；

最小压强 $P_{\mathrm{m_{in}}}$，min 是 minimun（最小的）的缩写；

B 的体积分数 φ_{B}，B 是某物质的代号；

费米温度 T_{F}，F 是 Fermi（物理学家费米的姓）的缩写；

在 60℃下的电阻 R_{60}，下标“60”表示“60℃”。阿拉伯数字作下标均采用正体。

在一些书刊中，该用正体的下标而用了斜体的情况并不少见。例如，有 1995 年出版的高中物理课本，就把动能 E_{k} 和势能 E_{p} 分别表示成 E_k 和 E_p。

3) 正体、斜体混合下标。例如，摩尔定压热容 $C_{p,\mathrm{m}}$是压力的量符号，m 为 molar（摩尔）的缩写；粒子线电离 $N_{\mathrm{i}l,\mathrm{i}}$为 ion（离子）的缩写，1 是长度的量符号。有许多作者对正体、斜体混合下标都用了正体或斜体，显然是不规范的。复合下标确实有全部采用正体字母的，例如最大磁阻 $R_{\mathrm{m,max}}$，m 是 magnetic（磁学的）的缩写，max 是 maximum（最大的）的缩写；也有全部采用斜体字母的，例如能谱角截面 $\sigma_{\Omega,E}$，Ω 是立体角的量符号，E 是能量的量符号。鉴于复合下标的正斜体比较复杂，所以在书写时一定要弄清每个下标的含义，区分其所用的字体，并逐一标注清楚。为了防止混淆，复合下标间常用逗号隔开，如 $R_{\mathrm{m,max}}$，也可留一适当空隙，如最大面质量 ρ_{Am}；不至于引起混滑时，也可紧接着排，如 N_{it}。

(3) 要注意区分下标字母的大小写。新标准虽然没有专门列出有关下标大小写的条文，但从它提供的规范的量符号及《IEC 关于物理量下角标的建议》来看，下标的大小写还是有一般规律可循的。

1) 量符号和单位符号作下标。量符号和单位符号作下标时，其字母大小写同原符号。例如：等熵压缩率 K_S 中的 S 为熵的量符号，大写；声压级 L_p 中的 p 为声压的量符号，小写；5h 消耗的能量 E_{5h}中的 h 为单位小时的符号，小写。

2) 人名的缩写作下标。来源于人名的缩写作下标用大写体。例如：康普顿波长 λ_{C} 中的 C 来自科学家康普顿的姓 Compton；霍尔系数 A_{H} 中的 H 来自科学家霍尔的姓 Hall。

3）非来源于人名的缩写作下标。凡不是来源于人名的缩写作下标，一般都用小写体。例如：初速度 v_{i} 中的 i 为 initial（初始的）的缩写，力阻 R_{m} 中的 m 为 mechanical（力学的）缩写，宏观总截面 Σ_{tot} 中的 tot 为 total（总的）的缩写。

4）汉语拼音字母作下标。在某些特定情况下使用汉语拼音字母作下标，也应用小写体。例如：v_{j}（进气速度）和 v_{c}（出气速度）中的 j(jin，进）和 c(chu，出）都是小写。

11.6 数字的规范化和标准化用法

在自然科学论文中，数字使用的频率是很高的，因此，数字用法的正确与否、统一规范是很重要的。1995 年 12 月 13 日国家技术监督局发布了《出版物上数字用法的规定》，于 1996 年 6 月 1 日起实施。本节根据国家标准，参考其他文献，针对自然科学论文的特点，介绍数字用法的一般规则，其中也包括某些约定俗成的内容。

11.6.1 应使用阿拉伯数字的场合

（1）原则。凡是可以使用阿拉伯数字而且又很得体的地方，均应使用阿拉伯数字。遇特殊情形，可以灵活变通，但应力求保持相对统一。重排古籍、出版文学书刊等，仍依照传统体例。

（2）应当使用阿拉伯数字的两种主要情况。

1）公历世纪、年代、年、月、日和时刻。例如：公元前 8 世纪、20 世纪 80 年代、公元前 440 年、公元 7 年、1986 年 10 月 1 日 4 时 20 分、4 时 3 刻、下午 3 点、屈原（约公元前 340~前 278）、扬雄（公元前 53~公元 18）、鲁迅（1881.9.25~1936.10.19）。这里需要注意的是：年份不能简写，如 1980 年不能写作 80 年，1950~1980 年不能写作 1950~80 年。星期几一律用汉字，如星期六。夏历和中国清代以前历史纪年用汉字，如正月初五、丙寅年十月十五日、秦文公四十四年（公元前 722 年）、太平天国庚申十年九月二十四日（清咸丰十年九月二十，公元 1860 年 11 月 2 日）。“中华民国”纪年和日本年号纪年使用阿拉伯数字，如民国 38 年（1949 年）、昭和 16 年（1941 年）。

2）记数与计量（包括正负整数、分数、小数、百分比、约数等）。

例如：41、302、-125.03、1/16、1/1000、4.5 倍、34.05%、4.5‰、3∶1、1736.8 万公里、4000 克、12.5 平方米、21.35 元、45.6 万元、270 美元、48 岁、10 个月、-17℃、0.59 安［培］、东经 123°50′、维生素 B_{12}、500 多种、60 多万公斤、HP-3000 型计算机、21/22 次特别快车、国家标准 GB 2312—1980、84602 部队。这里需要注意的是：一个数值的书写形式要照顾到上下文，不是出现在一组表示科学计量和具有统计意义数字中的一位数（一、二、…、九）可以用汉字，如一个人、三本书、四种产品、六条意见、读了九遍。对于 4 位和 4 位以上的数字，应采用国际通行的三位分节法，节与节之间空半个阿拉伯数字的位置（非专业应用场合目前可不分节）。用“，”号分节的办法不符合国际标准和国家标准，应该废止。对于 5 位以上的数字，尾数零多的可改写为以万、亿作单位的数。一般情况下，不得以十、百、千、十万、百万、千万、十亿、百亿、千亿作单位（千克、千米、千瓦、兆赫等法定计量单位中的词头不在此列），如：345000000 公里可改写为 3.45 亿公里或 34500 万公里，但不能写作 3 亿 4500 万公里或 3 亿 4 千 5 百万公里。

此外，一个用阿拉伯数字书写的多位数不能移行。

（3）应当使用汉字的两种主要情况。

1）数字作为词素。数字作为词素构成定型的词、词组、惯用语、缩略语或具有修辞色彩的语句。例如：一律、十滴水、二倍体、三叶虫、八国联军、四氧化三铁、二万五千里长征、第三世界、"一二·九"运动、十月革命、"七五"计划、五省一市、中国工农红军第二方面军、上海工商局第一书记、路易十六、某部五连二排六班、白发三千丈、相差十万八千里。

2）邻近的两个数字并列连用。邻近的两个数字（一、二、…、九）并列连用表示概数（连用的两个数之间不应用顿号隔开）。例如：二三米、三五天、十三四吨、四十五六岁、七八十种、一千七八百元、五六万套。

（4）汉字与阿拉伯数字混用。引文标注中版次、卷次、页码，除古籍应与所据版本一致外，一般均使用阿拉伯数字。例如，许慎：《说文解字》四部丛刊本卷六上，第九页；许慎：《说文解字》中华书局 1963 年影印陈昌治本，第 126 页；马克思、恩格斯：《共产党宣言》，《马克思恩格斯全集》第 4 卷，人民出版社，1958，第 1 版，第 493 页。

（5）横排标题。横排标题涉及数字时，可以根据版面实际需要和可能灵活处理。

（6）竖排方法。确需竖排时，文中所涉及的数字除必须保留的阿拉伯数字外，应一律用汉字。确需保留的阿拉伯数字以顶右底左的方向横置。

11.6.2　全数字式日期表示法

（1）以数字形式表示阳历日期的规则。一个全数字式日期由时间元素年、月、日组成；其表示顺序为年、月、日；只允许用阿拉伯数字表示，即 0、1、2、3、4、5、6、7、8、9，如果需要，也可使用分隔符。

（2）以数字形式表示时间元素的规则。年用四位数字表示；当省略世纪而不产生混淆时，可只用后两位数字表示；月用两位数字表示；日用两位数字表示。

（3）分隔符使用规则。在全数字式日期中，只可在年与月之间和月与日之间使用连字符（-）或间隔字符作为分隔符。例如：1981 年 8 月 24 日可表示为如下形式之一：

19810824(不用分隔符)

1981-08-24(用连字符分隔)

1981 08 24(用间隔字符分隔)

11.6.3　数的修约规则

（1）修约术语。

1）修约间隔。这是确定修约保留位数的一种方式。修约间隔的数值一经确定，修约值即应为该数值的整数倍。例如：若指定修约间隔为 0.1，则修约值应在 0.1 的整数倍中选取，相当于将数值修约到一位小数。若指定修约间隔为 100，则修约值即应在 100 的整数倍中选取，相当于将数值修约到"百"数位。

2）有效位数。对于没有小数位且以若干个零结尾的数值，从非零数字最左一位向右数，得到的位数减去无效零（即仅为定位用的零）的个数即为有效位数；对其他十进位数，从非零数字最左一位向右数而得到的位数，就是有效位数。例如：对于 35000 来说，若有两个无效零，则为三位有效位数，应写为 350×10^2；若有三个无效零，则为两位有效位数，应写为 35×10^3。再如：3.2、0.32、0.032、0.0032 均为两位有效位数；0.0320 为三位有效位数；12.490 为五位有效位数；10.00 为四位有效位数。

3）0.5 单位修约（半个单位修约）。指修约间隔为指定数位的 0.5 单位，即修约到指定数位的 0.5 单位。例如，将 60.8 修约到个数位的 0.5 单位，得 60.5。

4）0.2 单位修约。指修约间隔为指定数位的 0.2 单位，即修约到指定数位的 0.2 单位。例如，将 832 修约到“百”数位的 0.2 单位，得 840。

（2）确定修约位数的表达方式。

1）指定数位。指定修约间隔为 10^{-n}（n 为正整数），或指明将数值修约到 n 位小数；

指定修约间隔为 1，或指明将数值修约到个数位；

指定修约间隔为 10^n，或指明将数值修约到 10^n 数位（n 为正整数），或指明将数值修约到“十”、“百”、“千”……数位。

2）指定将数值修约成 n 位有效位数。

（3）进舍规则。拟舍弃数字的最左一位数字小于 5 时则舍去，即保留的各位数字不变。例如：将 12.1498 修约到一位小数得 12.1：将 12.1498 修约成两位有效位数得 12。

拟舍弃数字的最左一位数大于 5，或者是 5，而其后跟有并非全部为 0 的数字时，则进一，即保留的末位数字加 1。例如：将 1268 修约到“百”数位得 13×10^2（特定时可写为 1300）；将 1268 修约成三位有效位数得 127×10（特定时可写为 1270）；将 10.502 修约到个数位得 11。在这个示例中，“特定时”的含义系指修约间隔或有效位数明确时。

拟舍弃数字的最左一位数字为 5，而右面无数字或皆为 0 时，若所保留的末位数字为奇数（1，3，5，7，9）则进一，为偶数（2，4，6、8、0）则舍弃。例如：当修约间隔为 0.1（或 10^{-1}）时，1.050 可修约为 1.0；0.350 可修约为 0.4。当修约间隔为 1000（或 10^3）时，2500 可修约为 2×10^3（特定时可写为 2000）；3500 可修约为 4×10^3（特定时可写为 4000）。若将 0.0325 修约成两位有效位数，则成为 0.032；而 32500 则成为 32×10^3（特定时可写为 32000）。

负数修约时，可先将它的绝对值按上述规定进行修约，然后在修约值前面加上负号。例如：将-355 修约到“十”数位即成为 -36×10（特定时可写为-360）；而对于-325 则变为 -32×10（特定时可写为-320）。如果将-365 修约成两位有效位数则变为 -36×10（特定时可写为-360）；而-0.0365 则变为-0.036。

（4）不许连续修约。拟修约数字应在确定修约位数后一次修约获得结果，不得多次按前述规则连续修约。例如：修约 15.4546，修约间隔为 1，正确的做法是将 15.4546 直接修约为 15。而将 15.4546 先修约为 15.455，然后再依次修约为 15.46、15.5、16，这是不正确的做法。

有时测试与计算部门可能先将获得的数值按指定的修约位数多一位或几位报出，然后由其他部门判定。为避免产生连续修约的错误，应按下述步骤进行：

报出数值最右的非零数字为 5 时，应在数值后面加“（+）”或“（-）”或不加符号，以分别表明已进行过舍、进或未舍未进。例如：16.50（+）表示实际值大于 16.50，经修约舍弃成为 16.50；16.50（-）表示实际值小于 16.50，经修约进一成为 16.50。

如果判定报出值需要进行修约，当拟舍弃数字的最左一位数字为 5，而后面无数字或皆为零时，数值后面有（+）号者进一，数值后面有（-）号者舍去，其他仍按上述规则进行。表 11-11 给出了将数字修约到个数位后进行判定（报出值多留一位到一位小数）的方法。

表 11-11 判定修约到个数位

实测值	报出值	修约值	实测值	报出值	修约值
15. 4546	15. 5（-）	15	17. 5000	17. 5	18
16. 5203	16. 5（+）	17	-15. 4546	-（15. 5（-））	-15

（5）0. 5 单位修约。将拟修约值乘以 2，按指定数位依上述规格修约，所得数值再乘以 2。表 11-12 给出了将数字修约到个数位的 0. 5 单位（或修约间隔为 0. 5）的方法。

表 11-12 判定修约到 0. 5 单位

拟修约数值（A）	乘 2（$2A$）	$2A$ 修约值（修约间隔为 1）	A 修约值（修约间隔为 0. 5）
60. 25	120. 50	120	60. 0
60. 38	120. 76	121	60. 5
-60. 75	-121. 50	-122	-61. 0

（6）0. 2 单位修约。将拟修约数值乘以 5，按指定数位依上述规则修约，所得数值再除以 5。表 11-13 给出了将数字修约到“百”数位的 0. 2 单位（或修约间隔为 20）的方法。

表 11-13 判定修约到 0. 2 单位

拟修约数值（A）	乘 5（$5A$）	$5A$ 修约值（修约间隔为 199）	A 修约值（修约间隔为 20）
830	4150	4200	840
842	4210	4200	840
-930	-4650	-4600	-920

11. 6. 4 有关数字的其他问题

（1）数值增加、减少的正确表示。数值的增加可以用倍数和百分数表示。例如：增加了 5 倍，表示原来为 1，现在为 6；增加到 5 倍表示原来为 1，现在为 5；增加了 80%表示原来为 1，现在为 1. 8。

数值的减少只能用百分数或分数表示。例如：降低了 40%表示原来为 1，现在为 0. 6；降低到 40%表示原来为 1，现在为 0. 4；降低了 1/5 表示原来为 1，现在为 0. 8。有时可以看到诸如“减少了 3 倍”“降低了 2 倍”的表述，这些都是错误的。

（2）正确使用数值前后表示概数的词。“约”“近”“左右”“上下”等词不能并用，例如：“A、B 两端的电压约为 10V 左右”“今天来听讲的大致有 1000 人上下”，这样的说法都是不妥当的。

“最大”和“最小”不应与概数连用，例如：“中文摘要一般不宜超过 200～300 字”“最高气温为 35～38℃”“最小电流为 12A 左右”，这样的说法都是不合逻辑的。

（3）罗马数字的记数方法。在学术论文中，有时也使用罗马数字，而罗马数字的记载比较特殊，如不熟练掌握，在识别或使用时就可能出错。罗马数字的基本数字只有七个，Ⅰ(1)、Ⅴ(5)、Ⅹ(10)、L(50)、C(100)、D(500)、M(1000)。

11.7 参考文献标注规范与常见问题

参考文献标注的目的是尊重他人或自己以前的研究成果，强调研究工作的继承性，引出问题、旁证观点、联系比较、推理分析，使研究和讨论不断深化，可省略文字、避免重复。从目前自然科学论文分析可知，参考文献标注主要集中在引言和讨论两部分。在引言中，主要借标注文献说明与自己有关的研究成果；在讨论中，则主要是借以旁证自己的观点，使研究和讨论不断深化，导出自己的结论。虽然在“对象和方法”或“材料和方法”中较少标注文献，但是，此处标注文献同样可以省略大量文字，节省不少篇幅，以避免与已发表的相关内容重复。例如，阐述某研究的设计原理、实验方法、检测手段等如与已有的文献完全或部分相同时，完全相同部分标注文献即可，部分相同可通过标注文献说明相同的部分，再根据需要简单或详细介绍不同部分或改进部分。

11.7.1 标注原则

一般地讲，权威性、专业性杂志上发表的文章最能代表相关研究课题的研究水平和研究现状，应尽量被标注，但也不能排除一般性杂志上或综合类杂志上有高水平的论文被标注。应标注作者亲自阅读过的原始文献，以免转引文献有误而以讹传讹。被引用的文献内容必须与被标注的内容密切相关，还要注意标注内容的准确性，避免断章取义甚至歪曲原意，并要注意标注位点的准确性，特别强调标注位置正确无误，避免直接在标题上标注和同一标注点标注 3 篇以上文献。根据普赖斯指数原理（见下式），要求作者在引用参考文献时要尽可能多地引用 5 年以内最新发表的文献，而不引用久远陈旧的文献。当然总体上是这样提倡，但并不排除必要时引用 5 年以前发表的甚至更久远的文献。

$$\text{普赖斯指数} = \frac{\text{被引用的近 5 年内发表的文献数}}{\text{被引用文献总数}} \times 100\%$$

在研究成果的不同发表类型中，对标注参考文献的数量都有明确要求：在论著中一般不超过 15 篇，最多不超过 20 篇；在综述中一般不超过 25 篇；而在学位论文可以引用 50 篇以上。

11.7.2 标注方法

常用标注方法有顺序编码法和著者-出版年法，其中顺序编码法为我国科学技术书刊普遍采用。不管采取何种标注方法，其基本要求是：摘要内不得标注；标题上不应标注，而应在相应段、句或者作者姓名上标注，以提高文献标注的针对性；标注的方法应一致，不可在一篇论文中采取两种方法标注；同一标注点的脚注码最好不超过 3 个，即 3 篇文献，以方便读者查找文献和获得最有价值的信息；角注码按标注文献的先后顺序安排，重复引用的文献不管引用多少次应与第一次的角注码一致；标注角码应与著录编码完全一致。具体标注方法如下：

(1) 编码方法。参考文献一般要求以正文出现标注点的先后顺序编码，重复出现的同一文献的标注点用首次编码。标注码写在方括号内标于标注点的右上角或作为语句的组成部分。

（2）标注方法。不出现被引用文献的作者姓名时，脚注码标在引文意群之后。例如，“……由于酸性水能促进金属的溶解，对金属有腐蚀性，因而可引起急慢性金属中毒”。

出现被引用文献的作者姓名时，脚注码标在作者姓（国外作者）或姓名之后，多作者时标在“等”字之后。例如，“Hemdon 等[2]发现，创面局部和身体其他部位产生的生长因子，依据……”。

脚注码作为语句的组成部分时，不采取上标。例如，“具体方法见文献［3］。”

（3）文字要求。著录参考文献应保持原文种不变，即原文是以什么文字发表的，著录也应写什么文字。

（4）文献作者要求。作者为3人以内时全写，超过3人时只写3人，其后加“等”字（中文）或“et al.”（西文）、“他”（日文）等。

西文或俄文作者姓前名后，名用缩写不加缩写点。

著录举例见本书附录。

11.7.3 常见问题

（1）著录项目不全。常见作者人数未按要求写够，论文题目或书名、版次、出版地、出版单位、年、卷、期、页漏写。

（2）著录项目混乱。如论文题目或书名、版次、出版城市、出版单位、年、卷、期、页不按出版规范要求写，前后颠倒。

（3）著录项目错误。专著出版地按照要求应写出版单位所在城市名，结果写成省份名；专著作者姓名后加主编二字，按要求应该不加；卷、期位置错误，按要求应该卷号在前，期号在后，期号写在圆括号内，如“12(3)：231”写成“3(12)：231”，从三组数字的关系既可发现有误，因为一本连续编页码的期刊，231页不可能在12期。

（4）标点符号错误。参考文献的每一个标点符号都是标准化、规范化的，只要重视是容易写正确的。

（5）漏标。如提供了参考文献著录，正文内没有脚注，或虽有，但标注点不对，这种情况主要是源于由文献转引文献而出现的张冠李戴现象。

（6）标注内部文献。按规范要求，公开发表的论文不允许标注内部文献，一定要引用内部分析时，可以注释说明或在引用文献的相应处的括号内写出内部文献的有关项目。如，“有人对凋亡细胞的作用进行了研究，认为……［肖风正．凋亡细胞与肿瘤．全国消化道肿瘤防治学术研讨会议（成都），2000］”。

（7）标注点不当。有的在标题上标注文献脚注，不注意标注的针对性，未在文句的相应处标注。有作者姓名的文献标注点不是在作者姓名上，而是在相应意群之末。

总之，参考文献的标注是一件看似简单、容易，做起来复杂、烦琐的工作，稍不认真注意就容易出错。所以在摘记文献资料时要项目齐全，认真按规范要求去做，注意避免出现上述问题。

参 考 文 献

[1] 陈力丹. 硕士论文写作 [M]. 北京：中国广播电视出版社，2001：9.
[2] 陈燕，陶丹，李广增. 传播学研究方法 [M]. 北京：科学出版社，2002：6.
[3] 张建蓉，陈燕. 学术论文中关键词标引的常见问题剖析 [J]. 编辑学报，2003 (2)：104.
[4] 陶丹，张浩达. 新媒介与网络广告 [M]. 北京：科学出版社，2001：6.
[5] 蔡建英，陈燕，王士敏. 科技期刊涉及著作权法常见问题剖析 [J]. 建材高校理论与实践，1999 (1)：121-122.
[6] 任英慧，周传敬. 国内外知名生物医学期刊稿约中有关责权问题的对比分析 [J]. 中国科技期刊研究，2003：6.
[7] 陈进元. 网络环境下作品使用刍议 [J]. 电子知识产权，2002 (2).
[8] 迈克尔·辛格尔特里. 大众传播研究：现代方法与应用 [M]. 刘燕南，和秩红，朱霖，等译. 北京：华夏出版社，2000：9.
[9] 沃纳·赛佛林，小詹姆斯·坦卡德. 传播理论起源、方法与应用 [M]. 郭镇之，孟颖，赵丽芳，等译. 北京：华夏出版社，2000：1.
[10] 刘锡庆，朱金顺. 写作通论 [M]. 北京：北京出版社，1983.
[11] 李景隆，孟繁华. 应用写作资料汇编 [M]. 北京：中央广播电视大学出版社，1984.
[12] 陈浩元. 科技书刊标准化 18 讲 [M]. 北京：北京师范大学出版社，1998.
[13] 黄匡宇. 张扬形式：优化电视节目的可能性 [J]. 现代传播，2003 (3)：57.
[14] 陶丹. 科学物理方法 [M]. 武汉：湖北教育出版社，1991.
[15] 金建民. 科技论文写作与编写格式标准化 [M]. 济南：山东科学技术出版社，1991.
[16] 陈燕，赵藏赏，傅爱民. 科技期刊编辑方法研究 [M]. 北京：专利文献出版社，1998.
[17] Kierzer，John M. The Mecmillan Handbook of the English [M]. New York，1940.
[18] Woolly Edwin C，Scott Fraklin W，Bracher Frederic. College Handbook of Composition [M]. Boston，1951.
[19] 森冈健二. 东京至文堂，昭和 38 年版.
[20] 宫川松南. 技术者たぬの文章作法 [M]. 日刊工业新闻社，昭和 54 年版.

复习思考题

1. 学位论文的标题层次有何规范要求？
2. 请认真领会单位的规范化与标准化的重要性，如何做到规范化与标准化的要求？

12 SCI刊物科技论文的写作要求

科技论文是科研成果的主要产出形式。撰写科学论文是一个科学工作者必须具有的基本功。学习撰写科技论文是每一个研究生的必修课，但必须通过实践才能学好。

12.1 何为SCI论文

12.1.1 国际三大检索系统

SCI(科学引文索引)、EI(工程索引)、ISTP(科技会议录索引)是世界著名的三大科技文献检索系统，是国际公认的进行科学统计与科学评价的主要检索工具，其中以SCI最为重要。

（1）EI《工程索引》（Engineering Index，EI），1984年创刊，由美国工程信息公司出版，报道工程技术各学科的期刊、会议论文、科技报告等文献。

版本（及区别名称）	出版周期	收录文献源
印刷版（EI）	月刊	2600种
光盘版（EI Compendex）	季更新	2600种
网络版（EI Compendex Web）	周更新	5000种

包括光盘版（EI Compendex）和EI Pageone两部分。

（2）ISTP（科技会议录索引：Index to Scientific & Technical Proceedings，ISTP），也是由ISI出版，1978年创刊，报道世界上每年召开的科技会议的会议论文。

印刷版（ISTP）：月刊，发行年度索引，每年报道4700多种会议录。

光盘版（ISTP）：季度更新，每年报道10000多种会议录。

网络版（WOSP-S/T）：周更新，同光盘版。

（3）SCI以《期刊目次》（Current Content）作为数据源，目前自然科学数据库有5000多种期刊，其中生命科学辑收录1350种；工程与计算机技术辑收录1030种；临床医学辑收录990种；农业、生物环境科学辑收录950种；物理、化学和地球科学辑收录900种期刊。

各种版本收录范围不尽相同：

版本（及区别名称）	出版周期	收录期刊数
印刷版（SCI）	双月刊	3500种
联机版（SCISearch）	周更新	5600种
光盘版（带文摘）（SCICDE）	月更新	3500种（同印刷版）
网络版（SCIExpanded）	周更新	5600种（同联机版）

从 SCI 的严格的选刊原则及严格的专家评审制度来看，它具有一定的客观性，较真实地反映了论文的水平和质量。SCI 收录及被引证情况可以从一个侧面反映学术水平的发展情况。特别是每年一次的 SCI 论文排名是判断一个学校科研水平的一个十分重要的标准。

（4）其他较重要的文献检索系统还有：Scopus 数据库，Medline、BIOSIS（Biosciences Information Service，美国生物学文摘）、CAS（美国化学文摘）、EMBase 数据库（荷兰医学文摘）。

SCI（Scientific Citation Index）是美国科学信息研究所（ISI）编辑出版的引文索引类刊物，创刊于 1964 年。分印刷版、光盘版和联机板等载体。印刷版、光盘版从全球数万种期刊中选出 3300 种科技期刊，涉及基础科学的 100 余个领域。每年报道 60 余万篇最新文献，涉及引文 900 万条。进入 SCI 这一刊物的论文即为 SCI 论文。

SCI 选录刊物的依据是文献分析法，即美国情报学家加费尔德提出的科学引文分析法。该分析法以期刊论文被引用的频次作为评价指标，被引频次越高，则该期刊影响越大。

在一定时期（通常是前两年）内，某一刊物发表的论文被已经进入 SCI 刊物的论文所引用的总次数，除以该刊物这一时期内的论文总数，即为该刊物的影响因子。

ISI 对全球的自然科学刊物进行考察，凡影响因子大于某一临界值的刊物，就可以进入 SCI 系统。进入 SCI 系统的刊物分为两类，即内圈和外圈，前者的影响因子高于后者，前者称为 SCI 刊物，后者称为 SCI Search 刊物。

SCI 刊物还分为影响因子高区（大于 1.105）、中区（在 1.105~0.422 之间）和低区（小于 0.422）3 类。衡量期刊特性的，除了影响因子外，还有即时指数（Immidiacy Index）和被引用半衰期（Cited Half Life）。

即时指数是指一种期刊当年发表的文献在当年被引用的次数与当年的文献总数之比。此指标表示期刊论文所述的研究课题在当前的热门程度。

被引用的半衰期是指一种期刊各年发表的文献，在当年被引用次数逐年累计达到被引用总数的 50%所用的年数。

被引用半衰期反映期刊论文研究题目的延续时间，即期刊论文时效性的长短，或知识更新的快慢。

在选择投稿的刊物时，可以综合考虑以上各个指标。

12.1.2 引文索引的历史

Dr. Garfield 1955 年在《Science》发表论文提出将引文索引作为一种新的文献检索与分类工具。

（1）1963 年出版 Science Citation Index；

（2）1973 年出版 Social Sciences Citation Index（SSCI）；

（3）1978 年出版 Arts & Humanities Citation Index。

ISI Web of Science：科学研究与科研管理的基本工具之一：

（1）收录最重要的学术期刊；

（2）文献之间的相互引证反映科学研究间的内在联系；

（3）文献之间的相互引证反映科学研究的贡献与影响。

收录最重要的学术期刊：

（1）高质量的结果是发现的关键；

（2）“布莱德福定律（Bradford's Law）”。

少数的核心期刊汇集了足够的信息，反映科技的最新最重要的成果与进展。

近 50 年系统严谨的选刊标准与过程：

（1）基本的期刊出版标准；

（2）编辑的内容；

（3）国际性与区域代表性；

（4）引文分析。

12.2 SCI 论文的重要性

12.2.1 SCI 论文的重要性

随着经济全球化，科学研究也日益全球化，SCI 论文是进行国际科学交流的重要方式，也是使国际同行了解我们的主要渠道。

发表 SCI 论文，可以向世界显示我国基础研究的实力，提高我国在世界科学界的地位。如 *Nature* 和 *Science* 上发表。

发表 SCI 论文的多少和论文被引用率的高低，是国际上通用的评价基础研究成果水平的标准，是招聘、提升、考核、评奖的重要指标。

就基础研究而言，在什么样档次的刊物上发表的论文，便具有什么样档次的水平，一目了然，一般不再需要鉴定。如果成果不是在国际知名的 SCI 刊物上发表，便很难被认为是国际水平的。

发表 SCI 或 SSCI 论文是资源基础研究领域博士生取得博士学位的必要条件。也是联系出国深造时使国外导师了解自己的最好方式。

12.2.2 SCI 论文的 4C 要求

Clear：思路清晰、概念清楚、层次清楚、表达清楚。

Complete：内容完整、结构完整匀称，切忌虎头蛇尾、有始无终。

Correct：科学内容正确（不出错）、资料数据正确（数据可靠、可信）、语言正确（无语法错）。

Concise：论述深刻、充分揭示其科学内涵、使用定量方法。

12.3 撰写 SCI 刊物论文技巧

据估计，由于语言和写法方面的原因而退稿的，占 30%～40%；属于实质性内容的原因而退稿的，占 60%～70%。

为了有的放矢，应该首先分析向 SCI 刊物投稿命中率低、退稿率高的原因。

12.3.1 退稿的 5 个常见的原因

（1）无新意，重复他人工作（国际刊物最欢迎的是具有原始创新性的工作）；

（2）有新的发现，但未能很好地提炼、升华并上升到理论的高度；

（3）单纯的定性描述，缺乏定量的、理论的分析；

（4）仅仅是区域性（local）的工作，而不是具有普遍意义、可以推广到其他地方的工作（general），即仅仅是国外方法在中国某一地区的应用，而不是提出新的方法；

（5）文章组织得不好，文字功夫欠佳，国外审稿人难以看懂。

12.3.2　怎样使研究工作具有新意

（1）采用新技术、新仪器对自然过程进行观测，取得新资料；对新资料进行分析，提出新概念；在新概念的基础上建立新理论。

（2）用新的思路、理论或方法对前人取得的观测资料进行分析，得到新的结论。

（3）立足于我国特有的自然条件，发现新的自然现象和自然规律。

（4）对前人建立的模式或理论提出质疑，建立修正的模式。

12.3.3　怎样对观测资料进行提炼、升华

（1）以新的理论、概念为指导。如临界理论、复杂响应理论。

（2）建立模型：经验统计模型；

（3）在资料分析的基础上，提出新概念、新方法、新理论。

12.3.4　怎样进行文章的组织

SCI 论文与中文的普通学术论文是相似的，具有相似的文章的结构。基本结构如下：

（1）提要。研究的主要科学问题和目的、方法，主要发现、结果、结论。应具有自明性。

（2）关键词。准确、规范、不要太偏（否则会影响文章的引用）。

（3）前言。提出问题，介绍论文的背景，本领域的前人研究历史与现状，尚有哪些问题有待解决，进而提出本文研究的问题和目标。

（4）方法（理论或技术）。所取得的资料（资料是如何取得的，对资料精度的分析）。

（5）分析与结果（逻辑推理、理论推导、建立模型、模型的验证）。

（6）结论。

SCI 文章的语言比普通的学术论文的语言要求更严格。应当使用严格的科学术语，不能使用未经定义的似是而非的说法，对于自己首次提出的概念要给出明确的定义；语言要准确，少用文学语言，切忌将科学术语生硬地译回到英语中去，使国外审稿人不知所云；要有较强的逻辑性，推理要有充足的理由（已知的原理或事实的依据），不要做大跨度的跳跃。可以看一点逻辑学的书，包括数理逻辑，以提高思维的严密性。

作为一名初涉论文写作的研究人员，要写出地道英语论文，需要掌握以下技术窍门：

（1）多读、多记、多背，不妨采用小学生学作文的方法，多背一些句子甚至段落。

（2）当语言掌握到一定程度时，可直接写出英文，而不要先写中文，再逐句甚至逐词翻译。只有能用英语思维的人才能写出好的英文。

（3）多投稿，国外审稿人常会对语言进行修改，与你的写法对照，会有很大收获。

（4）图表。图是特殊语言，是研究成果的结晶。用相关图、变化曲线、分布图来表示

所取得的成果，比语言叙述要直观得多，而且也更加具有定量意义。以表的形式列出必要的观测数据，国外审稿人对此很感兴趣。

12.4　不同类型 SCI 论文的写法

SCI 论文跟一般学术期刊论文相似，可以分为实验性论文、报道性论文、理论性论文、综述性论文等四类。各类论文的基本写法和结构分别阐述如下：

实验性论文的结构：前言、实验方法、实验结果（数据）、对实验结果的分析、结论。

报道性论文是报道某一项科学发现，这一发现不是通过实验而是通过调查发现的。它的文章结构：前言、研究区概况、对所发现的现象的叙述、解释、科学意义、结论。

理论性论文是提出一项理论或计算方法的论文，其基本结构：前言、理论的提出（推导、证明）、理论的验证（如理论模型的率定）、理论的应用（算例，或应用意义）、结论。

综述性论文的要求：因为是综述某一领域中的最新进展，应该有述有评，而不只是前人工作的罗列；要有综述者自己的观点和对他人工作的评价，指出不足之处和解决问题的设想；应该归纳出几个热点或前沿问题，展开叙述，不要像记流水账似的，面面俱到；既要大量占有文献，又要有所取舍，突出精华，要对文献仔细消化之后再动笔，切忌机械罗列；要有对未来发展的展望，对他人的研究起到指导作用；尽量引用最新的工作，体现出时效性；尽可能阅读原始文献。

13 投稿方法与处理

发表论文是研究人员展示传播研究成果，获得成果认可的重要途径。当取得研究成果、形成文稿之后，选择什么样的期刊投稿，投稿的具体流程及应注意的问题，投稿过程中可能出现的问题及处理这些问题的方法，都关系着一篇论文能否顺利的刊载发表。本章总结介绍了正常投稿的流程和处理方法，对于需要发表论文的人员有一定的指导作用。

13.1 投稿方法与处理

研究人员经过反复修改的文章，需要选择投递的刊物，根据选择期刊相应要求再进行格式上的修改，然后按照要求通过不同的途径进行投稿，再根据编辑和审稿人的意见建议进行修改，再次提交修改稿，直至稿件投递成功。本章按照选择杂志、投稿和修改的步骤对投稿流程和问题处理方式进行介绍（见图 13-1）。

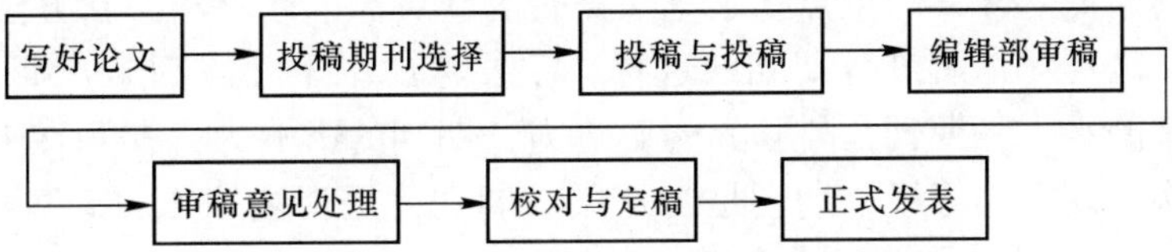

图 13-1　投稿的基本流程示意图

13.1.1　写好论文

一篇好的论文经过前期认真构思和数据处理后，就进入到稿件的录入与排版程序，完成一篇合格的论文。在进行稿件的录入与排版时，要注意以下几点：

(1) 尽量不要使用脚注；

(2) 将论文的格式选择为 A4 纸、Times New Roman 字体、12 号字、单面、通栏、隔行打印；

(3) 打印稿应留有足够的页边距（不少于 25mm）；

(4) 注意美国英语和英国英语拼写方面的不同；

(5) 文字处理软件视要求选用（备份一个纯文本格式）；

(6) 使用指定的绘图软件制作图件（>600dpi 的分辨率）；

(7) 避免使用连字符来分隔单词（各行的右端不必对齐）；

(8) 最后检查，作者本人一定要仔细阅读打印稿（包括投稿信）；

(9) 投稿前请一位或多位其他人阅读稿件（检查一下稿件中是否还有拼写错误或表达不够明白的地方）。

为了提高自己的论文质量，一般在论文投稿前，要申请同行评议。同行评议的内容一般包括稿件的内容是否新颖、重要，实验描述是否清楚、完整，讨论和结论是否合理，参考文献的引用是否必要、合理，文字表达与图表使用等。

最后，投稿前作者还需要检查以下项目：是否满足期刊要求的足够份数的原件和复印件；通讯作者详细的通信地址、E-mail 地址、电话号码；论文的字数、摘要的格式等是否符合刊物的要求；表格和插图分别单独打印，并按其在论文中出现的先后顺序连续编号；确保参考文献目录中的各著录项准确且完整无缺；并且在正文中分别有引用标注；附寄所有作者签名的声明信（贡献单）。

13.1.2　投稿期刊的选择

作者在选择期刊投稿时，除了论文水平的自我评估外，期刊的诸多客观因素也是影响作者进行选择判断的重要依据，主要包括期刊的学术地位、期刊的影响力、期刊的等级、期刊报道范围、读者对象、年出版周期、出版论文容量以及是否收费等。

在力争尽快发表的前提下，综合考虑各种因素，以获得较大的投稿价值。投稿价值是指论文发表所产生影响的总和。论文最高的投稿价值是指论文能够以最快的速度发表在能发表的最高级别刊物上，并能最大限度地为需要的读者检索到，能在最大的时空内交流和传递研究信息。

作者要对自己拟投论文水平进行自我评估。评估的标准主要是论文的贡献或价值大小以及写作水平的高低。评估的重点在于论文是否有新观点、新材料、新方法和新结论。

对拟投论文进行评估后进行期刊的选择，主要考虑以下几点因素：期刊的学术地位，期刊所收录论文的水平，期刊在科学界的影响力，期刊的影响力，期刊在近三年的影响因子，总被引频次，期刊的等级，期刊是否是核心期刊，是否被 SCI、EI 收录，期刊报道范围，读者对象（从“投稿须知”中查询），年出版周期（最好不向不定期刊、年刊和半年刊投稿），出版论文容量（期刊一年或一期能发表多少篇论文），是否收费。

13.1.2.1　期刊的学术定位

作者投稿大多是有计划、有目标地进行，并非盲目的投稿，期刊的学术定位是影响作者投稿的第一要素。期刊的征稿简则和刊物的栏目设置是判断期刊学术定位的关键。如《大连交通大学学报》作为东北唯一一家以轨道交通为特色的期刊，始终围绕办刊宗旨，立足于本校的优势学科，其交通装备制造类栏目的文章反响积极，该栏目的文章在入选数据库中的关注度也颇高，近年来吸引了不少校外相关学科的优秀稿源，为该刊注入了新鲜血液。因此，明确期刊的学术定位，有助于快速、准确地选择合适的刊物投稿。

13.1.2.2　期刊的级别

是否是核心期刊和期刊的影响因子，在作者投稿时对期刊的选择上有很大的影响。所谓核心期刊是指刊载论文数量多、品质高，而且能反映出该学科最新研究成果及发展趋势，受到读者重视的学术期刊。期刊影响因子是一个国际上通用的期刊评价指标，即某刊平均每篇文章的被引用数，它实际上是某刊在某年被全部源刊物引证该刊前两年发表论文的次数，与该刊前两年所发表的全部源论文数之比。影响因子是一个相对数量指标，通常影响因子越大，期刊的学术影响力越大。作者在投稿时，往往更倾向选择一些知名度高、影响力大的期刊，这是对作者学术水平的肯定。另一方面，由于评聘职称的压力，迫使作者不得不选择在高水平刊物上发表文章。

13.1.2.3 期刊论文发表周期及其他因素

论文的发表周期是指编辑部收到作者投稿的日期和论文发表日期之间的时间，它是衡量期刊时效性的一个主要因素，也是同类期刊竞争的一个指标。对于投稿作者来说，缩短论文发表周期可以将自己的最新科研成果尽可能快地公布于众，同时也可满足其年度考核、职称评定等需求。如果一篇反映学术前沿的文章要花费1年甚至2年时间才能见刊，那么它的学术价值将会大打折扣。此外，与编辑部的人际关系及版面费收取情况也是影响作者投稿的因素，有一部分作者利用和编辑部人员之间的人际关系，在发表文章的时候走捷径，寻求帮助；在相同级别的期刊里，作者也更倾向把文章发表在不收取版面费或者版面费相对较低的那部分刊物上。

13.1.3 投稿与投稿信

当作者认真选择好期刊后，就进入到投稿环节了。值得注意的是，作者需遵循“作者须知”的规定，尊重拟投稿期刊惯用的论文结构，特别注意图表的位置，认真填写论文通信作者详细的通信地址、E-mail 地址、电话号码、传真号码等；然后务必遵照期刊的要求将稿件投寄给指定的收稿人或收稿单位，同时做好投稿记录（投稿时间、投稿期刊），以备特殊情况时查询。

投稿信的写作是投稿中最基本的步骤，其基本内容包括论文所投的栏目类型，用一两句话简介论文的主要内容，建议的审稿人或需回避的审稿人，联系人或通信作者详细的联系地址、电话号码、E-mail 地址、传真号码，主要内容有没有投往其他期刊或者会议。投稿信要求简短明了、重点突出，最好不要超过一页。

投稿时，有的期刊还要求作者推荐审稿人。作者如何推荐审稿人呢？一般来说，作者推荐审稿人主要来源于参考文献的作者、期刊的编委、其他重要的研究群体和个人，并应考虑其与期刊主办单位的关系、是否曾经是期刊的作者、在研究领域的知名度。值得注意的是，作者应尽量避免推荐本单位的研究人员（如果推荐，最好不要超过1名），投往国外期刊更是如此。

13.1.4 编辑部审稿

论文投稿完毕后，就进入到编辑部的审稿阶段。这个阶段是最难的等待阶段，充满了期盼，也充满着焦虑。我国的科技论文一般采用“三审制”，即编辑部初审、专家评审和主编终审。论文的录用与否重点在专家评审。

根据期刊统计，容易被退稿的论文一般具有以下特点：(1) 缺乏创新性，只是重复别人的工作；(2) 内容陈旧；(3) 研究内容没有重要意义；(4) 内容有重大错误，缺乏说服力。

编辑及评审者最不喜欢的论文一般具有以下特点：(1) 文章写作无层次；(2) 文章写作不流畅，读起来生硬；(3) 语句错误，文字错误多，用词不当，标点符号乱用；(4) 图、文不符；(5) 图太小，图中的文字、符号看不清；(6) 参考文献著录不全，或故意回避非常近似工作的论文；(7) 篇幅太长，已知的一些基本原理说得太多。

13.1.5 审稿意见处理

编辑部进行审稿后，会将审稿意见及时反馈给作者。作为一名具有良好学术道德的作者，要深刻领会自己投稿后所具有的义务和权利。这个义务主要是切忌“一稿两投”，要认真重新编排，做好论文的校对；同时享有相应的权利，即著作权，部分期刊在投稿的时候需要签字授权。

作为一名合格的作者，要保持与编辑的联系。如果没有收到期刊的“收稿回执”，可在2~3周后通过E-mail或电话询问编辑部；如果2个月后没有收到录用结果，可以询问审稿结果。

编辑部的审稿结果一般有三种情形：（1）无须修改即可录用；（2）改后录用；（3）退稿（或改后再审）。无论审稿是哪种结果，都要及时给编辑部复信。对于“改后录用”的稿件处理方式是仔细阅读并思考审稿人或编辑提出的修改意见；同时撰写修改信。修改信的内容主要包括逐条说明按要求修改的内容。如果认为审稿人或编辑的修改建议不合理，可坚持己见，但一定要有充足的理由。按照惯例，作者要尽快返回修改稿。

对于退稿的处理对策是，作者可以进行申辩，也可以进行修改后再投。若作者认为编辑部审稿有偏颇，可以改投他刊。若作者认为论文还需要打磨，可以暂缓发表。

值得一提的是，有些刊物收到的稿件远远超过了能录用的数量。因此，退稿不一定反映你的文章质量差。有时编辑部会建议你投给另一种刊物，因为你的文章发表在那里更合适。有时一位编辑退了某篇文章，而这篇文章的重要性却为另一个编辑发现了。假如你的文章被退了回来，你应该再读一遍，看看是否能进一步提高质量。然后再投往其他的期刊。但一定要牢记，一份原稿不得同时投寄给几份期刊。

13.1.6 校对、发表

论文发表的最后一个环节是校对。作者应对校对稿仔细校对，几个月后，作者就可以见到有作者论文的刊物了。

13.2 加强自身修养，重视学术道德

13.2.1 学术道德

杨玉圣教授曾经说：“没有一流的学术道德就没有一流的大学。”学术道德是学术研究者最基本的原则和要求。学术不道德行为的表现形式有：（1）低水平重复；（2）粗制滥造；（3）泡沫学术；（4）假冒伪劣；（5）抄袭剽窃。

13.2.2 重视论文质量

一位教授曾经指出：“科学以实验为基础，国外发表的科技论文90%以上能够在同等实验条件下再现，而国内论文重复试验成功率还不到5%。这就不仅是一个学术态度的问题，而是一种学术风气和社会风气的问题。”邹承鲁和王志珍院士也语重心长地强调：“现在应该是强调科研成果质量的时候了。”这反映了我国论文质量持续下滑现状。以2005年为例，我国SCI论文总数世界排名第5位，在顶级刊物上发表论文的数量位居第14位（2002年），已发表论文的被引用情况仅位于第13位而单篇被引次数居100位以后。论文质量下滑的原因究竟是什么呢？

回顾一下发表论文的目的。发表论文是为了学术交流。因此，要重视论文的质量，而不是数量。但是现在很多人发表论文是为了谋生——职称评定、取得学位。因此目前主要是重视论文的数量，对论文质量的重视程度不够。这主要表现为：可能会将一篇论文的内容拆成几篇来发表；有些论文含有虚假成分等。我国学术界由注重“论文数量”向“论文质量”的转型是一个必然趋势。各重点实验室对发表科技论文进行奖励的办法也应该有所调整。

13.2.3 正确对待作者署名

一篇好的论文，对作者既是一种权利，也是一种义务。作者的权利就是作者享有论文的著作权；而作者的义务是文责自负，及时向读者解答疑问。这就要避免随意“搭车”署名，建议将导师或者固定的教师作为通信联系人。

13.2.4 正确认识一稿多投

一稿多投是一种学术失范行为，其后果是一稿多发，扰乱正常的学术秩序，给出版单位带来人力、物力的浪费及精神上的损失。首先，一稿多投是一种违约行为。一般来说，作者向期刊等出版单位投稿，是一种接受约定的行为。第二次修正后的《中华人民共和国著作权法》第 32 条规定：“著作权人向报社、期刊社投稿的，自稿件发出之日起十五日未收到报社通知决定刊登的，或自稿件发出之日起三十日内未收到期刊社通知决定刊登的，可以将同一作品向其他报社、期刊社投稿。双方另有约定的除外。”“另有约定”多表现为期刊等所刊登的征稿启事类的内容。因此，投稿人的投稿行为，便可推断为一种自觉接受出版单位“要约”的民事行为，而一旦投稿人违背了要约中的禁止一稿多投规定，便构成了违约，从而将受到出版单位的负面评价。

其次，一稿多投给出版单位带来浪费和损失。浪费的是因稿件登记、送审、编校、编排一个或多个环节付出的人力及物力；损失的是编排人员为稿件付出的智力劳动，因稿件的多投性质而化为乌有。从劳动与产出、生产与成本等角度，一稿多投都直接或间接带来了浪费和损失。再则，一稿多投给正常的出版工作带来了影响，扰乱了出版的环节和程序。尤其是已进入三校一读环节中的稿件，如果有的一稿多投者出于“攀高枝”的心理，因为自己的稿件被更高级别的期刊录用而提出撤稿，这种现象给出版流程所带来的影响是显而易见的。编务实践中有的校样付厂印刷或刚刚出版，才发现同一篇稿件已经捷足先“登”，面对木已成舟的现实，出版者只能望洋兴叹，对负责稿件的编辑来说无异于一种沉重的打击。此外，一稿多投造成一稿多发和重复发表，浪费了学术资源，扰乱了正常的学术秩序。

何为“一稿多投”？“一稿多投”是指同一作者或同一研究群体不同作者，在期刊编辑和审稿人不知情的情况下，试图或已经在两种或多种期刊同时或相继发表内容相同或相近的论文。“一稿多投”在国际上称为重复发表（repetitive publication）、多余发表（redundant publication）或自我剽窃（self-plagiarism）。近年来，“一稿多投”出现了“一中一洋”现象，主要表现形式有：（1）发表在国外会议上的文章，翻译成中文在国内杂志发表；（2）发表在国内杂志上的文章，翻译成英文在国外杂志发表。实际上，从学术的严谨性来说，只要两篇论文的内容基本相同，不管用何种语言发表，都属一稿多投。

与“一稿多投”相似的有一种形式称为“二次发表”。“二次发表”是使用同一种语言或另外一种语言再次发表，尤其是使用另外一种语言在另外一个国家再次发表。“二次发表”的条件是已经征得首次和二次发表期刊编辑的同意，并向二次发表期刊的编辑提供首次发表的文章。“二次发表”与首次发表至少有一周以上的时间间隔，二次发表的目的是使论文面向不同的读者群，二次发表的论文应在论文首页采用脚注形式说明首次发表的信息。“二次发表”不属于“一稿多投”的情况，而是一种规范的学术行为。

一般论文出现“二次发表”情况有：（1）在专业学术会议上做过口头报告，或者以摘要或会议板报形式报道过的研究结果；（2）对首次发表的内容充实了50%以上数据的论文；（3）有关学术会议或科学发现的新闻报道（简单的内容描述）。

13.2.5 严肃对待会议论文

会议交流是学术交流的主要形式之一。每次重要的学术会议都会收集与会作者的学术论文。作为一个行业的研究者要慎重对待会议学术论文。投往国内学术会议的论文，作者可以到会议现场做报告，也可以不去；而投往国外学术会议的论文，往往要求作者到会议现场做报告，并跟国际学者进行交流。因此，在给国际会议投递论文时，就必须作出出席会议的准备；如果不能出席，最好不要投稿，不参加会议会造成不良影响，比如作者可能被会议筹备委员会列入“黑名单”，以后再投稿时被接收的可能性比较小，作者所在单位的形象也会因此受到一定程度的不良影响。

13.2.6 切勿抄袭剽窃

何为抄袭剽窃？一般来说，抄袭剽窃是指用到他人的观点或文字而没有给出恰当的说明。从这个意义上说，抄别人的数据和研究成果毫无疑问是剽窃；抄别人的用语、语言，同样也算剽窃。抄袭剽窃现象主要有以下几类。

（1）在引用别人的大段文字时，尽管注明了出处，但是没有对别人的文字做恰当的改写；

（2）如果是直接引用别人的文字而没有改写，那么就需要用引号引起来表示是引用，仅仅标注参考文献是不行的；

（3）在介绍别人的研究成果和结论时，必须用自己的语言去描述、转达，不能不用引号直接引用别人的原话。

在揭露的剽窃案中，有很大一部分属于此类，而剽窃者往往辩解说，他们是因为英语水平有限，所以借鉴、套用了国外论文的表述，但是实验数据和结果是自己的。要克服这些抄袭剽窃的现象，建立学术规范。

13.2.7 不要拆分论文

出于某些原因，一些作者将完整而系统的论文拆分成几篇发表，这些拆分后的论文被称为“香肠论文”。“香肠论文”的特点是只使用一系列研究中的部分数据或结论，进行相似内容复制，因而通常缺乏创新性。

“香肠论文”举例，例如：

（1）同一类催化剂中不同组分的研究报道；

（2）针对同一催化剂不同侧重点的报道；

(3) 同一类研究中不同原料的研究报道。

几篇低水平“香肠论文”的学术价值远低于一篇高水平论文的学术价值。因此，需要有意识地避免发表“香肠论文”。年轻学者更需要注意，不要给同行留下学术不道德的不良印象。

如何判断论文是不是香肠论文，这可以由对以下问题的回答进行判断：一篇论文更具有信息量，且比多篇论文更为关联和完整，可以在同一篇论文中表达所有必要的信息量而无需增加篇幅，用多篇论文发表可能会降低研究成果的重要性，以多篇论文发表时读者可能仅查阅其中一篇论文即已足够。

13.2.8 重视论文的致谢

在外文文章中，致谢非常常见，致谢的对象包括基金支持和其他的研究人员。在中文文章中，作者往往仅指出论文研究的基金支持，而忽视了对论文有帮助的人员的感谢，这实际上是不规范的。我们需要在论文中对所有关心支持过论文的人员表示感谢。

13.2.9 加强学术道德修养，共建良好的学术氛围

青年学生是祖国的未来。我们要加强自身的学术道德修养，从自身做起，为共建良好的学术氛围养成良好的学术习惯。

(1) 不要抄袭。有人误解“天下文章一大抄”，甚至认为“抄一篇是剽窃，抄多篇为创新”，实际上，这种想法是完全错误的。作为一个研究者，研究的使命就是探索世界的奥秘、探索自然科学的未知之谜。我们要运用自己的专业基础理论，博览各家之见，借鉴各家之长，深入思考，勤于实验，也会发现本学科或本专业的未解之谜。

(2) 不要伪造、修改数据。实验的数据是实验探索的记录和分析的结果。实验数据的获得凝练了研究者的心血。因此，真实的实验数据是研究者探索本学科理论的基础，而伪造的数据则会将论文的读者带入研究的歧途。伪造或修改数据一方面败坏了学术的风气，另一方面也影响论文作者的学术权威。年轻的研究者一定要诚实对待实验数据。

(3) 不要一稿多投。无论是基于急于发表自己的论文，还是完成学校的论文发表任务，年轻的研究者切勿一稿多投。这是因为一稿多投违背基本的契约精神，也造成了本身就紧张的期刊资源的浪费，还影响自身的学术声誉。论文写作前需要想好中文还是英文，若是发表成中文，就让它成为国内行业的经典之作吧；若是发表成英文，就让它成为国际交流的美好媒介。

(4) 不要拆论文。一篇好的论文是一件完美的作品。若将它拆分为几篇数据贫乏的论文，使得每篇论文都不完美，得不偿失。

“蓬生麻中，不扶而直。白沙在涅，与之俱黑。”一个好的学术环境对我们的成长是非常必要的。了解学术不道德行为，加强自身学术修养，莫让不道德的科技论文影响学术声誉！

参 考 文 献

[1] 姚利民，史曼莉. 研究生发表论文的调查研究 [J]. 现在大学教育，2008 (1).
[2] 曾伟明，黄志红. 基于生态学视角下我国学术论文发表问题研究——兼论学术评价体系改革 [J].

中国科技期刊研究，2012（6）.
[3] 袁醉敏，边征莹．学术期刊撤稿现象分析及其理性思考［J］．中国科技期刊研究，2006（6）.
[4] 吴庆晏．一稿多投现象再思考［J］．编辑之友，2013（4）.
[5] 关华．高校学报的定义与发展［J］．新闻爱好者，2008（5）.
[6] 庞恩旭．我国核心期刊的现状分析与研究［J］．图书馆论坛，2004（2）.
[7] 金铁成．高校自然科学学报入选并保持核心期刊的统计与分析［J］．编辑学报，2007（6）.
[8] 杜利民．出版时滞的内涵研究［J］．编辑学报，2004（1）.
[9] 陈爱萍，余溢文，虞蓓蓓，等．对科技期刊作者需求的调查报告［J］．学报编辑论丛，2013.

附录　顺序编码制文后参考文献表著录格式示例

1. 普通图书

[1] 广西壮族自治区林业厅．广西自然保护区［M］．北京：中国林业出版社，1993.

[2] 蒋有绪，郭泉水，马娟，等．中国森林群落分类及其群落学特征［M］．北京：科学出版社，1998.

[3] 唐绪军．报业经济与报业经营［M］．北京：新华出版社，1999：117-121.

[4] 赵凯华，罗蔚茵．新概念物理教程：力学［M］．北京：高等教育出版社，1995.

[5] 汪昂．（增补）本草备要［M］．石印本．上海：同文书局，1912.

[6] CRAWFPRDW，GORMAN M. Future libraries：Dreams，madness & reality［M］. Chicago：American Library Association，1995.

[7] International Federation of Library Association and Institutions. Names of persons：National usages for entry in catalogues［M］. 3rd ed. London：IFLA International Office for UBC，1977.

[8] O'BRIEN J A . Introduction to information systems［M］. 7th ed. Burr Ridge，Ⅲ：Irwin，1994.

[9] ROOD H J. Logic and structured design for computer programmers［M］. 3rd ed.［S. 1.］：Brooks/Cole-Thomson Learning，2001.

2. 论文集、会议录

[1] 中国力学学会．第3届全国实验流体力学学术会议论文集［C］．天津：［出版者不详］，1990.

[2] ROSENTHALL E M. Proceedings of the Fifth Canadian Mathematical Congress，University of Montreal，1961［C］. Toronto：University of Toronto Press，1963.

[3] GANZHA V G，MAYR E W，VOROZHTSOV E V. Computer algebra in scientific computing：C A SC 2000：proceedings of the Third Workshop on Computer Algebra in Scientific Computing，Samark and，October 5-9，2000［C］. Berlin：Springer，c2000.

3. 科技报告

[1] U. S. Department of Transportation Federal Highway Administration. Guidelines for handling excavated acid-producing materials，PB 91-194001［R］. Springfield：U. S. Department of Commerce National Information Service，1990.

[2] World Health Organization. Factors regulating the immune response：report of WHO Scientific Group［R］. Geneva：WHO，1970.

4. 学位论文

［1］张志祥．间断动力系统的随机扰动及其在守恒律方程中的应用［D］．北京：北京大学数学学院，1998.
［2］C ALMSR B. Infrared spectroscopic studies on solid oxygen ［D］. Berkeley；Univ. of California，1965.

5. 专利文献

［1］刘加林．多功能一次性压舌板：中国，92214985.2［P］．1993-04-14.
［2］河北绿洲生态环境科技有限公司．一种荒漠化地区生态植被综合培育种植方法：中国，01129210.5［P/OL］．2001-10-24［2002-05-28］．http：//211.152.9.47/sipoasp/zlijs/hyjs-yxnew.asp？recid=01129210.5 &leixin.
［3］KOSEKI A，MOMOSE H，KAWAHITO M，et al. Compiler：US，828402［P/OL］．2002-05-25［2002-05-28］．http：//FF & p=1& u=netahtml/PTO/search-bool.html&r=5&f=G&1=50 & co1=AND&d=PG0l & sl=IBM.AS.& 0S=AN/IBM&RS=AN/IBM.

6. 专著中析出的文献

［1］国家标准局信息分类编码研究所．GB/T 2659—1986 世界各国和地区名称代码［S］//全国文献工作标准化技术委员会．文献工作国家标准汇编：3. 北京：中国标准出版社，1988：59-92.
［2］韩吉人．论职工教育的特点［C］//中国职工教育研究会，职工教育研究论文集．北京：人民教育出版社，1985：90-99.
［3］BUSECK P R，NORD G L，Jr.，VEBLEN D R. Subsolidus phenomena in pyroxenes［M］//PREWITT C T. Pyroxense. Washington，D. C.：Mineralogical Society of America，c1980：117-211.
［4］FOURNEY M E. Advances in holographic photoelasticity［C］//American Society of Mechanical Engineers. Applied Mechanics Division. Symposium on Applications of Holography in Mechanics，August 23-25，1971，University of Southern California，Los Angeles，California. New York：ASME，c1971：17-38.
［5］MA RTIN G. Control of electronic resources in Australia［M］//PATTLE L W，COX B J. Electronic resources：Selection and bibliographic control. New York：The Haworth Press，1996：85-96.

7. 期刊中析出的文献

［1］李炳穆．理想的图书馆员和信息专家的素质与形象［J］．图书情报工作，2000（2）：5-8.
［2］陶仁骥．密码学与数学［J］．自然杂志，1984，7（7）：527.
［3］亚洲地质图编目组．亚洲地层与地质历史概述［J］．地质学报，1978，3：194-208.
［4］DES MARAIS D J，STRAUSS H，SUMMONS R E，et al. Carbon isotope evidence for the

stepwise oxidation of the Proterozoic environment [J]. Nature, 1992, 359: 605-609.
[5] HEWITT J A. Technical services in 1983 [J]. Library Resource Services, 1984, 28 (3): 205-218.

8. 报纸中析出的文献

[1] 丁文祥. 数字革命与竞争国际化 [N]. 中国青年报, 2000-11-20 (15).
[2] 张田勤. 罪犯 DNA 库与生命伦理学计划 [N]. 大众科技报, 2000-11-12 (7).

9. 电子文献（包括专著或连续出版物中析出的电子文献）

[1] 江向东. 互联网环境下的信息处理与图书管理系统解决方案 [J/OL]. 情报学报, 1999, 18 (2): 4 [2000-01-18]. http://www.chinainfo.gov.cn/periodical/qbxb/gbxb99/gbxb990203.
[2] 萧钮. 出版业信息化迈入快车道 [EB/OL]. (2001-12-19) [2002-04-15]. http://www.creader.
[3] CHRISTINEM. Plant physiology: plant biology in the Genome Era [J/OL]. Science, 1998, 281: 331-332 [1998-09-23]. http://www.sciencemag.org/cgi/collection/anatmorp.
[4] METCALF S W. The Tort Hall air emission study [C/OL] //The International Congress on Hazardous Waste, Atlanta Marriott Marquis Hotel, Atlanta, Georgia, June 5-8, 1995: impact on human and ecological health [1998-09-22]. http://atsdrl.atsdr.cdc.gov:8080/cong 95.html.
[5] TURCOTTE D L. Fractals and chaos in geology and geophysics [M/OL]. New York: Cambridge University Press, 1992 [1998-09-23]. http://www.seg.org/reviews/mccorm 30.html.
[6] Scitor Corporation. Project scheduler [CP/DK]. Sunnyvale, Calif: Scitor Corporation, c1983.